京剧名宿访谈 续编

为纪念延安平剧院成立七十周年而作
（1942—2012）

封杰 著

王金璐

商务印书馆
The Commercial Press

2014年·北京

图书在版编目(CIP)数据

京剧名宿访谈续编 / 封杰著. —北京：商务印书馆，2013（2014.重印）
ISBN 978-7-100-09692-8

Ⅰ.①京… Ⅱ.①封… Ⅲ.①京剧-艺术家-访问记-中国 Ⅳ.K825.78

中国版本图书馆CIP数据核字(2012)第315756号

所有权利保留。

未经许可，不得以任何方式使用。

京剧名宿访谈续编

封杰 著

商 务 印 书 馆 出 版
（北京王府井大街36号　邮政编码 100710）
商 务 印 书 馆 发 行
三河市尚艺印装有限公司印刷
ISBN 978-7-100-09692-8

2013年7月第1版　　开本 710×1000　1/16
2014年7月北京第2次印刷　印张 22 3/4
定价：48.00元

为的是"莫再留遗憾!"

（序）

封杰请我为他的新书写序，这种事情我没有做过，因为这不是我的特长。可一想起他的《京剧名宿访谈》，我的心情就很不平静，现在，还能知懂、想起老艺人过去的年轻人真是不多了。盛情之下，其实难却！说句心里话也算是开场白吧。

在文化市场大繁荣的今天，能让老百姓欣赏的文艺形式太多了，"满城争说叫天儿"的皮黄盛势也不可能再有了。可京剧艺术是我们老祖宗留下的优秀传统文化，让这些好的艺术一代一代地传流下去，是我们京剧人应该担负的光荣责任。京剧的传统教授方法历来讲究的是"口传心授"，由先生一招一式、一字一句地教给学生，再靠学生的刻苦用功和反复实践，使艺术逐渐成熟。新中国成立之后，全国各地兴建的戏曲学校，改革了旧的教育方式，但

谭元寿与封杰合影

这种"口传心授"的方法还是一直延续下来了。所以说，没有高水平老师的传授，就培养不出高水平的学生。京剧艺术的传承要依靠有实践经验的老艺人，他们的可贵在于见过"真佛"，他们听过、见过前辈艺术家的高超技艺。我们这一代京剧人都愿意把自己的这点东西传给下一代，为祖师爷传道是我们义不容辞的历史使命。

封杰的书稿是采访四十三位京剧老艺人的真实记录，之所以选择了四十三位老艺人，是他在去年《京剧名宿访谈》时为四十二岁，如今，又年长了一岁。可见，这位年轻人用心良苦和对自己的鞭策之心。我看到过戏曲评论家张永和先生对《京剧名宿访谈》的评论："作者对于每一位采访者均根据他们自身的特点、成就、经历和不同的艺术风格有所侧重、有所不同，也就是俗话说的'能伸开了腰'。读这本书，会发现一个很大的特点，即所采访的特点迥然不同。"而读过封杰即将出版的这第二本采访专集，延续了他独有的风格，更是有异曲同工之妙。我深有同感。同时更验证封杰所说："莫再留遗憾！"

第二本书采访的这些人中很多都是我的老朋友，有些还是我同台演出的老伙伴。他们当中的一些人已经过早地离开了我们，我非常怀念他们。他们对京剧事业的传承都是有贡献的。从封杰的采访记录中，我们可以看到他们对京剧事业的痴迷，对京剧艺术的钻研，对前辈先生的尊崇，对年轻一代的提携。很多趣闻轶事我也是第一次看到，很有意思。我们可以通过这些记录更多地了解他们的艺术生涯和舞台艺术，新一代的京剧人会受到很多启示，喜欢京剧的人都会从中受益。

这本书虽是封杰的第二本采访专集，但是据说还要延续多集出版。做前人没做过的事情，这是个创举。这需要多大的勇气啊！特别是封杰这样一位有理想、有志向的年轻人。我知道，多年来他不辞劳苦，奔走四方，对年事已高的京剧老艺人进行抢救式的采访，多达百人以上。这些老人的

为的是"莫再留遗憾！"

情况各有不同：有的虽然年迈，但社会活动很多；有的体弱多病，难得有机会；也有的受到家人或医生保护性地阻止。总的来说，采访并不容易，很多采访都是"见缝插针"完成的。今年，他还作为主编为刘曾复老先生出版了《京剧说苑》一书，资料性很强，受到业内外的好评。

封杰之所以能取得如此大的成绩，一是他由衷地热爱京剧艺术，愿为京剧鼓与呼；二是极其勤奋，常常为工作而废寝忘食。所以，他才被北京京剧昆曲振兴协会授予"弘扬京昆艺术特殊贡献奖"。

希望封杰能有更多的作品，为京剧艺术的传承多作贡献。

谭元寿

2012.11.29

目 录

金声玉震　甄鉌为田
　　——京剧名宿王玉田访谈录 ………………………………………… 1

"延安李少春"
　　——京剧名宿王洪宝访谈录 ………………………………………… 9

"延安梅兰芳"
　　——京剧名宿任均访谈录 …………………………………………… 16

金楗奏响　力捧群星
　　——京剧名宿赓金群访谈录 ………………………………………… 23

尚武宗杨　和声昌盛
　　——京剧名宿齐和昌访谈录 ………………………………………… 28

厉家慧智　鸣在宝岛
　　——京剧名宿张慧鸣访谈录 ………………………………………… 35

白玉无瑕　艳丽芬芳
　　——京剧名宿白玉艳访谈录 ………………………………………… 43

凤琴山歌　梅韵永存
　　——京剧名宿姜凤山访谈录 ………………………………………… 51

三卿后世　光霞绽放
　　——京剧名宿王世霞访谈录 ………………………………………… 61

宝珠玉器　名璞环音
　　——京剧名宿王玉璞访谈录 ………………………………………… 70

双福为荣　贵在相连
　　——京剧名宿罗荣贵访谈录 ………………………………………… 79

秉承前贤　章法有度
　　——京剧名宿吴炳璋访谈录 ············· 87

荣春长喜　永怀师恩
　　——京剧名宿王永春访谈录 ············· 95

荣辱一生　慈爱为尚
　　——京剧名宿方荣慈访谈录 ············· 103

两岸京剧本同根
　　——京剧名宿李桐春访谈录 ············· 110

名门之后　事业有成
　　——京剧名宿钱鸣业访谈录 ············· 117

金荣宝藏　福禄全顺
　　——京剧名宿钱荣顺访谈录 ············· 126

丑行的传承者
　　——京剧名宿汪荣汉访谈录 ············· 133

双翼展翅　翱翔高空
　　——京剧名宿双翼翔访谈录 ············· 139

志向高远　鸣声津宁
　　——京剧名宿徐鸣远访谈录 ············· 147

福寿绵长　英名流传
　　——京剧名宿谭元寿访谈录 ············· 156

宝剑锋利　名益中华
　　——京剧名宿张宝华访谈录 ············· 164

目录

马嘶长鸣　礼敬谭杨
　　——京剧名宿马长礼访谈录 …………………………… 172

吉星明亮　艺学毓堃
　　——京剧名宿马鸣喆访谈录 …………………………… 183

碧蓝奇艳　谷秀双云
　　——京剧名宿毕谷云访谈录 …………………………… 191

文武皆杨　正气豪天
　　——京剧名宿武正豪访谈录 …………………………… 199

习梅吟张　艺兰双秋
　　——京剧名宿吴吟秋访谈录 …………………………… 206

艺松常青　安生平和
　　——京剧名宿关松安访谈录 …………………………… 214

茹家风范　文武全能
　　——京剧名宿茹绍荃访谈录 …………………………… 221

近兰芳香　艺宗王梅
　　——京剧名宿杜近芳访谈录 …………………………… 229

尊"麒"不拘泥"麒"
　　——京剧名宿赵麟童访谈录 …………………………… 238

一曲咏歌　青春常在
　　——京剧名宿曲咏春访谈录 …………………………… 246

济世程韵　唐李新声
　　——京剧名宿李世济访谈录 …………………………… 255

秉承先贤　谦尚为本
　　——京剧名宿朱秉谦访谈录 …………………………… 264

京剧舞台上第一位李奶奶
　　——京剧名宿赵鸣华访谈录 …………………………… 270

荀艺新生　慧敏长荣
　　——京剧名宿宋长荣访谈录 …………………………… 278

王派艺术的传道者
　　——京剧名宿刘秀荣访谈录 …………………………… 286

连鉴忠言　平易近人
　　——京剧名宿刘习中访谈录 …………………………… 296

宛如秋声　华丽春音
　　——京剧名宿王婉华访谈录 …………………………… 304

文武兼备显才华
　　——京剧名宿吴荣喜访谈录 …………………………… 312

津门猴王
　　——京剧名宿董文华访谈录 …………………………… 320

"活子都"李盛斌
　　——京剧名宿李幼斌访谈录 …………………………… 326

华韵长存　天鉴珍宝
　　——京剧名宿郑岩访谈录 ……………………………… 334

附：
《京剧名宿访谈》一句评 ……………………………………… 344

菊坛耆宿话人生
　　——四十二京剧名家燕兰谱 ………………… 张永和 349

金声玉震 氍毹为田

——京剧名宿王玉田访谈录

> 京剧的黄钟大吕之声，今天的观众已很难听到。而在被当年金少山、裘盛戎先生视为挚友的王玉田先生耳畔，仍回响着他们那高亢嘹亮的声音。2011年1月12日，我采访了九十五岁高龄的王玉田先生。

封杰： 王老师，您好！我们虽多次见面，可直到今天才有机会和您细细地谈谈。请您先讲讲从艺的道路，好吗？

王玉田： 我家祖籍在湖北，是我爷爷逃难到的安徽。七岁起我开始练功，随师父练习回族的一种查拳。十岁时，我由于受到惊吓生了一场大病。当时已在上海制袜厂工作的母亲心疼年幼的我，便将我带到了上海。

我随母亲来到上海后，租住房子的房东是位喜好唱京剧的票友，他非常欢喜我。这样我是一边养病，一边听他唱京剧。在我跟这位

《失街亭》王玉田饰马谡

票友学了第一出京剧《打渔杀家》。不久，他便带着我到票房演唱。不承想，我刚开口台下便哄堂大笑。原来，我的嗓子已到了"仓门"，还有就是我的嗓子不适合唱老生。之后，有位司鼓的刘小波老先生问我："孩子，你会唱花脸吗？"当时大街小巷都在播放《丁甲山》中的"俺李逵做事太莽撞"，我早已听会了。我就试着给刘老先生唱了这段，他听我唱完后一把将我抱了起来，说："乖乖，你这是花脸嗓子！"事后，我跟这位从前唱花脸的刘老先生学了一出《捉放曹》。

封杰：这么说，这时起您应该算是正式走上了京剧的道路。

王玉田：我二十一岁时，在福州路上的一家北京饭馆向李克昌先生行了拜师礼。当日参加拜师会的有赵桐珊、苗胜春、张荣奎、姜妙香等先生。李克昌先生是天津人，我主要是向他学习一些，像《飞虎山》《连环套》《断密涧》等戏中的铜锤唱腔，这对我在演唱时吐字、发音等嘴里的劲头有很大的帮助。这时期，我结识了一位大学生，由于他崇敬金少山先生的艺术而改名金敬山。他对我说："唱戏要讲究唱情。"这句话给我的启发很大。再后来，我又拜了张荣奎先生为师。他在家排行第二，人称二爷，与裘桂仙老先生是连襟，会戏颇多。我主要向他学习一些身段，像他曾陪裘桂仙先生演出《白良关》，他就将里面有关尉迟恭、尉迟宝林的身段表演传授给我。他教戏非常严格，我有些身段做不出来，他是抬手就打。我第一次演出《失·空·斩》的马谡，就是张荣奎先生陪着我演出王平。演出后，李克昌先生说："不错，看来二爷对你是真喜欢！"可惜，张荣奎先生六十多岁在上海病逝了，对我来说是极大的遗憾。

封杰：您学唱净行，对金少山先生和裘盛戎先生一定有所了解。

王玉田：我听张荣奎先生讲，当初金少山先生刚来上海时嗓子还没有喊出来，只在共舞台做班底，住的地方是马立斯弄堂的亭子间里。由于金先生为人耿直，遇到有钱的人也不攀奉，每天只是唱戏、喊嗓、抽烟。

金少山先生每天凌晨四五点钟起床后就朝着窗外喊嗓子，扰得邻居无法睡觉，都大声骂街："喊什么喊，嗓子能出来嘛！"这个弄堂大多住的都是同行，每天都生活在这种"嘈杂"声中。可是由于金先生的不懈努力，一年后，他的嗓子终于喊出来了。大家又为他高兴，互相转告："少山的嗓子出来了！"金先生经常到洪长兴饭馆吃饭，有时吃两块钱饭，他对掌柜的说没带钱，让记账，可临走时他却拿出三块钱递给伙计说："大家拿去分分！"

我与赵桐珊先生在上海的皇后大戏院连看二十多场金少山先生与裘盛戎的演出。像他们合演的《白良关》，是金少山先生的大黑（尉迟恭），裘盛戎的小黑（尉迟宝林），完全是金少山先生因念及父辈之间的交情与恩泽在捧裘盛戎。

裘盛戎的成名应当念及三位老先生的恩泽。第一位是名医顾森柏先生，他是上海圣约翰大学毕业生。因酷爱荀派曾一度取名顾慕初，五十多岁改唱小生，六十岁时把朝天蹬练成了。顾先生对裘盛戎非常欢喜，收为义子。他派司机开着汽车，每天亲自陪着裘盛戎到中山公园喊嗓子，裘盛戎成名后没有忘记这段恩情，就是在大街上见到晚年的顾森柏先生仍是大礼拜见。第二位是金少山先生。因为金少山先生曾经受到过裘桂仙先生的恩典，当看到身处班底的裘盛戎时便竭尽全力捧他，以示报答。他们在皇后大戏院合演《白良关》时，金少山先生一点不卖力气，就是为了突出裘盛戎，导致不了解情况的戏迷直骂街。可当戏快完了，戏迷要起堂时，他这个"大黑"来劲

《七侠五义》王金璐饰白玉堂、王玉田饰韩彰

了，"一见钢鞭果是真，父子们相逢在柳林"一下将戏迷震住了。尤其是闭口音"林"字唱得房梁都颤悠，台下人又是一阵骂声："这个金少山，憋了我们一晚上。"就是在这个时候，裘盛戎在皇后大戏院拜金少山先生为师。第三位是李世琦，他是裘盛戎的内兄。在上海时，我就听李世琦讲，这次回到北京准备为裘盛戎成立班社。后来果然组成了以裘盛戎、陈永玲、李多奎、贯盛习、孙毓堃为五大头牌的戎社。

封杰：您从事京剧后，都搭入了哪些班社？

王玉田：1953年，我落户江苏，参加了苏南大众京剧团，后来又与苏北大众京剧团合并成立了江苏京剧团。1954年，我们到上海演出期间，我和孙钧卿演出了《清官册》，孙钧卿饰演寇准，我饰演潘洪。周信芳先生看我演得挺好，就找到领导商量把我调进了上海京剧院。

四年后，陕西省筹备成立京剧团，他们省委领导找到上海市领导商榷从上海京剧院借调人员支持，原定半年。当时，全国正在搞文艺一盘棋运动，加之我们这些演员演出的质量比较高，陕西省与上海市商定将我和王金璐、王熙春等人永久地留在陕西。

我到陕西半年后，尚小云先生就来了。但是，他为人耿直，脾气暴躁，到了陕西后并不适应那里的政治环境。他和赵桐珊先生是莫逆之交，用赵先生话讲："尚先生是好人哪，就是太讲义气。"

后来，周信芳先生计划将《三国志》拍成电影，就找吴石坚商议把我调回上海，在戏中饰演曹操。他们碍于当初是上海市委做出的决定，不便直接出面，所以吴石坚对我讲："你能不能跟西安的剧团领导说声，只要他们同意放你，我们就可以出调函把你调回上海。"我回到西安后，连忙向团领导做了汇报。团领导很爽快地就答应了，我又急忙向上海方面回应。当我手持团领导开具的同意商调的信函，如同圣旨一般来到上海后，交与吴石坚。可当吴石坚等领导看完，对我说："你们的团领导根本不同意放你。"

我说："怎么可以这样，他明明说是同意放我！"待我回到西安后，已经成立了陕西省京剧院，我只好找新任的领导商量此事。不想，这位新领导说："你们原来的领导说你是自动离职。"我顶撞道："信中写的是调动，你怎么可以信口雌黄！"晚上，他组织开会谈我辞职和为日本人"做事"，并让我在辞职书上签字。由于我年轻气盛，在会上，我再次顶撞了这位新领导，说道："你凭什么让我签字？你说我是汉奸就是汉奸了？"这位新领导恶狠狠地道："你不签字，我有办法治你！"

第二天清早，他组织全院大会宣布我是汉奸。

封杰："汉奸"这可是大罪，一定有缘故。

王玉田：我虽然被定为"汉奸"，可他并没有将我送交司法机关，而是采取哪个地方剧团借用我他就阻拦，甚至写封信说我是"汉奸"。事情缘由是这样的。当初，我在日本人开的洋行公司工作，只是每日负责调查物价。我和司机非常投缘，工作也很默契。我们商定，每天早晨出车，他去做买卖，我去学戏。等到中午十二点钟，他再来接我回公司汇报成果。平心而论，我虽然会说几句日本话，为日本人做了几年工，可我并没有做对不起中国人的事情。后来，我实在没有办法，只好落在了常州京剧团。"文革"后，我被吴石坚借调到上海戏曲学校工作，陪着童芷苓、言少朋演出。

二十年的冤屈，终见天日。当我的冤屈得到昭雪时，陕西省京剧院的领导不但不发给我二十多万元赔偿金，还将我的五件蟒扣押了。

封杰：周信芳先生创立的麒派艺术，现在被定为海派京剧的"名片"。

王玉田：我在上海京剧院时，曾与周信芳先生进行过两次交谈。他说道："他们说我是海派，其实我学的是谭鑫培先生。"正是因为有了富于演情的谭鑫培老先生的谭派，才有了周信芳先生在演情的基础上又赋予它节奏感极强的动作，这才是麒派。

杭嘉湖一带演出非常考验演员的水平，但那里对于演出质量却另当

别论了。为了赢得演出市场,演员之间的竞争很激烈,像演出《空城计》,"诸葛亮"竟能够翻跟头从城楼上"掉"下来。可周信芳先生并没有到过杭嘉湖一带演出,怎么可以说他是海派?

封杰: 我知道,您和多位老生演员合作过,您来谈谈他们的艺术。

王玉田: 1952年,谭富英师哥到了杭州,我们演出了一个月,像他演出《打渔杀家》必带"倪荣下山";《大·探·二》是谭富英饰演杨波、杜近芳饰演李艳妃、我饰演徐彦昭。有一次,演出《捉放曹》我只听谭富英师哥唱完"马行在夹道内",行弦中他低语了一声。下台后,我问谭富英道:"您在台上怎么啦?"谭富英师哥回答:"你没看见我唱'听他言吓得我心惊胆怕'时,台下在贴第二天演出的广告。"这时,我才明白他生气的原因。大家知道,观众的注意力全在听这段唱,如此做法把戏全搅了。《空城

《宇宙锋》童芷苓饰赵艳容、王玉田饰赵高、童小苓饰哑奴

计》是谭富英饰演诸葛亮，我饰演马谡。他对我饰演的马谡还给予了表扬，认为我演得不错。谭富英师哥非常赏识我，他曾建议我随他到北京发展，但此时我已经跟宋宝罗签订了到南昌演出的合同，并且拿了包银。

封杰：那您对票友下海持怎样的看法？

王玉田：京剧的发展离不开票友的参与，像金秀山、裘桂仙、郝寿臣、言菊朋、奚啸伯等人都是票友下海，他们经过一番努力研究最终创立了各自的流派，为京剧做出了贡献。

新中国成立前，我和奚啸伯先生合演过《击鼓骂曹》，他饰演的祢衡，人物感极强。奚先生唱"我把蓝衫来脱掉"，是边唱边抓住褶子，气愤之极后再下场。1960年正是三年自然灾害，我们到石家庄去演出，之后看望了奚啸伯先生。奚先生见到我们非常高兴，把家中一只鸡杀了给我们吃。我说："先生，您这是干什么？"奚先生说："实在没有东西可吃呀！"

后来，我又和陈大濩合演了《击鼓骂曹》。陈大濩饰演的祢衡在唱腔方面很有研究，余派韵味非常醇厚。

在陕西，我和李宗义演出了《逍遥津》和《斩黄袍》等戏，他的高派唱得非常地道。

封杰：青年演员需要怎样才能继承和发展京剧？

王玉田：京剧中有许多的韵律非常讲究，如同一段唱腔中出现同一个字，不能发同一个音。还有，年轻的演员要知道自重和谦虚。记得，我年轻的时候，由于不懂事对杨宝森先生演出《失·空·斩》中饰演马谡的刘砚亭先生说出不敬的话而遭骂。当时刘砚亭老先生已经六十多岁，我边看边说："老先生的功夫不到家。"与我站在上场门的赵桐珊先生看了我一眼后竟不言语走了。我随即跟在后面，忙问："二爷，我哪里错了？"赵先生怒道："你哪里对？你还得了！刘先生这不好，那不好，赶明你就不老！"现在回想，老先生的骂是有道理的。

　　我从艺几十年虽然道路比较坎坷，但我对花脸行当是钟情一生。我只学金少山先生的精华之处，同时学习裘桂仙先生的裘派，因为他更讲究规矩、韵味。我认为，裘派应该从裘桂仙老先生算起。

　　封杰：与您交谈两个小时，我如同上了一堂课，受益颇丰。谢谢您，祝您长寿！

"延安李少春"

——京剧名宿王洪宝访谈录

> 抗日战争时期,贺龙元帅曾成立了一支战斗评剧社,专门演出京剧,他称剧团中一位挑梁的年轻演员为"红小鬼",周恩来总理也曾称他为"延安李少春"。2012年1月12日,我采访了王洪宝先生。

封杰:王老师,您好!您从事京剧是受家庭影响吗?

王洪宝:我出生在河北省保定市澧县王家庄,世代以务农为主。七岁时,由保长做主把我写给了戏班。生死文书中写道:"马惊车轧,悬梁自尽,投河觅井,打死勿论……"

进了戏班后,我拜了一位人送雅号"大刀王进喜"的师父。他出科于我们村一家由清末翰林院大学士蒋世芬的弟弟办起来的立春台科班,费用由蒋世芬资助。科班的学习很紧张,但生活条件不错,每天中午必有一锅炖鸡肉吃。原来是蒋二爷每顿饭必要吃十几个鸡舌头,剩下的就扔给了

《升官图》(话剧)任均饰马小姐、王洪宝饰知县

9

厨房，由大师傅炖好了再"请"徒弟们"享用"。我师父在科班时学的是梆子老生，学至八年头上临近出科，他正好倒仓。我师父对班主说："您再让我学一年吧！"这样，我师父又学起了架子花。他每天用一根棍子代替大刀反复练习大刀花，后来成了他的绝活。我师父在一次演出中不慎腰部受伤，但他坚持演完了《怀都关》《白马坡》和《钟馗嫁妹》。尤其是演《钟馗嫁妹》对他的腰部伤害更为严重，因为钟馗的许多身段都需要用腰来表现他的美态。后来，他又演出《红梅阁》中的刺客连续做了三个抢背。全班社的人都劝我师父不要再演了，他却说："宁死台前，不死台后！"

封杰：那么，您进入科班学戏一定相当艰苦？

王洪宝：我跟随师父学戏的九年时光里，没有一天停止过练功。一次为了不影响我师父午休，我特意到荒郊的坟地里练功。由于练得太狠，竟将脚练脱了踝，整个脚趾头朝了后面。我想，这下师父非打死我不可。一狠心我又将脚扭了回来，可肿得很高。我也不敢回科班，直到天黑了才由四处找我的人将我带回了科班。我师父要求我非常严厉，他让我把所有行当的戏都要学会，即使不演出也要掌握。像《红梅阁》的李慧娘，《盗仙草》的白素贞，《十三妹》的何玉凤我都学会了。

为了锻炼我的舞台实践，我师父不仅请来他的师兄弟教我，还带着我借台唱戏。我演出的剧目中，有立彩先生教的旦行戏《红梅阁》《盗仙草》《十三妹》，还有立旗先生教我的老生戏，立祥和立宝先生教我的武生戏，韩成渠先生教我的武丑戏。

封杰：我听说，您有出《胡奎卖人头》的戏，是吗？

王洪宝：《胡奎卖人头》是出小生与架子花合作的戏。演绎占山为王的胡奎欲请张勇来做军师，便让喽啰下帖，张勇不愿落草为寇，胡奎再三礼聘都遭张勇婉拒。愤怒的胡奎乔装下山，来到张勇立的卦摊前，对张勇明言："你为何不到山上做军师？"

张勇答道："我不愿做强盗。"

胡奎转身离去后，杀死了两个人装进了麻袋，一边走一边吆喝："卖人头！"这时走过两个官差问道："你是卖什么的？"

胡奎答道："我是卖西瓜的！"

官差说道："你的西瓜娄了，都流汤了，倒出来看看！"这一看不要紧，官差立刻将胡奎锁住带走了。

到了公堂，县官问明两个人头原来是胡奎杀死了两名私自逃下山的喽啰，便将他押入了大牢。家境丰厚的罗昆与胡奎私下有交情，被官府抓获羁押在大牢。一日，罗昆生了病，县官问道："你要做什么？"胡奎说，想请一个人来为他看看病，并说清了此人摊位的具体位置。待张勇来到监中，问胡奎有何事情？不想，胡奎佯装无事。这里，胡奎唱了一段[快板]："一见张勇微微笑，不知匹夫小儿曹，太行山请你你不到，却怎么今日里来到监牢？你今看好罗昆病，三老子保你出监牢。你若看不好罗昆病，阎王殿前走一遭。"再兜足了气打"哇呀呀！"台下是满堂的好声。最后，张勇经过胡奎一番劝说，同意上山与胡奎共同扛起"杀富济贫"的大旗。

封杰：您还有出《采茶奇案》。

王洪宝：这是一出半文明戏。讲的是文质彬彬的吴顺与哥哥吴天绝因生活习性不同，各自生活。一日，一群采茶的女子在回家的路上遇到老虎，慌乱中躲避到一间房内。不想吴顺回到家后见是女子安身多有不便，就到邻居家中暂住。这家人母子，听完吴顺向他们说明情况后，儿子李辈趁夜色潜到吴顺家中欲图谋不轨，母亲想到吴顺家中盗些钱财。天亮后，吴顺不见母子二人便报了官。这时，吴天绝来到吴顺家，进屋后见帐内有动静，误认为弟弟行为不端便杀了他们。后来，官府来人带走了吴天绝进行审问，并走访调查案情。

封杰：看来，您有一些比较独门的剧目。表演上是否也有一些技巧绝

迹舞台呢？

王洪宝：我师父不仅请人教我剧目，还曾给我设计过许多表演动作。像马童牵马出场的弓箭步，他让我改为前弓步、后绷步，以显示马在行进之中，以此来配合他的演出。后来，我加入到革命队伍后，曾与一名旦行演员到延安演出《古城会》。我在一个[四击头]锣经中连翻二十个小翻加一个折腰出场。这些都得益于九年的科班学习不离台毯的缘故。

我学习猴戏时，师父特意讲道："猴分为猿猴和猕猴，大猴是拟人，要演出分量，小猴是拟犬。"孙悟空的造型要练习鹿赴鹤形三道湾，动作既要快又要轻，而手里拿着的金箍棒是捏着或掐着，表演起来要精巧。我师父要求我陪他演《金钱豹》中的猴子，接叉摔"四门斗"动作之前，"扑帐子"的孙悟空到九龙口有条桌子，他要求我翻两圈落在桌子上接叉摔锞子，金钱豹拨叉带起孙悟空，轱辘毛再摔，又一个轱辘毛摔"四门斗"。

封杰：您出科后搭班唱戏一定是第一生路。

王洪宝：我出科那年，发生了卢沟桥事变。可巧我正在河北省的河间府一家光明影剧院演出，每月挣三十五块大洋。这时驻扎在河间的二十九军每天操练，我还跟着他们舞过大刀。教练是山东师傅，训练非常严格。临开赴卢沟桥上阵杀敌之前，赵登禹将军站在点将台上动员战士奋勇杀日寇。他在讲完话后，问道："你们想看什么戏呀？"士兵们异口同声地喊："我们看小洪宝的《水擒花蝴蝶》！"这样，我在一个上午连演三遍《水擒花蝴蝶》，是演完一遍换一拨战士进剧场看戏。

士兵们之所以爱看这出《水擒花蝴蝶》，主要是戏中有段杂技表演。当表现展昭下水擒花蝴蝶时，我一个蹍步蹿到吊在顶棚上面的轴棍上舞动起来，这个轴棍正好安在剧场正中，我在观众头顶上左右、上下飞舞表演各种技巧，剧场非常轰动。

封杰：您是在什么情况下参加了军队？

王洪宝：二十九军在河间驻扎的时候，赵登禹将军要求部队纪律严明。一天，有个士兵走到剧场的门前看见有卖香烟的便伸手取了一盒，转身就走。卖烟的人急忙喊道："老总，你还没给钱呢？"士兵回答："老子马上到前线打日本人去了，拿包烟还给钱？"可巧，穿着便衣出来巡查军纪的赵登禹将军走到这里，问明情况后随即就地正法。这一下，震惊了市面，全说"赵将军军纪严明"。

发生战争后，市面很乱，无人再来看戏，剧场也就解散了。我回到老家后参加本村组织起来的自卫团，每天扛着红缨枪巡逻、放哨。不久，八路军来到我们村，并组织起冀中剧团给军队和老百姓们演出《越王与勾践》。为了适应当时的局势，我们上演了《伐子都》，教育人们要团结起来一致对外。有一次，我们正在演出，只见由余秋里率领的游击队在维持秩序，敌机飞过来，扔下了两枚炸弹。幸亏没有落在人群之中。那时，我们手中的枪各式各样，有南洋造、晋中造、日本造、三八大盖和歪把子等，都是自己从敌人手中夺取的。在一次战役后大家排好队等着发枪，可发到我这儿却什么也没有了。我只能拿把大刀看着别人威风凛凛地扛枪在前面走，自己却暗暗落泪。后来，余秋里创编一二〇师特务营三连，我被选入其中当通讯员。这可把我乐坏了，因为给我发了一把马金钩枪。在这几个月里我先后当了侦察员、警卫员、旗语员和喊话员。八路军和日本军队隔三岔五就打仗，我就在两军阵前的中间地带仰视蓝天躺好，用日本话喊："你们都是穷苦老百姓，不要给法西斯卖命！放下枪过来吧！"为了学好喊话，我每天练习28个日本语字母和发音。

1941年，贺龙领导的抗日队伍日益壮大，我被分配到朱云清首长身边做特务员，照料他的日常生活和保护他的人身安全。我们在行军露宿时从来不打扰老百姓，战士们都是睡在羊圈、马棚或门洞里。一次，我到一家富农家借门板好让首长休息。当我在摘门板时一只大狗朝我扑来，我连忙

用门板挡狗，谁想它绕过门板又朝我扑来，情急中我扔掉门板顺手抓住狗的两只前爪，它悬在半空中无法用力，我这才掏出手枪向它打去。这下惊动了正带着两名战士巡逻的政委，他问道："谁让你开枪的？"

我回答："狗咬我！"

政委说："枪和子弹得来不易，怎能轻易开枪，关禁闭？"这样我被关了七天禁闭，行军时还要替走累的战士背枪，我们戏称为"背假枪"。

封杰：参加剧团唱戏就等于脱下军装，转业了吧？

王洪宝：百团大战告捷后，贺龙师长在一次全师总结大会上号召学过或从事过京剧的人组织战斗评剧社。为了区别国民党统治的北平，我们用"评"字。他身边有位唱余派的票友张一然，曾在冯玉祥部队当过秘书。在成立战斗评剧社之初，他是副社长，王镇武是社长。他说："贺龙师长让咱们排几出戏出来，到延安给毛主席演出！"大家非常高兴，感到十分光荣。而我参加战斗评剧社也是被张一然"暴露"的身份，他对贺龙师长说："咱们队伍中就有一位当年曾陪我演出的人，他叫王洪宝。"贺龙师长一听很高兴，忙派人将我叫来。可此时的我参加部队后早已改名王荆璞了。

我们经过商议，最后决定派出由张一然和王镇武演出的《汾河湾》，赵蓉美和牛树新演出《古城会》，我饰演马童。贺龙师长在看完我们演出后，走上台来说道："好，赶快排，越多越好！"这年年底，贺龙师长带着我们到了延安。打炮戏是《古城会》，毛主席看了我们的演出也非常兴奋，就此将我们留了下来，与鲁迅艺术学院业余平剧团合并成立了延安平剧研究院，也就是延安平剧院。我们排演了许多戏，如《逼上梁山》《三打祝家庄》《升官图》《武松》等一百多出。我们这些演员中只有六位是真正学过京剧的，其余全是业余爱好。为了练功，我们就把土刨松软再铺些稻草，权当海绵垫子。有一次，周恩来副主席安排我演出《白马坡》，我说："没有青龙刀。"周恩来副主席就派两名特工人员分批将刀带回，结果接在一起很不适合。

"延安李少春"

当胡宗南率部侵犯延安时,我由于曾有过作战经验,领导特委派我为"下山"大队长,率领大家撤离延安,转移到河北。新中国成立之后,我们这些人辗转全国各地从事了不同的事业。有的人仍然从事着京剧工作,特别是将延安平剧院的艺术创作精神和风格融入了中国京剧院办院思想之中。

我戎马生涯多年,历经了三次脱军衣。最后一次是从解放军退伍,分配到了北京市编导委员会。像《赵氏孤儿》的本子是我第一个拿到手里,做完案头工作后,再与马连良、裘盛戎商议编排事宜。其中,裘盛戎演唱的[汉调]"我魏绛"就是借鉴了老戏《七擒孟获》中孟获的唱腔。

封杰:周恩来总理是在何种场合称您为"延安李少春"的呢?

王洪宝:1942年,周恩来副主席到重庆与国民党进行谈判,回来后给剧团领导做了一次讲话。他说:"他们请我看戏,我觉得他们的技术比我们强,可是思想性不如我们,我们有我们的长处,我们有'延安李少春'嘛!"

新中国成立后,一次我们到中南海与领导联欢。周恩来总理特意问我:"小洪宝,你的功回了没有?"为了证实我的功夫,我在舞池正中间连着翻了三十七个旋子,赢得阵阵掌声。事后,周总理又问我每天早晨做什么。我回答:"出操!"周总理一听,说道:"唉,你不要出操,你要练功!"随后,取出一张白纸写道:"小洪宝不要出操,要练功。"落款是"周恩来"。

生活中,我跟李少春同岁,彼此在艺术上也进行过商讨、交流。

封杰:您是一名真正的文艺战士,即使年过九旬仍对京剧的现状密切关注着。谢谢您接受我的采访!

"延安梅兰芳"
——京剧名宿任均访谈录

> 1942年4月,延安成立了一支研究、演出京剧的剧团,演员们在极其艰苦的岁月里演着传统戏,同时创演了一批新编剧目,为京剧的发展奠定了基础。值此延安平剧院创立七十周年之际,我于2012年2月24日采访了当年延安平剧院的首席旦行演员任均先生。

封杰:任老师,您好!我从您的自传《我这九十年》中了解到您出身革命家庭。

任均:其实,我父亲任芝铭是清末举人。他在三十四岁时参加了清朝最后一次乡试,中了举。按规定,清朝政府特颁发给举人一身衣帽及一套银质酒杯和筷子。由于父亲的勤奋,改变了过去贫寒的家境,实现了我爷爷信守的"万般皆下品,唯有读书高"。当年,我爷爷从山东逃荒到了河南新蔡县,没有一垄田地,以贩卖青菜为生,一心供我父亲上学。可是,我父亲中举时,我爷爷已经过世多年。

1894年,中日发生甲午海战,清朝政府战败,我父亲开始质疑清政权。后来父亲与本县几位开明志士开办起新学堂,

任均在延安拍摄的剧照

又参加了同盟会，投身反清运动，为辛亥革命出力甚多，招致抓捕，逃家出走。思想进步的父亲在外做事多年。1938年的寒冬，父亲利用公事空闲的几天时间，与西安八路军办事处联络好，秘密地把我送到了贫凄满目的延安。这一送，从此奠定了我终生的命运。

封杰：到了延安后，您从事了什么工作？

任均：由于父亲是民主人士，我们到了延安后被安排在了统战部招待所。这时，早已到延安参加革命的我二姐任锐和她的女儿孙维世赶来与我们团聚。农历的十一月十八日，毛泽东主席在窑洞里特设宴招待我父亲，我跟二姐、孙维世作陪。席间，毛主席说："任老先生从蒋管区不远千里而来，亲自把女儿送到延安来，辛苦了！我们非常欢迎你！"我父亲答谢道："蒋管区空气太污浊，我来延安透透新鲜空气！"这时毛主席的游击战非常出名，我父亲又请教此事。毛主席说准备编本书。

我留在延安后，先将原来父亲起的名字"任幼均"改为"任均"。那时投奔延安的青年，一般先入抗日军政大学。而此时已入延安马列学院的孙维世建议我直接报考延安鲁迅艺术学院。我便考入了鲁艺戏剧系第三期。戏剧系的主任是张庚同志，他除教我们《戏剧概论》外，还要求我们阅读苏联名著《安娜·卡列尼娜》《复活》等，以提高艺术修养。周扬院长给我们讲《艺术论》大课的时候，戏剧系、文学系、音乐系和美术系的学生都坐在黄土地上听。这期间，崔嵬给我们编导了话剧《被蹂躏的女性》，由我、王一达、柳岸主演；姚时晓导演了日本话剧《婴儿杀害》，由我、黄灼、方深主演。我虽然先前在上海学习过话剧表演，但这次我是第一次系统地学习戏剧理论，并尝试与戏剧实践结合。所以，这段时间的学习，我非常受益。

封杰：那么，您是在怎样的情况下成为京剧演员呢？

任均：我虽然学习的是话剧，可演得最多的却是京剧。我能演京剧缘于我在北京读书期间，曾跟京剧老艺人刘凤林先生学习过全部《鸿鸾喜》，

而且原来在家时也跟着唱片学过一些。到延安的第二年，我就演了传统戏《鸿鸾喜》中的前两折戏。之后，我们又演出了《打渔杀家》，阿甲饰演萧恩，我饰演萧桂英，崔嵬饰演教师爷。那时的延安还没有演传统戏的行头，只能穿现代服装表演，大家总感觉很别扭。

其实，在我到达延安之前，已有少数懂得京剧的同志在编写为抗战服务的京剧现代戏。像西北战地服务团二团，编演了延安的第一出京戏《清明节》。鲁艺上演的第一出现代京剧，是纪念抗日一周年时，用"旧瓶装新酒"形式编写的《松花江上》，由阿甲和江青主演。1939年3月，鲁艺成立了一个旧剧研究班，成员最初只有阿甲、罗合如、张东川、石畅、李纶、王久晨、方华和我八个人，人们笑称"八格牙路"。我们的任务是研究平剧如何为抗战服务和它将来的发展前途。不过，由于力量薄弱，并且有人调往敌后根据地工作，7月就解散了。但是，它却是延安第一个从事京剧工作的专业组织。

1939年秋天，阿甲编写了一出现代京剧《钱守常》，演绎一位老知识分子在沦陷区不堪日寇凌辱，奋起反抗，投身游击队的故事，由阿甲、任桂林、王一达、罗合如、石天和我演出。这个戏虽然仍是"一桌二椅"和"自报家门"的形式，但赋予了新的内容，两者比较协调。

当时由于没有传统戏的服装，我们没演过真正的传统戏。直到党中央决定将毛主席、王明、董必武、邓颖超等人担任国民参政会参政员所得的两千元银圆拨给我们，派阿甲和任桂林到西安找关系，购买回来三车戏箱，我们才有了戏装。这些旧戏装虽然不齐整，但我们还是在1940年元旦上演了延安第一场真正的传统戏《法门寺》。阿甲饰演赵廉，石畅饰演刘瑾，王一达饰演贾桂，石天饰演刘公道，齐瑞棠饰演刘媒婆，张东川饰演刘彪，我饰演宋巧姣。乐队方面鼓师是陈冲，琴师是华君武。

封杰： 你们这场《法门寺》的演出一定是盛况空前。

任均： 不错。《法门寺》连演四天，当时在延安的领导人全来看了戏。

 "延安梅兰芳"

毛主席是天天来看,一坐就是三四个小时。有一次,我们在演出当中,由于看戏的人太多,土围墙被挤塌了。毛主席只回头笑了笑,又继续看戏。接着,我又演出了全部《鸿鸾喜》,周恩来副主席刚刚从苏联治伤回来,看了我们演出后,第三天他来信写道:"我前晚看了你的拿手戏,赞佩不已!"

后来,我们开始了创排新编历史剧。如根据大后方欧阳予倩剧本演出的《梁红玉》,我饰演梁红玉,陶德康饰演韩世昌,张东川饰演金兀术。《吴三桂》是延安戏剧工作者创作的第一部新编历史剧,由王一达和石畅编排。我饰演陈圆圆,王一达饰演吴三桂,石畅饰演多尔衮。可能跟毛主席爱看古装戏有关吧,自买回戏箱后,我们大约有四年时间没有再演出现代戏。

1940年4月,延安成立了第二个以研究、演出京剧为宗旨的专业组织——鲁艺平剧团。那时北京叫"北平",所以京剧叫"平剧"。

封杰:这么说,你们开始了专业性的研究与演出工作。

任均:鲁艺结业后分配到这个剧团,是我从事京剧专业工作的开始。从此,我陆续演出了《十三妹》《玉堂春》《宇宙锋》《龙凤呈祥》《四郎探母》《宝莲灯》《梅龙镇》《奇双会》等戏。

王一达的戏装照。

对《玉堂春》，我们改变了老本"说戏"的方式，由王一达、石畅在旧戏的基础上取精去粗，重新编排，而且王一达吸收了话剧的导演方法。其目的是不允许演员随意加词，自由发挥。这也是延安京剧导演制的开端。几年后，毛主席到重庆与蒋介石商谈国事，回来后告诉我们："蒋介石请我看了厉家班的《十三妹》，虽然演技比你们的好，但演出风格没有你们的高！"

一个星期天，毛主席请我们到他家做客。他跟我们聊历史、聊艺术、聊戏曲发展的前景，谈京剧的流派和名家。他还拿出他收藏的梅兰芳、马连良、程砚秋的唱片让我们听。我们轮流摇留声机，兴趣非常浓。谈话中，有人问毛主席："我们唱平剧算革命工作吗？"毛主席回答："你们为人民服务，当然是革命工作啦！"

另外，毛主席有一套上海大东书局出版的《戏考》。当我们准备排演新戏时，就找毛主席借，用完再还。时间久了，毛主席就说："算了，送给你们吧！"

封杰：延安平剧院是在何时成立的？

任均：我们在延安活跃的同时，在晋西北的抗日根据地也有一支战斗评剧社，经常深入部队和城乡演出，非常受欢迎。1942年初，他们奉调到延安演出。4月，中央决定将我们合并成立延安平剧研究院，即延安平剧院。

组建之日，毛泽东、朱德、陈云、彭真等领导来到延安最大的饭厅——大砭沟口的机关合作社，跟我们一起联欢。会上宣布由康生担任院长。10月10日，延安平剧院正式成立，院长由张经武担任。我们上演了《甘露寺》和《翠屏山》以招待各界人士。毛主席特为延安平剧院题写了"推陈出新"，作为剧院工作的指导方针。朱德总司令题写"宣扬中华民族四千年的历史光荣传统"。陕甘宁边区政府主席林伯渠题写"通过平剧使民族形式与革命精神配合起来"。这些题词都刊登在《延安平剧研究院特刊》上。

之后，我又演出了《一捧雪》《大登殿》《得意缘》《铁弓缘》等戏。一次演出《四进士》，我饰演杨素贞。当演至被兄长骗卖给杨春时，我觉得头上太素，便趁下台的机会找了几个头饰插在头上，再上场唱："听谯楼打罢了初更鼓响，不由人一阵阵泪落数行。"演出后，江青对我说："杨素贞行到半路上，哪来的那些头饰插上？"我想，她提的意见是对的。此时的杨素贞正处于悲伤之中，哪有心情打扮？我只顾了好看，忽略了剧情。

封杰：那么，你们是怎样拿文艺做革命武器的呢？

任均：延安平剧院宣布组建不久，毛主席发表了《在延安文艺座谈会上的讲话》，要求将文艺变成武器。延安平剧院不再是仅以演传统戏来满足文化需求，而是希望剧目能为现实服务。这样，我们在编排了几出现代戏《上天堂》《回头是岸》《醒后》之外，还创演了新编历史剧。

在延安平剧院之前，1944年，中央党校部分教职学员集体创作了《逼上梁山》，杨绍萱执笔，齐燕铭导演，金紫光饰演林冲，王连瑛饰演鲁智深，索立波饰演高俅，王禹明饰演高衙内，陆平饰演林娘子，齐瑞棠饰演陆谦，邓泽饰演李小二。毛主席看完戏后，给他们写信说："你们这个开端，将是旧剧革命的划时期的开端。"之后，我们延安平剧院复排了这个戏，王一达导演，我饰演林娘子。

1945年，延安平剧院演出了任桂林、魏晨旭、李纶执笔编剧，王一达、魏静生导演的《三打祝家庄》。这个戏，张一然饰演宋江，魏静生饰演石秀，阿甲饰演钟离老人，刘涌汉饰演祝朝奉，王洪宝饰演祝彪，赵魁英饰演祝小三，我饰演乐大娘子。《三打祝家庄》需要三个晚上演完。毛主席看了《三打祝家庄》后，在贺信中写道："我看了你们的戏，觉得很好，很有教育意义。继《逼上梁山》之后，此剧创造成功，巩固了平剧革命的道路。"可惜，这封信在胡宗南进攻延安、我们全部撤离时，丢失了。

封杰：延安平剧院与新中国成立后的中国京剧院有关联吗？

任均：我爱人王一达曾出版过一本《王一达文集》，书中记载了延安平剧院过渡到中国京剧院的历程。

1947年，胡宗南进攻延安，延安平剧院遵照党中央指示，在罗合如副院长的率领下，于3月8日离开陕甘宁边区，渡过黄河，跋涉千里转到晋察冀边区，归属华北联合大学，改组为华北平剧研究院，简称华北平剧院。

1949年，随着新中国的成立，在文化部的领导下，将进入北京的华北平剧院改编为京剧研究院。在中国戏曲研究院成立之后，又将京剧研究院改成其下属的京剧实验工作一、二、三团，1953年合并为中国京剧团。于1955年正式成立中国京剧院，首任院长请梅兰芳先生担任。1959年，梅先生在《中国京剧院演出剧本集》中撰文说："中国京剧院的前身是1942年在延安成立的延安平剧院。"开宗明义，道出了延安平剧院的后续发展。

封杰：今年适逢延安平剧院成立七十周年，我们对您——当年的"延安梅兰芳"表示尊敬。

任均：七十年，弹指一挥间。我感谢鲁艺对我的培养，延安平剧院给予我的鼓励。至于"延安梅兰芳"一说，其实是"此地无朱砂，红土以为贵"，是当时解放区观众对我的过誉，由一些部队首长从延安传到其他解放区的，我实在担当不起。我只想说，当年一同奋斗、战斗过的同事，多已不在了，我深深地怀念他们。

封杰：为了革命事业，为了京剧艺术，你们为之奋斗了一生。谢谢您接受采访！

金捷奏响　力捧群星

——京剧名宿赓金群访谈录

> 京剧始终处于发展之中，一个流派的形成离不开鼓师、琴师的帮衬，演唱与伴奏水乳交融，使听者享受到精美绝伦的艺术作品。2007年7月24日，我拜访了赓金群先生。

封杰：赓老师，您好！您是在怎样的情况下进入了中华戏曲专科学校？

赓金群：我是1933年进入中华戏曲专科学校，那年我十二岁。原先是焦菊隐先生担任校长，后来换成了金仲荪先生接任。我们学校和科班不同，学生穿制服，戴大檐帽，每天晚上坐着大轿车到戏园子演出。学校里每天都上文化课，那时的吴晓铃、华粹深、翁偶虹先生是我们的教员，我们不仅学国文，还学英语、法语。现在，我还记着许多单词。我们每天都练功夫，不练不行。别说是咱们这行，就是看似简单的一把扇子，你要不会做大边、骨儿、轴儿、面儿，那也不行。

我师从负责教授武场的汪子良先生，他的师父是沈宝钧老先生。沈老先生曾教授过光绪皇帝打鼓，一次在演练"蟠螭旆云中摇洋，飞豹旗风外飘扬。虎将狰狞豪气狂，马如龙掣断丝缰。遥望五云帝乡，指日里归吾掌"[朱奴儿]曲牌时，光绪皇帝只唱了半个牌子。由于他是皇帝，后来以错就错改为[小朱奴儿]，当舞台上表现兵少的时候就用这个[小朱奴儿]。汪子良先生很聪明，头脑很清晰。他在教授我时要求我，干牌子、大字牌子都要掌握。所以，打基础非常重要，它关系到一个演员的一生。

封杰：您从学校毕业后，就开始搭班演出了吗？

庚金群司鼓

庚金群：十八岁，我从中华戏曲专科学校毕业了。戏班不是总有演出，我属于"个体户"，流动性比较大，是哪里请我就到哪个班社。一个月下来总共能挣四百八十块钱。二十岁，我开始傍李少春到上海演出一个月，白玉薇同学挂的二牌。那时的一个月要演出三十六天，剩余的六天是为老板"义务"演出。比我年长两岁的李少春演出一般总是一文一武，如大轴戏是《战马超》，倒第三是《击鼓骂曹》，中间就是白玉薇的花旦戏。给李少春打鼓每天挣二十块钱，这在当时是很高的价码了。再后来，我又与上海的童芷苓合作了一年多，她演出的《红娘》一贴就是一个月，天天爆满，非常受欢迎。她饰演的红娘总体风格上遵循荀慧生先生的路子，但有所变动。因为，荀慧生先生终归是男旦,有些表演无法表现,而童芷苓就表现得很充分自如。

封杰：我知道,您是第一批参加中国京剧院的。

赓金群：是的。我从上海回来后,已经是1949年的7月份了。两个月之后,我就参加了中国戏曲研究院（中国京剧院前身）,当时是以小米的市场价折合工资。1951年,李少春组织的新中国实验京剧团又加入进来。由于我平日里喜欢弹扬琴,就组织了一个小乐队来欢迎我这位老朋友。虽然那时我们的年龄都不大,但总算是多年的知己了。直到1958年,我和李少春才正式在一起合作第一出现代戏《白毛女》。

我非常佩服李少春的才华,他不但唱得好,而且还拉得一手好京胡。这出《白毛女》我们只用十天就排出来了。杨白劳的唱腔是李少春自己琢磨出来的,而"打"是我设计出来的。在设计鼓点时,我始终坚持现代戏仍然不可离开传统戏的打法,也就是"古为今用,洋为中用"。让人一听就是干这个的,不能随随便便地瞎打,"新编"的不成。"打"的时候不能出范围,既是这里的事,又不循规蹈矩。现在回想起来,当时真是一个难。我们在如何打出人物,打出情节方面真是绞尽脑汁,煞费苦心。

例如,《白毛女》中喜儿唱完"老爹爹还不回来"后,杨白劳出场应该是随着[纽丝]上场,而我在这里加了一个[回头],为什么？因为这时,李少春要上场了！要向观众交代,第一是李少春,第二是杨白劳。既捧角,又改革。打出了情绪,也让李少春出场感到舒服。

现代戏不能脱离老的传统,但只顾老的传统不搞现代戏,它的内容、使用价值都不管了也不对。总之,一句话"既是古老的东西,又能为现代服务"。

封杰：中国京剧院在那个时期相继排演了多出现代戏,您能举例讲讲吗？

赓金群：我们上演《白毛女》之后，得到了好评。继之，我们又搞了一出反映藏族生活的现代戏《柯山红日》。我设计了一段四三拍的节奏，自打有京剧起，音乐中就没有这个旋律，这个主意是李少春和我"叠窝窝"出来的。主要是想搞点特别的，从前没有的东西。

我对李少春说："以前有四二拍，四一拍，没有四三拍的。"

李少春说："对，两'眼睛'的没有，那咱们试试。"他异常的兴奋。

他讲的两"眼睛"其实就是两眼一板。之前，我从来没有"打"过这样的板。后来，李少春在剧中与杜近芳对唱时使用了这个节奏。先别提以后用着是否合适，及演员对它的取舍，我们算"尝试"了。

我们还排演了《林海雪原》。但是不久，我们就进入了北京电影制片厂参加拍摄《野猪林》的工作。剧本原来安排的末场是林冲唱着[吹腔]上场，大家总感觉此刻对人物的思想刻画不够深入，形象感也不强烈。后来，经过大家一起商量新加了一段[反二黄散板]转[原板]转[散板]的"大雪飘扑人面……"的成套唱腔，更能渲染环境，唱出林冲的情绪。虽然我们没有见过林冲，但我们要"跳入"那个朝代，了解人物生活的环境，演员表演起来才能与戏里要求的台词、情景、思想、动作、感情相吻合。这套唱腔是李少春、沈玉才和我共同完成的，也正是通过这出戏，我们的感情更深厚了。对这出《野猪林》，青年演员真应该好好学学，无论表演、歌唱还是武打都是一种美的享受。

封杰：怎样才能成为一名好的鼓师？

赓金群：一个演员只有喜欢起来、钻进去，才能在里面打滚，达到自由。如果不能运用自如，你就拿不住它，反而叫它把你拿住。至于操鼓，并不能随便地"打"。这里面的打法各不相同，要明白劲头在哪里？打鼓的要会最基本的东西，否则你打不好。一定要打出剧情，打出人物来。

京剧不能停留。既然我们搞了京剧,就要像搞的样子,并且要以搞好为目的。

〔注:此文的采访因赓金群先生的离世(2008年4月10日),而没能进行到底,留下了永久的遗憾!〕

尚武宗杨 和声昌盛

——京剧名宿齐和昌访谈录

中华戏曲专科学校的毕业生中人才辈出，文武皆善者不乏其人，尤其是武生行学扬宗尚更是迭出不穷。2011年3月1日，我采访了齐和昌先生。

封杰：齐老师，您好！您先讲讲是怎样考进的中华戏曲专科学校，好吗？

齐和昌：我家从前是河北高阳人，我父亲来到北京后在一家买卖铺学做生意。老板见他忠厚老实，又善于做生意，就将买卖铺交给我父亲经营。这家棉线染坊铺子就在花市，主要是将染成的各种颜色的线供应人家织成袜子等物。我父亲在提供棉线的同时也做销售。

1931年，我上小学三年级的时候正赶上中华戏曲专科学校招生。我觉得好奇就到木厂胡同看热闹，随别人到了考场，随便地喊了几声，做了几个动作。负责考试的沈三玉先生觉得我比较可爱就同意将我收下。可我是瞒着我父亲来的，这时

《古城会》齐和昌饰关羽

他还不知道呢！回到家后，我把到戏校考试并同意我入学的事情向我父亲做了汇报。可我父亲并没有当回事，没承想，过了几个月居然收到了学校发来的录取通知书。这时，我父亲才说："你怎么学这个呀？"可他又没有更好的办法决定我将来的发展前途，便说道："行，那你就去吧。"其实，我理解我父亲对我将来所从事的京剧并不满意。

九月初，我走进了中华戏曲专科学校的大门。入学后先是把我分配到了小生组，跟随狄春山先生学习《探庄》，跟随包丹庭先生学习《雅观楼》。不久学校又将我划分到武生组，这时学校也将我原来的名字齐荣昌改成了齐和昌。我每天跟随着诸连顺先生学习《花蝴蝶》《翠屏山》《八蜡庙》等武生戏，可由于学戏太笨，有时一个腔调转不过来，诸连顺先生就拿着刀坯子或是藤子棍敲打我。

中华戏曲专科学校是由留学法国的李石曾先生利用"庚子赔款"返回来的部分钱款办起的学校，另一个是中法大学。我们学校不同于以往的科班，不仅要学戏还要学文化。文化课中包括国文、英语、法语和日语。首任校长焦菊隐先生也是留学生，他的思想比较进步。在他和董事会商榷后开始招收女孩子学戏，形成了男女合校。其实他只比我们大十几岁，但他非常严肃，哪怕是一声轻轻咳嗽声，我们都有些闻声而栗。焦菊隐先生对老师们的要求也非常高，像他规定既然我们是学校就不能像科班那样随意地"打戏"。可有的老先生因为从小学戏就是受到这种"待遇"的，致使他们很难改过，甚至根本无法接受。像诸连顺先生就是例子。他走之后，丁永利先生才来到学校教我们武生。

封杰：那么，您跟丁永利先生学习了什么戏？

齐和昌：我跟丁永利先生学的第一出戏是《大名府》中的燕青。丁先生教我"走边"，非常耐心细致，脾气很随和。他教戏很规矩，并得到过杨小楼先生的首肯。像后来许多学杨派的武生演员皆是跟丁永利先生学习，如李少春演出的《安天会》就完全是丁永利先生教授的。之后，学校又安排我到曹玺彦先生身边学习《郑州庙》《盘肠战》等戏。我所学的这些戏中，有的戏我登台实践了，有的戏我只是学会了而已。像我第一次登台是和宋德珠师哥在吉祥戏院演出《摇钱树》中的哪吒，是由沈三玉先生教授的。为了丰富我的表演，沈三玉先生还特意为我设计了一套枪架子。

1936年，我们学校搬迁到了地安门的椅子胡同，校长也换成了金仲荪先生。第二年，由于发生了"卢沟桥事变"，日军占领了北京城，学校只好暂时"放假"让学生回家躲避。时隔数月，局势稍有好转，我们就被学校召回上课。这时来学校教课的老师也发生了变化，老生组的老师有张连福、蔡荣贵、王荣山先生，大小花脸组老师有张春芳、张春山先生，旦行组老师有朱桂芳、阎岚秋、律佩芳、张善亭、诸茹香、吴富琴先生，而我们武生组的老师只有丁永利先生一人继续来教我们。不久，学校又请来了迟月亭、钱富川先生教授我们《蜈蚣岭》《蔡家庄》《神亭岭》等武生戏。这时期，翁偶虹先生也来到我们学校担任文化教员，他给我们学生编写了许多新戏。

日军的入侵，导致我们学校的办学经费受到了影响，大家只好靠演出来维持生存。

封杰：齐如山先生为梅兰芳先生写了许多新剧目，同时对京剧的改良也起到了推动作用。

齐和昌：齐如山先生也是河北高阳人，与我是同宗，但他的辈分高于我，我称他为爷爷。每年春节我到他家去拜年时，他就让我走走起霸。

梅兰芳先生访问美国，齐如山先生付出了很大的心血和精力。他们回国后，我们学校为此举办了庆祝大会。梅兰芳先生站在舞台上给我们师生讲述他们在美国的演出盛况。讲话之前，齐如山先生特地从台上走下来，看着我们这些坐着小马扎的学生说："我那小孙子在哪儿呢？"

老师忙回答："在那儿呢！"

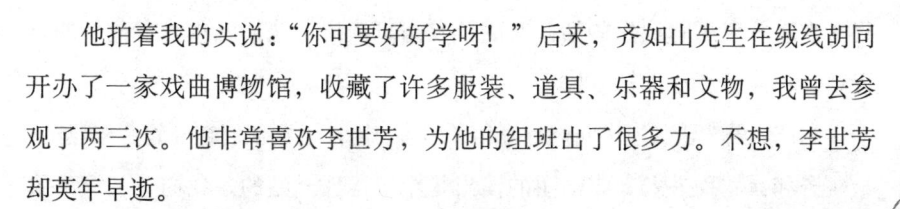

他拍着我的头说："你可要好好学呀！"后来，齐如山先生在绒线胡同开办了一家戏曲博物馆，收藏了许多服装、道具、乐器和文物，我曾去参观了两三次。他非常喜欢李世芳，为他的组班出了很多力。不想，李世芳却英年早逝。

封杰：中华戏曲专科学校对培养京剧人才可谓不惜重金延聘最好的老师。

齐和昌：我看见过杨小楼先生演出过的《长坂坡》《下河东》等戏，他扮出来的人物魁梧、英俊、潇洒，念白铿锵有力。有一天，杨小楼先生演双出，前一出是《林冲夜奔》，中间是由刘砚芳垫的一出老生戏，后一出是《下河东》。可是当晚我有演出，等我卸完装再赶到杨小楼先生演出的剧场时，他的《林冲夜奔》已经演完了，我只看了后面的《下河东》。十岁那年，我也曾跟延玉哲、傅德威、洪德佑等人一同到杨小楼先生家去学戏。可我实在是年龄太小了，到了杨先生家看着好奇，只顾着玩了。现在还记得当时杨先生说了一句话："我还得唱戏呢，哪有时间教戏呀，还是让能教戏的人来吧！"其实，这是杨小楼先生给因各种原因无法登台演出，而只能依靠教戏来维系生活的人"留饭"。1938年正月，"国剧宗师"杨小楼先生逝世了，出殡之日，学校的老师去送的行。

王瑶卿先生曾到学校教授我们八本《雁门关》，有时学校也派学生到王先生家中去学习。高庆奎先生由于中年嗓子"塌中"一字不出，生活比较困难，学校特意请他来教授李和曾。余叔岩先生虽然没有到我们学校教过戏，但学校曾派谭金曾到他家中学习。可惜这位同学眼看快学出来了，却得了一场大病早逝了。

1939年，我学满八年毕业了。为了便于搭班唱戏，我在前门的同兴堂饭庄同时拜丁永利、李洪春先生为师。侯喜瑞、苏连汉、李少春等人都到场祝贺。丁先生收我为徒后，又把我从前学过的武生戏进行了重新下挂加工。

我在当时承应三牌武生的活,有的票友组班演出,他们就邀我在他们的旦行戏或老生戏前面演出武生戏。

封杰: 虽然票友当中同样有好角,但您总不能老跟他们在一起合作吧?

齐和昌: 我搭入专业剧团的演出是跟宋德珠开始的,我们一起演出属于"双挑班"。演出地点是在朝阳门外的一家老戏园子,由于他不习惯白天演出,就全由我承担白天的演出。我在这一时期连续上演了《长坂坡》《铁笼山》《艳阳楼》和红生戏《千里走单骑》《走麦城》等戏。我演出的红生戏先是由丁永利先生教授,再经过李洪春先生点拨,像我的《水淹七军》是李洪春先生亲自传授的。宋德珠师哥见剧场上座不错,还特意给我配演了《武松打店》中的孙二娘,以及我演出《艳阳楼》他反串花逢春,我饰演高登。后来,我还跟陈永玲师弟在吉祥戏院一起演出全部《武松与潘金莲》。我们是从"打虎"演起到"狮子楼"止,剧场效果非常火爆。

我能够与奚啸伯先生合作是杨宗年找的我,他说:"奚啸伯组班缺个武生,你来吧。"这样我到了啸声京剧团,陪着奚先生演出了《白帝城》中的赵云,全部《杨家将》中的杨七郎,《宋江》中的韩德成。奚啸伯先生的嗓音虽然听起来感觉有点发闷,但细细品味就会觉得好听,有味道。其间,我还单独演出了《挑滑车》《古城会》《战冀州》,并与奚延宏合演了《连环套》。

1956年,我参加了由交通部组织的慰问团,成员有唱老生的王铁侠、程派青衣的郭盛亭、丑行的张永禄、武花脸的袁世涌和郭庆鹏等人。我们到上海、大连、青岛、天津等地港口慰问演出,三天的打炮戏总是以我的《挑滑车》《雁荡山》和《英雄义》为主。后来,李盛斌邀我到福建戏曲学校教授了《武文华》和《夜奔》,他再三挽留我,可我执意要回北京。

我回到北京,正赶上尚小云先生应陕西省邀请成立陕西省京剧院,而留下的田荣芬、钱荣顺等人继续着"尚剧团"的演出。这样,他们把我和童葆苓邀请来参加演出。我相继演出了长靠戏《长坂坡》《战马超》《挑滑车》《战冀州》，红生戏《水淹七军》《古城会》，短打戏《夜奔》等，我们坚持了多年之后，国家号召成立国营剧团。我们和梅兰芳京剧团、荀慧生京剧团和青年京剧团在1963年合并成立了北京市京剧二团。时间不长，国家又号召演革命现代戏，我和一部分人就划归北京戏曲学校从事教育工作，我教授《一箭仇》《英雄义》等戏。

封杰：《挑滑车》中的唱、念、做非常讲究气势，您简单地说说您的经验。

齐和昌：我演出的《挑滑车》受业于丁永利先生，他教授的表演动作、唱念完全是承袭杨小楼先生的艺术风貌。在我多年的演出经验和教学实践中我感悟出，这出戏所要展现的功夫、亮相、表情都要交代得清清楚楚，同时要重视轻重缓急，以表现人物的内心世界，也就是咱们经常讲的"武戏文唱"。

唱戏没有雷同的，每个演员的条件都不尽相同。虽然有些戏是同一个师父传授，但学生的理解不同，所展现出来的派头也是一个人一个样。正像杨小楼、尚和玉、盖叫天前辈那样，他们全是武生演员，可由于条件各异，对剧情、人物的理解不同，所塑造出来的演剧风格全然不同。杨小楼先生是稳重，尚和玉先生是火实，盖叫天先生是新颖。大家对他们都极为推崇。所以，才会有不同的流派。

《挑滑车》齐和昌饰高宠

我的嗓音条件比较好，唱戏比较会找俏头。当时的舞台上能够演出《挑滑车》的有高盛麟、王金璐、厉慧良、张世麟和我几个人，但是我们每个人的演出风格又略有不同。像高盛麟饰演的高宠平稳，嗓子冲，劲头拿得好，让人看着舒服。

封杰：从事武生行当是否需要很大的天赋？

齐和昌：作为一名老演员，我觉得光有天赋只是一方面，关键要勤奋和创新，才能成功。像李少春在华乐戏院演出《击鼓骂曹》和《战马超》，很受欢迎。他在《安天会》中给孙悟空"访桃园"一场新增了三个虎跳一个前扑的表演动作，得到了大家的认可。其实，他这是将南派的表演技巧化用到了北派表演风格之中，既巧妙又俏头。所以，李少春的表演特色是文中带武。而李万春又属于武中带文，他经常演出《夜奔》《田七郎》等戏，有时还演出一些红生戏。京朝派的武生讲究劲头、做派，这可能是受当时的清朝宫廷喜爱京剧的人的偏好影响。

大家之所以推崇杨小楼先生的艺术，就是因为他无论是个头、扮相，还是嗓音、气质，都是"十全"演员。这种"十全"演员还有梅兰芳、金少山、余叔岩、马连良、谭富英等人。还有一位就是上海京剧的代表人物周信芳先生，他的嗓子虽然有些沙哑，但他的做表堪称一绝。我第一次看周信芳先生的戏是在天津的中国大戏院，周先生演出《明末遗恨》饰演崇祯皇帝，《走麦城》饰演关羽。后来，我又在中和戏院看了周信芳先生演出的连台本戏《封神榜》，曹玺彦先生饰演哪吒。

总之，咱们武生演员从出场开始，身上就带着一股劲，起霸、走边都要在戏里，讲究演人物。

封杰：通过与您的交谈，我更深入地感悟到杨派武生艺术的精彩。谢谢您的教诲。

厉家慧智 鸣在宝岛

——京剧名宿张慧鸣访谈录

> 厉家班在京剧史上有着重要地位，它曲折的发展历程和辉煌的演剧历史，至今还令戏迷们津津乐道。2010年12月26日，我在台湾采访了九十岁高龄的张慧鸣先生。

封杰：张老师，您好！由于您久居台湾使我们对您的艺术经历都不甚了解，请您谈谈，好吗？

张慧鸣：我原籍是在江苏的苏乡，属于小康家庭。由于我父亲脾气暴躁与家人不睦而到了上海，拜万盏灯为师学习旦行，并将原名张剑云改成小万盏灯的艺名。

我原来的名字是张鸿鸣，八岁时曾在苏州举办的义务戏中看过马连良先生演出的《甘露寺》，第二是金少山先生演出的《霸王别姬》，第三是梅兰芳、马连良、金少山先生合演的《双姣奇缘》。我到上海后，经常在我父亲演戏的更新舞台和几个小朋友一起玩耍，有时也在戏中扮演个小角色。1935年，当时做后台经理的厉彦芝先生身边已经有了我和董慧保、陈慧琳、邢慧山、张慧忠、陈慧君六个徒弟。师父厉彦芝先生

张慧鸣青年照（摄于1944年）

带我们跑的第一个码头是宁波，当地一位老板李寿仙与我师父交往比较好，是他将我们接去唱戏，接的是王虎臣的坑。后来，我们再到各地搭班演出，我师父又陆续收了一些孩子。这样，我们再到其他地方演出，就不用在别的大班社演出前唱《山海关》《百寿图》《渭水河》《摘缨会》《清河桥》等开锣戏，我们也可以演一些比较大的戏了。

　　1937年，日本侵华战火蔓延。我们演到芜湖时战局非常乱。在登江顺号轮船时，由于逃难的人太多十分拥挤，船长特意派人维持秩序让我们先上船。到了武汉，我们在汉口大舞台演出了一个月，同时请关盛明、王慧芳、赵瑞春先生给我们排戏。像赵瑞春先生给厉慧良说的戏都是全堂，有《走麦城》《林冲夜奔》《长坂坡》《状元印》《诈历城》等。赵先生的脾气太大，打人特狠，我们师兄弟都怕他，背地里称他是"赵阎王"。有一次，我跟邢慧山师兄拌了几句嘴，相互之间较起了劲，要到院子当中"比武"。在大家的劝说下，我们并没有动粗。可回到屋里，赵瑞春先生和其他的老师每人打我们十板。有拿藤棍的，有拿文明棍的，有拿戒棒的，打得我们俩躺倒床上都动弹不了，还相互劝解道："以后，咱们别再拌嘴了。"这时的陈慧琳每天将腿吊到滑车上各练一个小时，后再踢一万下腿，后来腿都抬不起来了，不过，他的这条腿倒是真练出来了。我们再演出《长坂坡》时，厉慧良先饰演赵云至"掩井"，再由陈慧琳接任，厉慧良赶扮关羽。这时你再看"赵云"的两条腿，常常是踢到月亮门或是抬到靠旗后面，功夫相当深。

　　封杰：您在科班里学的是什么行当呢？

　　张慧鸣：我之所以学文武老生，源于我替生病的厉慧良演出了《战宛城》《铁冠图》和《斩经堂》。我演出的《斩经堂》与周信芳先生演出的虽然在剧情上相同，但在唱腔上不同，麒派唱[拨子]，而我唱[垛板]"贤公主不要哭……"

　　我跟赵瑞春先生学戏最多，有《百寿图》《山海关》《摘缨会》《清河桥》《麒麟阁》《对刀步战》《洗浮山》《贾家楼》《洒金桥》等戏。不过，我从来不会因为学戏而挨打。每次都是我第一次演出后，就全由师弟们接演了。我们那时都演全部的戏，像马超的戏从《反西凉》《夺长安》《战冀州》《投张鲁》《战渭南》，一直演到马超死。

对于教戏，科班的老师是文武全教。我就在《贾家楼》中饰演过连明，《伐子都》中饰演惠南王。老师们通过教戏、排戏来观察学生的艺术发展，再定行当。厉家班在重庆演出期间常常因为蒋介石要看我们的戏而导致剧场的演出停锣，观众是怨声载道。

封杰：你们一路演出到达重庆，一定是非常的艰辛。

张慧鸣：我们进入四川非常艰苦，一路上需要坐船，可船票很难买到，我们这些师兄弟只能当"黄鱼"。在船上遇到查票的人，我们就分别躲到厕所、面缸里，有的人躲到铁锚子处是相当危险，就是为了躲避罚款。

我们这些十五六岁的孩子分批出发，先从汉口坐船到宜昌，再转船坐到重庆。我们的戏箱沿路就泡在水里，幸亏周小卿老板赠给我们的这些戏箱是用白铁焊在里面，否则全泡坏了。

到了重庆，我们在彰化戏院演出包场，生意很火爆，厉彦芝师父非常高兴，也开始给我们发包银了。可是时间不长，日本飞机轰炸了重庆，周耀棠与我师父都是青帮"大"字辈的师兄弟，他把我们接过江，躲在袁家花园。可飞机照样来轰炸，没办法，我们又到贵阳、昆明、中山去演出。在昆明，我们七个志同道合的小伙子磕头拜了把子，我是老六，厉慧良排行老七。这个阶段，我们也是来回地躲避日本军的骚扰，时局的不稳定导致我们四处漂流，直到1942年，我二十一岁出科，离开了厉家班。

我在昆明演出了两年多后，我师父派人找到我说："你师父让你回重庆，接替要回老家的杨慧龙。"这样，我又回到了重庆，再次参加了厉家班。有一次，演出后厉慧良要请我吃饭，我说："算了，别请了。"

厉慧良说:"不行,你老替我演出,我得请。再者,我都说好几次了,这次一定要请!"我们来到福禄寿一家上等的饭馆。我点完菜后,厉慧良说:"哎哟,你怎么点这么贵的菜呀?"

我说:"你是少老板嘛!"我们师兄弟在一川戏院演出《西游记》,他饰演孙悟空,我饰演哪吒。演了几个月后,日本投降了。

封杰:出科后,您的艺术又是怎么发展的?

张慧鸣:我回到江苏,正赶上叶盛章先生在开明戏院演出《蒋平捞印》《佛手橘》等戏。观众看戏虽然非常欢喜,可都认为他没有演《三岔口》,是"假叶盛章"。剧场负责人找到在后台当管事的我父亲,说:"你家少爷回来了,叶老板没带武生来,大家要看《三岔口》,你家少爷能演吗?"可我在武汉演出时,与张云溪、张春华、张世桐、张小杰遇见,大家在一起踢足球时,我把脚扭伤了,导致在台上连个飞脚都不能打,由此失却了这次与叶盛章先生同台的机会。后来,他们只好从上海请来了武生韩云峰与叶盛章先生合演了《三岔口》。之后,胡少安、李宝魁、张洪年、崔熹云、王熙云、贺玉钦、郭金光"入驻"开明戏院。

我先后搭入各种班社演出,孙柏龄先生找到我父亲,让我到杭嘉湖演出《白蟒台》和武生戏。这期间,我与筱高雪樵、小筱毛豹、九岁红演出了《铁公鸡》《四杰村》等戏。其间,伶人公会会长梁一鸣到了杭嘉湖,他对我说:"你有意到上海发展,找我。"我去上海后住在师弟家,他把我介绍给了韦金元、周连生等老板。他们正集资成立复旦京班,要到台湾演出一个月。第二月,戴绮霞成立剧团又邀请我参加演出,从此我永远定居在了台湾。

封杰:您谈谈厉家班的精彩演出,好吗?

张慧鸣:我们厉家班在上海更新舞台演出《西游记》的彩头非常出名,周小卿老板很重视彩头的出新。我师父厉彦芝便让儿子厉慧良在《天河配》中串戏,当剧中金牛星说"我想看戏"时,台上灯光渐暗,大人将厉慧良和其他两个小孩扮好，领上台去。待灯光亮起，三个小角儿开唱《二进宫》，观众无不欢喜。厉慧良嗓子好，扮相漂亮，台上有戏。在以后的日子里，他大演《天霸拜山》《黄鹤楼》《诈历城》等戏。后来，高雪樵、高百岁演出全部《杨家将》，当演至"刺潘洪"时，就由我们这些小孩来演了，厉慧良饰演杨延昭在黑松林对潘洪念道："当初射我七弟一百单三箭，今日刺你逆贼两百零六枪。"之后，将潘洪刺死。佘太君闻知杨延昭将国丈刺死便带子到朝廷请罪，潘妃怂恿皇上斩首杨延昭。此刻八贤王上殿要求赦免，八贤王历数杨家功绩，念道："双龙大会杨老将军带领七个孩儿，前去赴会不想死的死，遛的遛，只留下郡马一条根芽。今日你要将他斩首让郡主人心何安也。"唱[垛板]："想当年老王下河东……弃暗投明才归大宋。"

《打宫》这场戏还有一大段念白很见功力，八贤王念："昔日北国胡儿打来连环战表，要夺我赵氏江山，太祖爷御驾亲征，被番奴杀得上天无路，入地无门。忽听西门之处大炮一响，出来两条杏黄旗分为左右，闪出一员大将头戴金盔，身穿战袍，手持金刀，威风凛凛那就是杨衮杨老将军，见太祖爷头上真龙出现，杨老将军勒马走去，才有这大宋江山。有了大宋江山，才有你这当今万岁。有了你这当今万岁，才有你这祸国乱朝，杀忠害命的潘娘娘。"八贤王欲打皇上，皇上忙在八贤王手上写下"赦"字。寇准与八贤王赶到刑场救下佘太君，佘太君唱[二黄三眼]，操琴的是我们师父厉彦芝先生。他虽然是票友出身，但他看得很多，一般的教戏先生蒙不了他。在重庆时期，蒋介石最爱看厉家班的戏，最爱看厉慧良的戏。我师父和厉慧良分别出了本宣传册子，开篇是蒋介石亲笔题写的"艺术超群"。

封杰：您记忆中的厉慧良，和他的表演风格是怎样的呢？

张慧鸣：厉慧良的功夫扎实，这些都受益于赵瑞春将尚和玉、马德成、薛凤池等先生的综合表演艺术传授给他。像厉慧良演出《状元印》中的常遇春，是戴扎巾，穿箭衣。而且，厉慧良特别善于创造，《贾家楼》中有个

"三人忙"的表演，他就将老师传授的传统动作改成了更具高难动作的表演，并且得到了老师的赞同。厉慧良跟张福通先生学习《杀四门》，戏到了他的身上立马变了样。其他像《打渔杀家》《珠帘寨》等文武并重的戏，厉慧良是照演不误。他演出头本《岳飞》，先饰演韩世忠，后饰演周桐。周桐在教习孩子们的课堂上，几个孩子觉得他教得不好与之开打，这时厉慧良设计的扔砚台、扔笔、扔桌椅等几个动作非常之好，最后是把一个小孩压在凳子下面，手里掐着一个，身上背着一个亮相。他演出的《嘉兴府》有个上两张桌的表演动作，厉慧良把脚踩在第一张桌子腿的横棍上，再用手撑着同时身体借势，人蹦到第二张桌子上面。这时观众只见鲍自安戴着大白满，走倒扎虎翻下，台下是满堂的好声。他有出戏现在已经失传了，写昆仑奴把郭子仪家的狗打死的《击犬闹红绡》，他是隔着三张桌子飞起来在空中打三个飞脚。对于文戏，他也潜心钻研。像他演出《宝莲灯》中的刘彦昌

张慧鸣、厉慧斌、刘慧峰（1942年摄于昆明）

对待沉香、秋儿两个儿子的语气不同。他的《白蟒台》《战太平》《杨家将》都是跟产保福先生学会。有一次，上海杜月笙办堂会，演出《群·借·华》是周信芳先生的鲁肃，马连良先生的诸葛亮，金少山先生的黄盖，演至《华容道》"挡曹"就是厉慧良的关羽，厉慧斌师哥的曹操。

厉师父对厉慧良重点培养，尤其是在他倒仓阶段特意叮嘱多休息，少动作。然而，厉慧良根本不听，照常每日早起练功。后来，演出连台本戏《西游记》特别受欢迎，厉慧良向父亲提出："我演完一本《西游记》必须唱三天老戏。"老爷子同意了。从此，他们父子的关系才有所缓和。

封杰：您对厉慧良先生创立的厉派怎么认识？

张慧鸣：我们的前辈和我们这代人有个习惯，就是不虚言。大家尊称厉慧良的表演为厉派并不为过，因为他既有继承，又有创新。而且，他琢磨出来的动作别人还来不上，像"反肘棒子"就好似"鲤鱼打挺"。练功更是刻苦，他光着膀子扎着靠跟师兄弟们练习打连环把子。我们排着队练习翻跟头，一个挨着一个翻，可厉慧良是翻完一个后随意插队再翻。

封杰：您刚到台湾后的演出和生活怎么样？

张慧鸣：我到台湾后，一边演出一边帮助排戏。1949年，王振祖组办的中国剧团，带着李蔷华、周昌华、李桐春、李凤翔等人到了台湾。我就从绮霞剧团出来加盟了中国剧团，可他们的武生演员比较多。直到言少朋与胡少安演出《十道本》《群英会》，由于先前言少朋饰演的诸葛亮唱得太低，导致胡少安的嗓音受压，在唱《借东风》时，嗓子无法发出音来。后来胡少安再演《群英会》就换成我来饰演诸葛亮了。周林昆由青岛到台湾演出，他先前是武生，常演《铁公鸡》《嘉兴府》等戏，后来改唱了麒派。他的崂山剧团在台湾演出时，我加盟进入演出了《连环套》。当时，台湾的金融公司有个金融厅常常演出京剧。我给林少楠先生说戏的路子，由他动笔写剧情。像一至六本的《西游记》，在演到唐僧取经回到长安城与李世民见面，唱经。全场演员

和乐手扮成四十八个和尚,非常有气势。这时,只见掌杆的"和尚"带头唱[上香占]"炉香乍热……",大家齐声附和。这段[上香占]唱腔源自京剧界从前讲究的每年拜九黄会,大家从初一吃素到十五。记得有一次,在大陆演唱这段[上香占],厉慧良把调起得很高后,他倒不唱了。大家唱得实在难受,我说:"你别起哄,这可开不得玩笑。"

封杰:我到台湾后,听说您有出《朱砂痣》的唱腔有些不同。

张慧鸣:我们演出《朱砂痣》唱[三眼]:"借灯光窥娇娘用目观望,只见她与前妻一样的风光,因何故带愁容泪流脸上,莫不是嫌年迈难配鸾凰。要穿戴锦绣衫任你选样,问娘行因何故两泪汪汪?为的是哪桩,又何妨细说端详。"之后再转[快三眼]。

封杰:谢谢您,祝您健康的同时也希望您多回大陆看看。

白玉无瑕 艳丽芬芳

——京剧名宿白玉艳访谈录

20世纪三四十年代，上海的连合本戏非常盛行，其中大舞台演出的《荒江女侠》红极一时，戏中的精彩场面使人们记住了主演白玉艳。六十多年后的2011年6月28日，我采访了白玉艳先生。

封杰：白老师，您好！您从事京剧一定跟您的家庭环境有关。

白玉艳：我们家最早应该说是书香门第，官宦之家。我的祖父是清朝末年的官员，到了民国，家境败落，我父亲被送进浙江一个"芳"字科班学戏。所以说，我们家从事京剧，始自我的父亲。当时的科班都讲究排序取艺名，而在给我父亲取艺名时还发生了一件趣事。这主要是源于教他戏的两位师父对他非常的喜爱，都想"占为"己有，不舍得割让，便将他们的姓分别给了我父亲，取名双桂芳。不过，我父亲在出科后，重新取了名字：白叔安。他的表演偷学周信芳先生，是最早学习麒派艺术的一代人。

《荒江女侠》白玉艳饰方玉琴

由于我们家就住在黄金大戏院的对面，父亲每天带着我去看周信芳先生的演出，他脸上的表情非常丰富，表演富于激情，就是后背都富有表演动作。加之，我父亲又是学的麒派。所以，我对麒派从小就非常酷爱。我稍微长大一点，即使父亲不再带我到黄金大戏院看戏，我自己也要去看麒老牌。

封杰：家庭和环境熏陶您的人生之路必然成为京剧演员，那就要开始练功、学戏了。

白玉艳：我自小喜欢念书，但我父亲思想比较封建，认为女子无才便是德。父亲让我从十岁起开始在上海大世界跟随请来的师傅练功、喊嗓、学戏，从此也开始了每日在棍棒下生活的日子。天色蒙蒙亮的时候，也就是四五点钟，我父亲就将我叫起床去喊嗓子。两个小时后，教基本功的师傅来了，再随着练踢腿、下腰等基本功。像师傅在教鹞子翻身时只教一遍要领，之后就拿起棍子"说话"。由于我家跟俞艳霞家住邻居，教文戏的李琴仙先生教完我后，再到俞艳霞家去教她。人家是一个月学两出，而我不爱学，学得比较慢是两个月学一出。可在旁边"督学"的父亲却已学会了。他问我："刚才先生是怎么唱的，你唱给我听听。"这时，我唱不会，我父亲就用棍子打我。

我第一次登台是在我父亲当后台经理的上海大舞台，属于借台唱戏。剧目大家都熟悉，无须排戏，我踩着跷演了《小放牛》。之后，我又跟随璧玉珍、赵绮霞、郭昆泉、水上飘先生学习。我十四岁跟水上飘先生学习《破洪州》《女斩子》《梁红玉》等靠把戏和刀马旦戏。水上飘先生原姓武，由于他的表演动作轻巧如同在水面上飘摆轻盈，大家送他雅号"水上飘"，而真实名字大家已然忘却，我也就不知晓了。我演出最多的"三赶戏"《大英节烈》，是由郭昆泉先生教授。我演的陈秀英与别人有所不同，在"比武"一场，别人饰演的陈秀英假扮王富刚，比完武后就带马下场了，而我是增加了舞一套大刀花、打飞脚之后再下场。这因为郭昆泉先生原是武生,把许多武生的表演技巧糅入假王富刚的身上,加强了耍枪花和刀花,我认为也符合当时陈秀英的身份和此时的情节。记得我在武汉演出《大英节烈》,演至此处时,台下的观众兴奋地喊道:"要得!"

封杰: 您挑班唱戏到各处巡演,那么,又怎么会到了新加坡呢?

白玉艳: 十七岁,我开始了自己挑班唱戏,带领几个傍着我的人组成白玉艳演出小组,首站南通。跑了几个码头后,我回到上海共舞台演出"七夕"戏《天河配》,我饰演织女,李如春饰演牛郎。戏中,我给织女安排了一段与天兵天将对打的戏。我的打出手非常精彩,观众很是喜欢。当织女与牛郎鹊桥相会时,银幕上放我跟李如春事先拍好的电影,待灯光一暗我们再"走下来"。我演这出戏的时候,正赶上周信芳先生歇夏,场面无事可做。我父亲为了把我捧红,特意将周先生的全堂场面十一个人接过来为我伴奏。鼓师张世恩先生打得非常严谨,在我打枪花中他可以奔下三个好声来。后来是张森林、张鑫海、梁少垣等人为我司过鼓,张森林的文戏打得很好,张鑫海的文武戏打得都好。这段时间,我演的连台本戏比较多。可我的戏路子是以青衣为主,大约有六十多出。像璧玉珍先生教我的《玉堂春》《生死恨》《宇宙锋》《花木兰》等梅派我都会,而武戏我只会十几出。

我父亲觉得我在共舞台只能跟赵如泉、王少楼演些连台本戏,使所会的传统戏都荒废了。这时,正好新加坡一家剧场来上海邀角去演出,我父亲跟对方约定我唱主演,每月四千元包银。这样,我们父女俩于1941年11月底到了新加坡。我第一天的打炮戏是前面《李十娘》,后面《梁红玉》。第二天是前面《金山寺》,后面《宇宙锋》。第三天是全部的《大英节烈》。由于新加坡的戏迷没有看见过如此精彩的戏,文武并重之外,又是踩跷,又是扎靠,剧场内的火爆场面异常高涨。我们原定的是一年的演出合同,不料演至十个月的时候,第二次世界大战殃及新加坡,日本军队入侵,大家再也无暇看戏了。我们父女俩也被困在新加坡，直到五年多后的1946年6月份才回到上海与家人团聚。

封杰：劫后欢聚之后，自然会将唱戏提到日程上来。

白玉艳：当船到上海码头时，我母亲非常兴奋。每晚我跟母亲同榻而眠总有说不完的话，既有阔别多年的辛酸，也有此次返乡的"流言"。回到家，我第一件事就是练功瘦身。因为我在新加坡闲置多年，身体已然发胖，连帔都系不上扣子。由于一天练三遍功练得过猛，而导致连飞脚都打不起来。我父亲每天责怪我，说："回到上海，我怎么见人哪！"时间久了，我实在无法忍受父亲的责怪而"吞金"，待大家把我抢救过来后，我的功却回来了。

大家见我们全家人劫后重逢很替我们高兴，为人忠厚秉正，人送"王老好"的师爷王凤山先生说："孙女，你从前踩软跷，这回得绑上硬跷。"当大舞台邀我演出时，我提出先休息一段时间再上台。其实这段时间我父亲找来几位从前给我当下把的人陪我练功，并找来琴师帮我吊嗓子。三个月后，我才接了大舞台的定金排演了他们专为我量身定做的连台本戏《荒江女侠》。

《荒江女侠》白玉艳饰方玉琴（二本）

封杰：一出《荒江女侠》使戏迷至今难忘，那么这出戏有什么精彩之处？

白玉艳：我虽然接受了大舞台的定金和条件，但我也提出了个人的要求，唱三天传统戏作为打炮。大舞台同意了我的要求，安排第一天演出前面《宇宙锋》，后面《梁红玉》。第二天前面演出《大劈棺》，后面《金山寺》。第三天是全部《大英节烈》。从此改变了人们对我的非议，说："又看到了从前的白玉艳！"之后，我才上演了新排的连台本戏《荒江女侠》。

这出戏的编剧是张百云先生，演绎恶霸韩天雄强抢少女祁秀云，被义侠方正救出。韩天雄派飞天蜈蚣邓百霸寻找方正，要其交出祁秀云。邓百霸找到方正，威胁利诱，均被拒绝，并在交手时被方正砍伤。邓百霸为报一刀之仇，潜随方正至荒江，下毒手将方正害死。方正之女方玉琴，在其父被害之际，幸得一鸣禅师救出，收留为徒。十年后，方玉琴练就一身超群武艺，遵师命出山，为父报仇，为民除害。方玉琴闯荡江湖，杀贪官，除恶霸，威名大振，被百姓呼为荒江女侠。患难中，方玉琴遇到岳剑秋，并在一鸣禅师及众侠士的协助下，大破韩家庄，手刃邓百霸。最后有情人终成眷属，方玉琴与岳剑秋双双隐入深山。第一本唱了一个月就赶上了春节，大家封箱。初一，大家又开始了第二本的演出。上海戏迷非常喜欢看有头有尾的戏，我在《荒江女侠》中饰演的方玉琴全面展示了我的功底，上座非常好。戏中的开打，非常有特色。像十一杆枪的打出手，就始自我。枪满台飞舞，观众看得眼花缭乱非常兴奋。之后，我们再商议下一本的技巧使什么？尽量出新来吸引观众的心。这样，这出戏在大舞台足足演了三年，有十几本。在演第二本时，我们还获得了"中正奖"，包括编剧、演员等人。不承想，在十几年后的"文革"运动中，我却因"福"得祸，因为这张我从来没有见过的奖状而遭到批斗。

《荒江女侠》只是我为生活而创演的戏，并不是我的资本，传统戏才是能真正展现我才华的至宝。

封杰：您跟哪些人合作过？我听说，您在抗美援朝义演中还饰演过黄天霸，是吗？

白玉艳：1949 年，我离开了大舞台，也停止了《荒江女侠》的演出，跟李万春、高盛麟、曹慧麟在天蟾舞台并挂头牌,每天轮流演大轴戏。这次四十天的合作,惹得我的师爷王凤山很是生气。他说:"你没有出息,你是挂头牌的,怎么可以跟他们挂在一起。"天蟾舞台和大舞台距离很近,王师爷从家到大舞台演出必经过天蟾舞台,可他气愤得宁可绕行也不途经天蟾舞台,甚至也很少到我们家来了。

李万春演出《武松》让我陪演孙二娘,他的管事来到我家谈合作之事,我说:"这个活我没学过,再者说,他自己有现成的下手。"管事的说:"角捧角,戏才好看。你出场演孙二娘,戏的分量就不一样了。"管事经过三个多小时的说服,加之,旁边的人劝说:"这个活有什么呀,有腿就行。"我才勉强地答应下来,但我有条件:"当孙二娘走趴虎,武松剁匕首时,这个动作我不灵,等我起来了,他再剁。"这个戏的孙二娘没有叫好的地方,我就在武松睡觉时,让检场的人在"门口"放好两张半桌子,我出场蹿到上面做一把顶后再三起三落,剧场炸窝地叫好。这时佯装睡觉的李万春不知何故叫好,竟被吓"醒"了。

后来,全国文艺战线都在为抗美援朝举办义演,上海京剧界安排在天蟾舞台演出,第一天是《红娘》《八蜡庙》《宇宙锋》,第二天是《王宝钏》《樊江关》。

《梁红玉》白玉艳饰梁红玉

《八蜡庙》原定由言慧珠饰演黄天霸,我饰演褚彪。可她在后面要演出《宇宙锋》,来不及赶装,就改由我饰演黄天霸,她饰演褚彪。我们反串演出,观众很是喜欢。可在排演前,言慧珠提出删减场次,我说:"这出戏观众都会,你都给拿掉了,观众会骂的。"说完,我拿起刀就要走,被饰演费德功的李玉茹拦住。我说:"都拿掉了,我们还干什么?就让她一个人唱褚彪吧!"教我演黄天霸的李仲林看事不合理,气愤地说:"演到褚彪救黄天霸,有场褚彪耍刀花下场,你先舞了。"

　　我说:"这个不好吧,人家会骂的?"

　　李仲林答道:"管她哪,是她先不讲理的。"

　　演出中,言慧珠见我舞了这套刀花,她只好甩着髯口下场。另外,像费德功说道:"看镖!"不想,被"褚彪"真的抓住了。事后,我对言慧珠讲:"你这是瞎猫碰上死耗子了!"

　　言慧珠回答:"我也不知道就稀里糊涂地给抓住了!"

　　封杰:您这么红的头牌怎么落到了常州?

　　白玉艳:1950年,我跟筱高雪樵合作在天蟾舞台演出一段时间后,我们到外地演出。演至常德,上演《铁公鸡》等戏,我照样舞大旗。后来,听说上海大舞台的老板走掉了,演员没有包银可拿。上海京剧联合会的会长梁一鸣先生发来电报催我回去救场,演出《荒江女侠》。之后,我和筱高雪樵又到苏州演出。我们有时参加游行,累得实在坚持不住,晚上还要演出。有一年冬天,我到天津演出二十多天,非常红火。第一天打炮戏得了满堂彩,剧场经理提出观众要看我的打出手。我一般情况下是轻易不演,经理说:"盛情难却,料无推辞的了!"这样我只好上演。可惜演出中,我的枪掉在了台上,观众喊道:"唉,天太冷嘛!"天津观众非常宽厚,通情达理。还有一次演《十三妹》,我饰演何玉凤。在"结亲"一场,我念道:"人家老的小的都同意了,你是料无推辞的了。"由于"辞"字没有分清尖团字,念出

"迟",台下又喊道:"好字眼儿!"

常州红星京剧团演出上座不佳,我有位师叔李振武在剧团工作。他建议剧团派人找到我商议演两个月救场戏。我来到常州后,当地领导给予了很高的荣誉,这下我就扎根在了常州。

封杰:您认为成为一名好角应当具备哪些条件?

白玉艳:作为角儿,要有绝活,属于私房的东西。像我的《梁红玉》就跟别人的不同,里面糅入了许多武生的表演技巧。首先,我是绑着跷的梁红玉。再者,我扎着靠做鹞子翻身,同时靠旗打地发出"啪"的声音。观众看到这里不喊好都不行,要不他憋着难受。另外,像我的合作者,几十年的老朋友筱高雪樵小时候练功,是半夜起来到马路上练靠旗,都是自己扎靠。他先把靠旗插好,再靠在墙上把四根绳子拿过来系好。即使后来他成了角儿,也是自己扎靠。还有,他的表演动作别人看似简单,可就是做不上来。

封杰:这是成好角的必经之路。好,谢谢您!

凤琴山歌 梅韵永存

——京剧名宿姜凤山访谈录

> 梅兰芳先生最后的琴师姜凤山先生对梅派唱腔的传播起到了极大作用。尤其是在梅先生晚年创演的《穆桂英挂帅》中，姜先生付出了许多心血。2011年10月20日，我采访了姜凤山先生。

封杰：姜老师，您好！您的家庭是从事京剧行业的吗？

姜凤山：我的家庭并非出身京剧行，我父亲开了一家磨制眼镜片的作坊，专门供应大明眼镜店。我八岁学戏，开蒙是关鸿斌先生。当时他经常在英子胡同的一家和声雅韵票房坐签，而我家离此很近，是我上下学必经之路。这位关先生爱唱花脸戏《七郎托兆》，大家非常喜欢，时间长了也把我这个天天在门外"偷"听的熏会了。

有一天，戏桌上放的戏圭上面写着由关鸿斌先生与凤志鸿先生唱《托兆·碰碑》，可关先生患感冒，嗓子不出音。我看票房孙老板很着急，就自告奋勇地迈进大门，说："孙大爷，这个戏我能唱吗？"

孙大爷看了我一眼说："你会吗？"

姜凤山（十八岁）

我理直气壮地回答:"我会全出的!"

孙大爷接着问道:"你跟谁学的?"

我又回答道:"我就是跟这儿学会的!"

孙大爷又追问道:"你是怎么学会的?"

我又回答:"偷的!"全屋的人都笑了!

当大家听完我的演唱后表现出比较满意的神态,我对关先生说:"您教我吧?"关先生答道:"我不教你,不过我将你推荐给李福庆。"

封杰:您能简单谈谈李福庆先生吗?

姜凤山:这位李福庆先生早年出科斌庆社,他父亲是富连成科班的李连仲先生。此时他正在刘连湘成立的班社演出,关先生将我带到日坛的一家戏园子找到李先生,并说明来意。我们把李先生请到家中,做了一桌饭菜,让我给李先生磕了三个头就算拜师了。

从此我就跟随李福庆先生学习花脸,他教戏非常认真,先以昆曲的《芦花荡》给我开蒙。李先生没有成家,每天演出之后,就住在戏园子的后台。再者,他又染上了不良嗜好。我父亲见他每天演出,还要教我,比较辛苦,就将他接到家中生活,并帮助他戒掉毒瘾。李先生提出用饮酒来压毒瘾,一段时间后还真见成效。有谁料到,在一次刘连湘承应到通州演出的事宜来找李先生。他对我父亲说:"我得到外面挣点钱去。"演出一期后,所有的人都回来了,可我没有见到李福庆先生。我就跟我父亲找到了刘连湘先生,问道:"我师父怎么没有回来呀?"

刘连湘先生回答:"他又吸上了,死在了通州。"李先生实在太可惜了。后来,我只好再找到关鸿斌先生。

封杰:那么您是怎么入的文林社科班呢?

姜凤山:这时的关鸿斌先生已经拜在侯喜瑞先生门下,我就每天跟着他到侯家去学习架子花脸戏,侯喜瑞先生还常常教我画脸谱。余下时间,我就跟随关先生到和声雅韵票房走票，每次都是唱《七郎托兆》，大家也比较喜欢，还送我"姜一出"的雅号。

我先在崇文门外一家广兴园剧场搭班唱戏，属于演出不拿钱，只是为了锻炼舞台经验，挑班老生是孟凤仪先生。不久这个戏班报散了，他们到外地演出。关先生见我无事，又把我举荐给张鑫奎先生。张先生经过对我的考试，让我磕了头，并说道："你进文林社吧，每天跟我学戏。"这时，张先生把我原来的名字姜海亭改成姜文亭。

从此，我每天与方荣翔、王文奎、宋月涛、孟昭元、王又奎等十几个师兄弟一起到张鑫奎先生家学戏。张先生的家是一明两暗的房子。我们由诸连顺先生看功，他不爱说话，看功时他先准备好一根画着五条线的香，点燃后让我们耗左山膀，燃到第二条线时，他又让我们耗右山膀。时间长了，我们的胳膊发酸往下落，他就走到身边用刀坯子"啪"的一声打过来，胳膊立刻归了位了。撕腿时，他让我们背靠墙面坐好，他再用砖头将我们的两条腿往后掰，直到与墙面平行。

我们练完功后，再请张鑫奎先生说戏。他非常注意环境卫生，每天清晨起床后第一件事就是摸摸佛桌的桌面上是否有尘土。我发现了张先生的这个癖好之后，就每天在他起床之前先擦净。他看没有浮土就躺在炕上开始给我们说戏。有一次，给我们做饭的师傅得了病，张先生就让我到厨房烙饼。可我从来没有做过饭，和面时弄得我粘了满手的面。师娘见状忙说："粘点面粉净手。"烙好后，张先生看着满满一盆的饼说："我得吃上一个礼拜！"

那时，我们文林社天天晚上在三庆戏院演出，有时还接演堂会。

封杰：您第一次见到梅兰芳先生是在什么时候？

姜凤山：我第一次见到梅兰芳先生是他演《太真外传》，专门给梅兰芳先生负责管事的霍文元先生特意借文林社的我、张文麟、田文芳、张文麒和富连成社"元"字科的黄元庆、李元瑞、孙元慕、李元芳来给梅先生"伴舞"

扮演花童。那年我十一岁，对梅兰芳先生只是一种仰视。我第一次看梅兰芳先生的戏是在第一舞台，当晚是他跟杨小楼先生合演全部的《霸王别姬》，琴师是徐兰沅和王少卿先生。后来，文林社的老师带着我们这些孩子到天津、武汉等地演出，演到温州时被当地的一个恶霸扣押了。当消息传到北京后，许多家长找到梨园公会的沈玉斌、薛永保、丁永利会长求助。最后是梅兰芳、尚小云先生凑齐了大约两万块大洋，又派人到温州交涉才将我们赎了回来。梅先生看见我们这些小孩回到家，非常温和地摸着我们的头说："回来就好，回来就好！"

这时的尚小云先生正筹备成立荣春社科班，我们这些孩子中有的人就进去了。我师父张鑫奎先生没有同意让我入荣春社，而将我推荐给了雷喜福先生。这个班社有孙毓堃、程永龙、刘宗扬等人。我只是傍着雷先生的小儿子雷振东演戏，他是"小"老生，我是"小"花脸。

封杰：您从一名花脸演员怎么又转行学起了京胡？

姜凤山：我学习京胡属于无师自通，那时的大街许多铺面都播放梅兰芳先生的唱片，我就站在那里听，完后我就赶紧捂住耳朵跑回家操起京胡找感觉。起初，我先给马德成先生吊嗓子。大家听我操琴的手音很好，就建议我改拉京胡。而此时我已经到了倒仓的阶段，不能再唱铜锤花脸了。

为了改学拉京胡，我请出沈子厚先生将我引见给杜奎三先生。杜先生说："我把你带到徐兰沅先生家，如果徐先生同意，我就收你！"到了徐先生家，正巧萧长华、王少楼先生在座。萧先生看见我："你不是曾考过富连成吗？"

我回答："是的。"但那次确定我学青衣，而我只喜欢花脸和武生。

徐先生让我先拉了一段 [小开门]，又让我给王少楼先生吊了一段《失街亭》唱腔。之后，他对杜奎三先生说："这孩子挺好，你就收他一个！"这样，我就成了杜奎三先生的开门弟子。之前的三个月，我每天练习吹唢呐和笛子。当我正式学拉京胡时，杜先生非常严格地让我坐好后把一小块木板顶在后腰上，就是为了让我养成良好的操琴坐姿，并告诉我："两眼平视，两肩放平，两肘下垂，两手放松。"

后来，我再到徐先生家，他就让我给王少楼、徐元珊先生吊嗓子。有时，他给我示范一个字音，我回家要练习一个月。我父亲听见说："你怎么只练这一个字呀？"关于这七个音，每个音就含有虚、实、摁、滑、抹、揉、打、垫等多种拉法。所以，徐先生说得好："这七个字，你拉七个月，能吃一辈子！"

封杰：您的艺名"凤山"是何时改的呢？

姜凤山：我起初拉京胡都是当替工，如果遇到哪位师大爷或师叔有事，我就去顶替。有时，我也给童芷苓、徐东明操琴伴奏。但我总觉得拉琴太苦，一辈子傍角，但我仍然每日清晨带着京胡、笛子、唢呐、鼓楗子坚持到窑台去练习，这时的李世芳也是天天来喊嗓子。我在练乐器的同时，也喊起嗓子来，不承想我的小嗓给喊了出来。李世芳听到非常兴奋，说道："我要能有你这么一副好嗓子，我就真成了梅兰芳了！"

左起：许姬传、梅葆玖、梅葆玥、姜凤山、张蝶芬

我真受了启发,拜律佩芳、范富喜学戏。由律先生教我文戏《四郎探母》《霸王别姬》《玉堂春》《大·探·二》等。由范先生教我打把子、舞剑和《虹霓关》等戏。后来,我在开明戏院唱了一个时期的旦行,并改艺名桐秋。不过,由于无钱租行头,我又改回了学京胡。当我决定以操京胡为终生职业时,又改成了凤山,取"凤鸣岐山"之意。

封杰:那,您又是在怎样的情况下结识的梅兰芳先生?

姜凤山:1945年,抗日战争取得全面胜利,蓄须明志八年的梅兰芳先生抑制不住喜悦的心情,决定演出。他特意从北京请来徐兰沅、王少卿先生给他吊嗓子。此时的徐先生也有八年没有拉琴了。临行前,他对我说:"你跟着去,给我预备着!"

我随着徐兰沅先生到了上海,拜访了和蔼亲切的梅兰芳先生。他提出先吊吊试试,徐先生操琴拉起了前奏,但毕竟梅兰芳先生是八年没有"开口"了,跟不上调门。这样,徐先生把调门往下降了降,梅先生才唱了一段《坐宫》中"芍药开牡丹放花红一片"。但是,梅先生的嗓音需要慢慢往回找,徐兰沅、王少卿先生就决定"铁镜公主"在对杨延辉唱"你到后宫巧改扮"的高腔时唱成低腔。大家觉得这样一改,唱腔更加符合剧情和铁镜公主此时的心情。有一天,梅先生演出《春秋配》是徐兰沅先生的京胡,王少卿先生的京二胡,王燮元先生的鼓。当一段行弦之后转[南梆子]时,由于徐兰沅先生已是多年不曾拉琴,在转的时候没有跟上。虽然没有出现一点纰漏,但老先生是真生气了。演出后,我们到梅府吃夜宵,见徐先生闷坐一旁,姚玉芙、李春林先生连忙劝解道:"五姨爷,您去吃饭吧!"

王少卿先生见状也说道:"五姨爷,您老别生气了,我错了!"

徐兰沅先生回答道:"是听你的,还是听我的!"这时,梅兰芳先生打圆盘道:"您也没错,他也没错,这错都在我!是我抖袖时没有到点,燮元的鼓就开了,少卿就跟着转了过去!"徐兰沅先生见梅兰芳先生出面调停也就化解过去了。临到春节，徐兰沅先生与萧长华先生结伴坐船回了北京。从此，徐兰沅先生再也不拉京胡了。

封杰：新中国成立后，梅兰芳先生焕发了艺术青春。

姜凤山：1949年新中国成立，梅兰芳先生回到阔别多年的故土，国家特意在护国寺给他重新安排了新的住处。

徐兰沅先生让李春林传话给我，让我去给梅兰芳先生吊嗓子。每天，我都带着京胡到护国寺梅先生的家去。那时国家为了保护梅兰芳先生的人身安全，特意在梅宅安排了两名警卫员。每次进门前都要先登记才能见到梅兰芳先生，如此反复非常烦琐。程砚秋先生就曾为了此事不再到梅宅了。我向梅先生反映了这件事，他对周恩来总理提出撤销警卫员的要求，改设传达室。

我给梅兰芳先生吊嗓子从最低的调门吊起，逐渐往上找，在不知不觉中使梅先生的嗓子唱到了趴字半调。梅先生激动地说："凤山，是不是长调门了？"

我回答："您那早长了！"

1950年，周恩来总理将梅兰芳先生请到中南海紫光阁，建议他联合当年的艺术伙伴恢复成立梅兰芳剧团，到祖国各地进行巡演。梅先生回到家请来了王少卿、萧长华、王少亭、姜妙香、刘连荣等人商议成立梅兰芳剧团的具体事宜，大家非常高兴。我也从这时起正式加入了梅兰芳剧团，不过当初我并没有给梅兰芳先生操琴，而是给他配二路老生的王琴生先生伴奏。

封杰：那您是从哪年开始专门为梅兰芳先生操琴的呢？

姜凤山：梅兰芳先生演出时还是由王少卿先生操京胡，另外有两把京二胡相随。后来为了便于出外演出，王先生找来了他的徒弟倪秋平接应京二胡。可是倪秋平见到梅先生演出心里紧张，再加上王少卿先生有个习惯，由于他会得多，在演出中随时变化，要求京二胡必须跟得上才行。

1951年，梅兰芳剧团到齐齐哈尔演出，王少卿先生犯病无法操琴，而改由我操京胡。等王先生病好之后，他操京胡，我操京二胡。从此后，再有演出就是前面一出老生戏是我的京胡，等梅兰芳先生演出了再由王少卿先生操京胡，我操京二胡。1953年，梅兰芳先生身为中国戏曲研究院院长到朝鲜慰问演出，是我的京胡，韩恩华的京二胡。

1956年，中国访日代表团一行84人受国家委派到日本演出，团长由梅兰芳、马少波、刘佳、欧阳予倩先生担任。临行前，周恩来总理特意指示："中国抗日八年断绝了邦交，我们先从文化交流入手，到了日本必须做到不远不近，不亲不热，不大不小，不亢不卑。"在此次访日演出中，梅兰芳先生受周恩来总理委托在香港转乘英国飞机时，约见孟小冬先生请她回国定居。在他们交谈时，孟先生婉言谢绝了，说道："我已不再唱戏了，平时只是吊吊嗓子。"

封杰：庆祝新中国成立十周年，梅兰芳先生演出了《穆桂英挂帅》。

姜凤山：1958年，梅兰芳剧团到上海演出，我陪梅先生看了一场马金凤演出的豫剧《百岁挂帅》。演出中，我小声对梅先生说："这戏您演合适！"

梅先生微微地点着头说："就是唱太多了！"

演出后，梅先生带着我们到后台向马金凤道乏。我问道："这个戏，你们有本子吗？"

马金凤连忙说："有，有！"并叫人拿来了剧本。

我们回到北京就开始了移植改编《百岁挂帅》，请来袁韵宜、陆静岩帮助将豫剧本改写成适合成京剧演出的剧本，我跟许姬传辅助工作。剧本写成后，梅兰芳剧团确定了演出人员是梅兰芳饰演穆桂英，梅葆玖饰演杨文广，梅葆玥饰演杨金花，姜妙香饰演杨宗保，韦三奎饰演佘太君，王少亭饰演寇准。

周恩来总理对这出戏也非常关心，他提出，为了顾及民族团结政策，建议我们将辽东改成了西夏，安王改称西夏藩王。当天，周总理非常兴奋，说："我也唱一段！"我随手操琴拉起了[导板]，只听周总理唱出王宝钏的"邻居大嫂……"唱完后，周总理又让邓颖超同志配合唱与薛平贵的"对唷"一段。周总理是标准的程派，邓颖超同志是标准的余派。

周总理说："建国十周年，你们拿什么献礼呀？"

梅先生说："就拿《穆桂英挂帅》吧！"

周总理鼓着掌，说："我的意思，你就是拿这出戏！"等到庆祝新中国成立十周年之际，再演出时，就换成了由中国京剧院的李少春、袁世海、李和曾、李金泉、孙盛武、杨秋玲、夏永泉、李嘉林等人来陪着梅兰芳先生演出了。

封杰：这出戏的戏核"捧印"传唱至今，已然成了梅派的经典之作。

姜凤山：这出戏是经过了多次修改，"捧印"一场，穆桂英出场唱[摇板]："小儿女探军情尚无音信，倒叫我穆桂英常挂在心。"我觉得前面"比武"刚完，穆桂英刚上场只唱两句有点压不住台。我向梅先生提出看法，并帮着设计了四句[慢板]。梅先生听完我的建议后，说："很好，千万别给我设计花腔，越简单越好！"我遵照梅先生提出的不要叫好的花腔，而必须要有所革新的思路设计唱腔。

首先，我本着梅兰芳先生提出的"移步不换形"的艺术思想设计唱腔。当初，我觉得应请徐兰沅先生来设计唱腔。当我向徐先生表明此意时，徐先生说："我年龄大了，你放心弄去吧。"

我说："我先搭一个架子，唱给您听，再由您来修改。"接着，我就按照盼子、爱子、怒子、绑子几个情感层次来设计。我借鉴了梅兰芳先生早年的剧目《俊袭人》中一个花过门化用到这里，正好符合梅先生提出的花腔不叫好的理念。但是，梅兰芳先生出场、演唱，台下观众照样叫好！

梅先生在设计身段时想到了武生戏《铁笼山》将其化用到穆桂英"捧印"，

并唱出了"耳听得金鼓响画角声震"。在最初设计这段表演时,我对梅先生说:"您走走身段。"第二天,我到梅宅请梅先生再次走走身段。他边走身段我边念节奏,正好七板。后来在演出中,我渐渐完善了这段唱腔。

封杰:您在《浅谈梅派艺术》文章中写到梅派唱腔是"大音希声,大象无形",于绚烂归于平淡。我想这也是梅派艺术的最高境界。

三卿后世 光霞绽放

—— 京剧名宿王世霞访谈录

> 京剧界提起王瑶卿先生的教学精神和王凤卿、王丽卿先生的表演艺术无不盛赞，他们的后人王少卿、王幼卿、王世霞又在各自的领域里颇有建树。2011年2月22日，我采访了八十八岁的王世霞先生。

封杰：王老师，您好！您的家庭涌现出了多位艺术大家，请您简单地做下介绍。

《红娘》王竹筠饰红娘、王世霞饰张君瑞、葛英舫饰崔莺莺

王世霞：我家祖籍是在安徽，由于连年灾荒，我的高祖只好将我的大祖父王家祥送了人家，去学唱山西梆子。这位郝家师父见我大祖父扮相和嗓子俱好，便收为徒弟。多年后，我的大祖父唱红了，郝师父又将女儿许配我的大祖父。一天，我的大祖父在台上唱了一出苦戏，不免心生思念他乡的父母、姐弟之情。他便向郝师父提出省亲之事，郝师父按照我大祖父提供的当年离开家乡时的路线派人坐着牛车寻访。一家人团聚后，我的大祖父就将一家人接到北京，让我祖父学做买卖。后来，我的祖父开了一家当铺生意。不料，我这位大祖父中年早逝，剩下我的大祖母和王瑶卿、王凤卿两个儿子。

我祖父见两个侄子在京剧方面很有天赋，便请老师教戏，大侄子王瑶卿学旦行，二侄子王凤卿学生行。后来，我的祖母不幸早亡，我父亲王丽卿和姑姑便由我的大祖母抚养，大家亲如一家，全称我的大祖母为"妈"！

这样全家人的生活只靠我祖父的生意来维系，一家人居住在一起其乐融融，不分彼此。我父亲后来也学了京剧，专攻旦行。不想在他四十多岁时患病也身故了，而此时王瑶卿大爷嗓子已然塌中，以授业为生。王凤卿二大爷还在登台演出。他们便对我的母亲说："孩子的前途，咱们培养不了上大学了。"这样就托杨长喜先生将我送进了位于虎坊桥的富连成科班。

封杰：您进入富连成科班后，就被归入小生行了吗？

王世霞：我进富连成科班由于年岁太小，只有七岁。每天到科班就是跟着大一点的师哥在刘喜益、郝喜伦、段富环等先生的监督下练习撕腿、卧腰、拿顶等基本功。两年后，我才正式写字，将原名王文萱改成王世霞。

我取的这个艺名还有个故事。我们富连成科班全体弟子的新名字都是请萧长华先生来定。可巧，有一天安排我在戏中饰演娃娃生，但这时的萧长华先生正跟随梅兰芳先生到上海演出，可演出要贴出海报，便请段富环先生取名。他先从"喜"字科开始数名字，而且是专找喜兴的挑，最后想起了尚富霞先生，便说："我看这孩子的条件，将来绝对不可能唱花脸，就取名世霞吧！"从此后也确定了我从事小生的行当。

我跟萧连芳、茹富兰、萧长华、郭春山等先生学习小生戏。记得，有一次在华乐园由骆连翔、沈富贵、高富全演出《宦海潮》，叶盛章和孙盛武饰演师爷，刘盛通饰演于福，我饰演于少云。当演至沦为乞丐的于少云挂着布口袋要饭时，跪在地上唱了一大段[二黄]，唱腔全是哀告的词，观众非常同情，纷纷往台上扔铜子。回到科班，师父叶春善先生特意奖励我几块点心。

我和李世芳、李世琦、袁世海、沙世鑫、阎世善等人常在一起演出，但我的嗓子不算太好。像演出《四郎探母》，我饰演的杨宗保就唱大嗓。十四岁后，我使劲喊嗓子，并请曾为王又宸先生操琴的张崇林先生帮着吊嗓子，后来又请苏盛琴给我吊嗓子。

出科后，由我大伯父王瑶卿出面拜金仲仁先生为师。我穿着金仲仁先生的行头拉了一遍《雅观楼》。他问我："你这出是跟谁学的？"

我回答："是跟茹富兰先生。"这样我拿着长槊，穿着金先生的行头在中和戏院演出了《雅观楼》。事后，管事的乔玉林先生说："嘿，茹派。"

我虽然拜师金仲仁先生，但并没有跟随他具体学习小生戏，也没有像他收的其他徒弟一样，改成"维"字。

封杰：您跟哪些演员一起合作过呢？

王世霞：我先是与富连成科班毕业的师兄弟们在一起演出。如，在长安大戏院白天演出《奇双会》，李世芳饰演李桂枝，江世玉饰演赵宠，我饰演李保童，等到演"三拉"时，赵宠就改成叶盛兰饰演。后来，在吉祥戏院我和徐东明、徐东霞、茹富蕙演出过《苏武牧羊》。金少山先生和谭富英在开明戏院演出《捉放曹》之前，我和梁小鸾、孙甫亭演出《春秋配》。奚啸伯演出《珠帘寨》，我饰演大太保，他饰演的李克用。奚啸伯不仅唱腔好，后面的"收威"更精彩。他扎上靠照样起霸，与周德威的对刀绝对感觉不出他是票友出身。

李世芳、袁世海组班在长安大戏院演出《霸王别姬》，我饰演虞子期，操琴是我大哥王少卿。

封杰：小生行当是人才辈出，您是怎样学演的呢？

王世霞：对于我所宗的小生行当，我的二伯父王凤卿曾给我讲过早年王楞仙、朱素云先生的表演方法。而我的大伯父却从来没有跟我讲述过。

每个演员都有自己的生理条件，这就需要根据具体情况来做艺术取向。像我和王紫苓演出的《佘赛花》，就是我按照自身的艺术标准设计的唱腔。杨继业唱[西皮二六]："崔家增兵不自量，反把雕鹗配凤凰，孩儿我金刀耀武怎肯让，情愿应约比试在佘堂。将崔龙打倒在尘埃上，管叫他画虎不成反被众人笑一场，那时节佘洪也无话讲，准备着龙袖凤冠拜花堂。"由于我的嗓音条件有限，我就在演唱过程中发挥我的表演特长，以此来弥补我的不足，尽可能地达到恰到好处。因为，小生跟武生有很大区别，他给旦行配戏不能演成"妹妹"小生。加之，要求小生演员的扮相必须英俊、文雅，唱念不可过于拙。像姜妙香的唱腔韵味浓，叶盛兰的嗓子冲，但论起武功来，姜妙香略逊色于叶盛兰。学习他们再像总归属于模仿，演员自己还需具有个性。因为，戏虽好学，但演员必须通过掌握繁熟的"四功五法"来刻画人物。

大家经常讲的是梅兰芳、尚小云、程砚秋、荀慧生和余叔岩、言菊朋、高庆奎、马连良、谭富英、奚啸伯、杨宝森、周信芳、金少山、裘盛戎、萧长华等人创立的流派，而作为配演的二路角儿同样有表演风格值得继承。像马富禄先生非常佩服杨宝森先生，只要马连良先生没有演出，他就陪着杨宝森先生演出，而且公事好谈。毛世来演出所用的配演张蝶芬，当梅兰芳先生有演出，张蝶芬必返回，毛世来再换人。梅兰芳先生到上海演出，萧长华先生随同，可巧萧先生生病，管事的就换了学自萧先生的茹富蕙来顶替。这是因为一来戏路子相同，二来梅先生与茹先生站在一起相互衬托。所以说，京剧继承也应重视配演者的风格，是整体的"一棵菜"烘托了主演，再现了剧情，体现了风采。

封杰：京剧界的姻亲是门学问，彼此烘托，王瑶卿先生就帮着内侄杨宝森将一出汪桂芬先生的剧目《文昭关》改成杨派戏。

《断桥》韩慧梅饰白素贞、王世霞饰许仙、葛英舫饰小青

王世霞：杨宝森称我大伯父王瑶卿为姑父，他最出名的戏是《杨家将》《失·空·斩》《伍子胥》。正像你说的那样，杨宝森的《伍子胥》中的唱腔就是由我大伯父帮助他从汪桂芬的唱腔脱化而成，最终成了杨宝森的经典之作。

我和杨宝森还有段故事非常有趣。1949年之后，我大伯父任职中国戏曲学校校长，为培养小生后继人才，史若虚向我大伯父提出："可否让您的侄子来学校担任小生行当的老师。"我大伯父觉得自己的侄子定会同意，便同意了史若虚先生的要求。不想，我大伯父跟我说此事时，我说道："大伯父，我演出有空可以到学校兼课，但专职做老师不行。"这一下，我们爷俩僵持住了。我大伯父说："那好，我告诉各剧团不许找你唱戏。"连续多日，我都

无事可做。一天，杨宝森到家看望我大伯父知道了我的情况。他便让管事张伯泉找到我商议，随他们到天津演出。我们先斩后奏，待演出后，我们回到北京。杨宝森特意到家向我大伯父说明情况。说："姑爹，世霞弟是我带走的，您同意吧？"我大伯父说："你都带走了，还来问我。"从此，我落户到了天津。

封杰：天津可谓藏龙卧虎，出现了多位京剧艺术家。

王世霞：那时唱老生的除杨宝森之外，还有周啸天也非常精彩。他经常演出《打登州》《问樵闹府》《打棍出箱》《白蟒台》等文武剧目，其中《打登州》最有名。现在大家传唱的"将身儿来至在大街口"的唱腔仍然没有脱离周啸天的壳儿，只不过他唱"娘生儿一块肉"而已。

琴师第一当属杨宝忠，他手里功夫干净利落。他给马连良先生演出的《四

《智斩鲁斋郎》朱玉良饰包拯、王世霞饰鲁斋郎

进士》中"盗书"一场拉的[二黄小拉子]把剧情烘托得非常严密，配合"宋士杰"的表演每次到此，剧场必是掌声雷动。这都源于他精湛的小提琴的功夫。在他们同行之中，杨宝忠最佩服的人是我大哥王少卿。因为，杨宝忠属于"一脚活"，只能拉老生。

有一次，杨宝森和李世芳在广德楼演出《四郎探母》，姜妙香饰演杨宗保，李多奎饰演佘太君。当天去看戏的场面人就不少，他们都是为了看给杨宝森拉琴的杨宝忠，打鼓的杭子和，给李世芳拉琴的王少卿，打鼓的白登云。杨宝森饰演的杨延辉唱完后，李世芳饰演的铁镜公主出场前，王少卿的胡琴一响，掌声就起来了。接下来的[西皮慢板]拉得更是平稳舒展，轻重疾徐交代得清清楚楚。演"盗令"，王少卿站起来要让位于杨宝忠，说："洋人，该您来了。"杨宝忠忙说："大少，还是您来吧！"

封杰：您的家庭在京剧界非常著名，代代都有杰出人才。但他们的日常生活又是怎样的呢？

王世霞：我父亲专攻旦行，在我五岁的时候他给我说过一出《小上坟》。他唱戏嗓子有限，但扮相非常漂亮。生活中我父亲非常腼腆，有次我大伯父让我父亲给章遏云说出戏，没想到他倒满脸通红。由于我父亲扮相漂亮，还招来一桩婚姻的佳话。那是给梅兰芳配戏的姚玉芙见我父亲的扮相后，对梅先生的夫人王明华说："王丽卿有个妹妹，是不是与他长得一样漂亮。"便提出做媒的事。记得这年，我父亲王丽卿带我到第一舞台看反串戏《八蜡庙》，我父亲领着我分别介绍道："这位是尚小云，饰演黄天霸，这位是武生宗师杨小楼，饰演张桂兰，这位是赵桐珊，饰演褚彪。"

我大伯父嗓子塌中后，主要以教戏为主，而且特别爱才。在众多弟子中他最得意的是程玉菁，倾注的心血也是最多的，人称程玉菁是我大伯父王瑶卿的"后半辈"。我大伯父不但能教旦行戏，对生、净、丑行同样可以教授。再者，京剧传统戏的扮相是从我大伯父开始进行改良的。生活中，

我的大伯父非常俭朴，每天早晨必吃一碗柳叶面。下午四点多钟，吃些"大八件"的糕点。晚上吃些饭菜。

我二伯父王凤卿吃饭非常讲究，就是到了临终前都保留着一个习惯，就爱喝煤市街丰泽园饭庄的燕窝鱼翅汤。还有，他吃的水果必须到经他指定的店铺买来才成。像东安市场里的小半街卖的宣化的葡萄、深州的蜜桃、北京的京白梨，都是他每日必吃之物。

我大哥王少卿每天早晨拉琴，满院都是清脆悠扬的琴声，他为了培养梅派琴师的后备人才，始终在物色人员，可谓呕心沥血。我大哥除给梅兰芳拉过琴之外，还给他的父亲王凤卿以及李世芳操过琴，荀慧生曾找到他给操琴，他说道："您的戏我拉不了！"除此之外，他再也没有给任何人操过琴。

我二哥王幼卿给马连良、谭富英先生挂过二牌，演出了许多戏。后来梅兰芳先生为了培养梅葆玖学戏，就请我二哥专职做了梅葆玖的开蒙老师。

我有两位堂姐对京剧很在行，一位是我大伯父的女儿王铁瑛，排名文倩，一位是我二伯父的女儿王文荷。所以，我大伯父收的弟子中有些就是由她们教授的，老人家只是坐在旁边拍着板听他们教与学的效果，不时也加以点拨。

我大伯父王瑶卿与我二伯父王凤卿虽然居住在同一个宅院，但是分为两院。他们是一年才见一次面，只有到了过年的时候，大伯父和大伯母才到二伯父家中拜年。因为，全家人的每日生活开销都是仰仗二伯父的演出收入来维系。有一次，我亲眼看见我大伯父对程砚秋讲他生活实在艰难。第二天，程砚秋就送来了二百块大洋。到了年根底下，有许多人来拜年，家里就准备好一桌流水宴，谁来了谁就坐下吃涮羊肉或吃面。我大伯父一生中在金钱上没有积累，只是赢得了大家对他的赞誉。

封杰：京剧过去有很多讲究，现在已渐渐流失掉了，实在可惜！

王世霞：过去讲封箱戏和开箱戏。咱们就说这开箱戏。初一开台先演奏[将军令]，之后是花脸手里拿着大元宝上场演出《跳财神》。演出中，还有洒松香的表演，将火纸叠好，在舞动过程中走到火盆前，这时由检场的人扔一个炭头点燃盆中的鞭炮，财神下场。接着是老生演的《跳加官》，唱[大字福]曲牌"雨顺风调万民好"。接下来是《赵颜求寿》。之后就可以演一些旦行、生行戏了。大轴戏必须是《御碑亭》，也称《金榜乐·大团圆》以图吉利。初二，演出《富贵长春》。初三，演出《财源辐辏》。这些都是为了展示群曲的功力，龙套的风采，戏的饱满，新年的喜庆。

当初我们在富连成科班先学习唱昆曲，像《连环套》中的梁九公"行围射猎"的群曲必须唱得满宫满调才成，同时配狮子靠、二龙出水等不同的队列，真能要下好来。还有《龙凤呈祥》《挑滑车》《长坂坡》等戏中都有群曲的演唱，很能营造一种气氛。

封杰：谢谢您，与您谈话使我获得了很多的京剧知识和轶事。

宝珠玉器 名璞环音

——京剧名宿王玉璞访谈录

"一台锣鼓半台戏"说明了打击乐的重要性，京剧各流派的形成，既有演唱者的钻研，又有琴师的衬托，更有鼓师的帮衬。2008年8月26日，我采访了八十八岁的著名鼓师王玉璞先生。

封杰：王老师，您好！咱们多次见面，使我对您的艺术生涯有了一些了解，我知道您不是上海人。

王玉璞：的确。我是从东北走出来的。我的父亲最早学河北梆子，后改的京剧，唱架子花脸。是他从老家河北河间一路搭班演出，演到东北丹东时就此落了户。

我七岁开始跟着父亲到戏班和几个一般大小的伙伴练习踢腿、下腰、拿顶等武功。十岁时，我身上长了搭背不能继续练功，只好每天到剧场后台看人家演出。我又对场面比较关注，常常站在那里看别人打戏入神。我的这点举动被打鼓的何福庭先生发现了，他对

演奏中的王玉璞

我父亲言明要收我为徒。此后，我就开始跟着何先生每天练习打小锣，经过一段时间的学习和刻苦练功后，我稍有长进。不想，我父亲突发脑溢血过早地逝世了。我师父也要离开我到沈阳去演出，我只有一边练私功一边搭班打小锣。同时，还要承担起养家的重担。当时剧团每天管饭，每人按人头领取，他们念及我父亲过早去世，在发饭时就会多给我一份。我至今仍在感激他们的恩情。

封杰：打击乐非常讲究基础，那么您是怎样过渡到鼓师的呢？

王玉璞：我们这个行业必须从打小锣开始，练习好基础，这个阶段要培养乐手记戏。再逐步进展到打铙钹、打大锣，铙钹和大锣要打出情绪。最后是打鼓，到了这个阶段就要能够掌握剧情的气氛、火候，更要打出人物的思想感情。而我没有到打大锣的阶段就直接打鼓了。

那时的丹东京剧演出很多，像白玉昆、唐韵笙、周信芳等先生都来过此地，戏园子的演出非常火爆。我在东北舞台打铙钹时期，大年初三我们正在演出，人们的心情也非常兴奋。不承想，演出中不知何故剧场发生了一场大火，火势很凶，烧死了许多人，我们年轻得以逃生。为了生活，我们又组织起戏班，由俞华庭先生担任主演。过了一些日子，这个戏班散了，我们几个十多岁的伙伴又到安诚舞台参加演出。这时，我师父已经让我在开场戏中打鼓了。不过，我打的鼓还属于梆子、京剧"两下锅"，有梆子戏《氾水关》《十万金》《三疑计》等，后来再逐步打京剧的小戏《查头关》《铁弓缘》《泗州城》等。这时期，我是效力不挣钱，就是为了练手，所谓的借台唱戏。

封杰：我知道您跟"出手大王"郭玉昆先生合作多年。

王玉璞：是的。有时，丹东来了名角演出带着专门给他打鼓的，我们就在一旁学习、观赏人家的司鼓方式，以便提高自己的打鼓经验。我由于看得多、问得多、听得多、练得多，积累了一些经验。正巧，郭玉昆随小杨月楼先生到东北一带演出，影响很大。他们分开后，郭玉昆独自挑班到

了丹东。由于他在《铁公鸡》《探庄》和猴戏等每出戏中都有新创的出手,非常有名。当时给他打鼓的是杨绍文,在排《十八罗汉斗悟空》时,杨绍文生病了。一直到郭玉昆演出《夜奔》都无法上台打鼓,由于郭玉昆在这出戏中安排了剑、枪的出手,别人不敢轻易接活,戏也无法演出。大家见无人敢坐上鼓佬的位置,都非常着急,这时,有位谢春凤老先生见我平日观察郭玉昆排戏、演出非常用心,就说:"让玉璞来!"随即有人抢走了我手中的铙钹,并把我按在了鼓佬的椅子上。演出过程中,我是一边想,一边凑,总算安全、圆满地打了下来。大家一看"台上见"不洒汤、不漏水都挺满意,郭玉昆的父亲说:"这个孩子打得不错,以后就让他打吧!"此后的三天戏就全由我一个人顶了。这年我刚刚十六岁。

后来,郭玉昆要到烟台演出,他们就决定把我带走,一来是看我年纪

一九五三年国庆节欢迎杭子和吕永顺先生于海上摄影留念

前排左起:方奎、杭子和、吕承顺
中排左起:钱根生、唐昆龄、焦铭、王玉璞、梁少恒
后排左起:高明亮、张森林、张鑫海

小又聪明，二来便于排戏，因为那时的郭玉昆也很年轻，没有私房鼓师。他们就找到我母亲商量此事，我母亲想让我到外面闯练闯练，我也想有所发展。可我是家中唯一挣钱的人，在我母亲同意后，郭家放下了超出平时演出包银两倍的钱，共六十块钱安家费。

郭玉昆的班社离开丹东后的第三天，我带上我母亲给我新做的两件大褂和一床简单的被褥，坐船到烟台的丹桂舞台找到了郭玉昆。从此，我和郭玉昆持续了长达几十年的演出合作。

封杰：京朝派应该是京剧从业者的向往，那您是何时开始接触的京朝派？

王玉璞：到了烟台后，我每天跟着郭玉昆排戏，彼此熟悉了，戏路子也越来越了解，配合得相当默契。有时遇到其他京剧演员到烟台演出，我们就歇锣、看戏，但钱照拿。像言菊朋先生到烟台演出时，是杨宝忠先生的京胡，杭子和先生的司鼓，我是每天观察鼓师杭子和先生的打鼓方式和技巧，开阔眼界。这是我第一次接触京朝派，第一次看见名鼓师。从此对京朝派开始酷爱，对杭子和先生渐生仰慕。

杭子和先生不仅"打"言菊朋、余叔岩、杨宝森、陈少霖、王少楼等人，还"打"一些小角儿。他打文戏非常讲究，即稳当又细腻。由于他的单楗打得好，许多鼓师都学他。我后来就很痴迷杭子和先生的打法。在我落户上海后，每当杭先生到上海来演出，我都立于他的身旁观看、学习。我们私下里交往也很亲切，成了忘年交。

在烟台演出的几个月，我跟郭玉昆走遍了山东的大小码头。之后奔赴天津与从东北来的小杨月楼先生会合，直接去山海关、唐山演出。在几次演出后，小杨月楼先生对我比较赏识，说："你给我打吧，不要紧张，你随便打。"我起初并不想接，生怕打不好。可经他这么一说，我就有了胆量。之后，我给他"打"了《忠烈鸳鸯》，这个戏演绎杨宗勉与寨主的女儿结亲，后被擒杀害，王怀女找到婆家，共同奋勇杀敌的故事。由于小杨月楼先生早年曾学习武生，在此戏中他饰演的王怀女手持武花脸使用的大刀，满台飞舞。小杨月楼先生在《石头人招亲》中饰演村姑，生下李存孝，郭玉昆饰演的李存孝，中间插演《雅观楼》。小杨月楼先生除演出《霸王别姬》《八宝公主》等青衣戏之外，还经常唱《白门楼》《斩韩信》等小生戏。小杨月楼先生的表演特色与梅兰芳、尚小云、程砚秋、荀慧生先生的风格截然不同，他是连打带唱或是打后再唱。而且，他还在《八宝公主》中设计了一段洋舞，全部由洋乐队伴奏。这时，我们京剧的场面就可以坐在原处欣赏了。总之，这个时期我的司鼓水平又有所提高。

封杰：上海已经是您的第二故乡，您一定是演出才落户在此。

王玉璞：我们再次回到天津，先在上光明剧场演出，不久又转移到华北大戏院继续演出。几个月之中，主要是郭玉昆和杨菊萍来演。不过后来也换过青衣赵晓岚、花脸金少臣和人称"天津余叔岩"的赵华南。天津的演出使郭玉昆非常红，消息传到了上海。

这时的上海由于战争相当激烈，许多北方的演员不敢到上海来演出，使上海的演出市场非常萧条。剧场就派人到天津找到郭玉昆请他回上海演出。而此时，我还认为郭玉昆会回到东北。哪承想，他们要回到老根据地上海。他们觉得我打得好，彼此合作又很融洽，就决定非带我走不可。这样，他带着我跟几个下串一同到了上海。

到了上海后，由于发生淞沪战役，演出不景气，原定大年初一的演出也因为租界内的一颗炸弹爆炸而告吹。初五起才在更新舞台正式演出，我继续给小杨月楼先生和郭玉昆打鼓。直到郭玉昆带着我们到江苏、浙江跑码头演出，我才离开小杨月楼先生。待我们再次回到上海时，郭玉昆就开始在共舞台演出连台本戏了。这个共舞台有个特点，无论接哪个演员来，都必须签订六个月演出时间的合同，否则无法演出连台本戏。郭玉昆第一出连台本戏是演出第五本的《宏碧缘》。原定由他来演骆宏勋，但此前已有人饰演，他只好改演武丑应工的胡理。

那半年，郭玉昆在连台本戏中是本本都有新创的出手，演出非常火爆。后来，王桂卿先生带着他的三个儿子小王桂卿、小二王桂卿、小三王桂卿加盟进来，演出更加激烈。演出中大家约定打出手的地方，王家曾找到郭玉昆说可否让一让。郭玉昆回答："好，我在开打以外打。"他改成前面打出手，到大开打时他是翻跟头、打档子。这种竞争既有合作又有角逐，总之，本本有新意，上座率很高。

郭玉昆演出《八仙斗白猿》是在天津唱红的，属于"开包银"的戏，只要贴出来必定客满。他在这出戏中设计创出了各种与八仙争斗的把子，有对刀、顶刀、耍扇子、舞双拐，尤其是宝剑入鞘的技巧更是招人。后来，李万春学了去，教给了李桐春演出。

左起：杨菊萍、郭玉昆、王玉璞

一年后，我们到了苏州，演出了连台本戏《万世流芳》。当我们二进共舞台时，我除了给郭玉昆打鼓外，剧场老板还要求我承担"官中"鼓，给赵如泉、白家麟等人打鼓。这时，郭玉昆又要到外地演出，剧场老板言道："没人顶替，不可以走。"我们只好暂时分开。而共舞台也不断接人来演出，武生王少楼和东北的唐韵笙都受邀演出，这一时期，我又顶替原来为唐韵笙打鼓的鼓师何如昆师哥打了几出唐派戏。在东北一带，武生都倾向唐派，而真正学习唐派艺术的又学不来。因为别人不可能具有唐韵笙先生那样扎实的功底和艺术条件。他的剧目也非常繁多，既有传统戏又有他自编的新戏。况且给他配演的张云溪、张春华、高雪樵等人都是最好的演员，像《铁笼山》《艳阳楼》就是由他们唱红后才流行开的。

封杰：您对京剧南北派的表演方式，尤其是司鼓一定有许多的高见。

王玉璞：京剧，最早都是一家，后来分开了。在各自生存的环境中为了适应当地观众的欣赏习惯而加以丰富和变化，逐渐形成了各自的风格。也就是人们常讲的南北派，或者称京朝派、海派。而对于司鼓而言，南派的比北派的要火一点，更激情一些。像马连良先生与周信芳先生都演《四进士》，但两者演出风格和对人物的理解不同，对鼓师的要求也不一样。"盗书"一场，周信芳先生要求鼓师要打得强烈，用大锣更突出戏剧性。马连良先生要求乔玉泉先生打得严谨，使小锣[导板]更追求夜晚的意境，只是在彩旦出场惊吓宋士杰"闷儿"时转换大锣。而像唐韵笙先生与周信芳先生同样演《徐策跑城》，唐韵笙先生演来脚底下干净利索，跑圆场时，真是行如风，他的袍带后摆能够飞起来。当我的鼓打出"崩登仓"时，屁股坐子落下身轻如燕。唐韵笙先生的行头非常讲究，裘盛戎和袁世海都从唐先生处受到益处。所以，我们打鼓的人必须熟悉演员的风格。有时，北京来到上海的演员在临别时，都会联合上海的演员一起演出，所得到收入全部捐献慈善事业或资助那些穷困潦倒的同行业者。

过去我们经常讲"边打边抓，两凑凑"。就是讲在演出过程中，演员与鼓师之间要配合默契，彼此了解风格。演员的表演动作快了，鼓师要紧跟上。如若鼓师打得快了，演员要适当随上。这样台下的观众是很难发现演员与鼓师之间的补台。我们在"台上见"演出之前，彼此说说位置和关键的地方就是响排了。

打鼓要达到演员的要求，文戏的唱功及武戏的把子要熟知，戏路子要对工。例如，南北武戏的套路不同，由于南方的武戏演员技巧繁多，善于出新，鼓师要时刻观察他的变化。而北方的武戏要求演靠把戏必须是杨小楼先生的路子，短打戏又是多样化的，这主要是因为李万春和李少春都是以上海为基础而后到北京深造的结果。

封杰： 鼓师前辈与演唱者、琴师共同创立了流派的形成，您能分别予以简单介绍吗？

王玉璞： 我从"打"唐韵笙先生开始逐渐关注文戏的打鼓方式，有时为了多掌握一些打鼓技巧，我先算计好各剧场的演出时间，待我演出完后再"赶场"到另一个剧场观摩。

这时期，我跟高明亮、王燮元交往比较深厚，经常在一起切磋交流。王燮元早年曾傍黄桂秋先生打鼓，有时他有活赶不过来就推荐我去打鼓，我给顾正秋打鼓就是王燮元的举荐。再后来，王燮元又"打"上了梅兰芳先生，他又让我去"打"黄桂秋。比如，黄桂秋在皇后大戏院演出《贩马记》，他饰演李桂枝，俞振飞饰演赵宠，李宝魁饰演李奇，姜妙香饰演李保童，就是我们"台上见"打完了整出戏。黄桂秋在中国大戏院演出"王八出"和《三娘教子》的戏就属于京朝派，这路子的戏我就按照北京的方式打鼓。

后来由于接触高盛麟、裘盛戎、袁世海、王玉让、金少臣等人，我看的和打的多了，各种打法也随之丰富。再者，我又跟随杭子和、白登云有所交往。杭子和先生的手法非常繁熟，他不但"打"老生，还"打"旦角。

像杨宝忠先生给杨宝森先生伴奏《文昭关》的节奏非常紧密，让人感觉好像没有给打鼓佬留下气口，然而，杭先生却能用他强有力的单楗掌控下来。白登云先生给程砚秋先生打鼓非常考究、细致，单楗、双楗交代得非常清楚。乔玉泉先生是演员出身，对台上演出很熟悉，他对马连良先生的马派形成在打击乐上做出了贡献，他不仅打得细致而且俏皮。周子厚先生文武昆乱不挡，傍的大角儿很多，连刚出道的张君秋最初也是由他打鼓。高明亮最早是在东北，后在上海，最后又跟着李砚秀进了北京。张世恩先生完全是南派打法，为周信芳先生的麒派定型功不可没。

封杰：现在的青年鼓师基本功都很扎实，但怎样才能有更高的提高？

王玉璞：青年鼓师对各种打法掌握得都非常好，希望他们在继承好前人技艺的同时还要创新。鼓师要根据演员的动向，细心观察，双方要达到心灵相通，才能打出气氛，打出情节，打出人物的内心。如果遇到演员在台上有临时"舍"的时候，鼓师就要随即变化，争取能够做到台上"打八成，抓两成"，就会使演出取得圆满。这个"抓"就是灵活的东西，甚至要做到以错就错，这些光靠演出前的排练是不可能达到的。

封杰：您说出了许多鼓师必须要掌握的真谛。谢谢您，祝您健康长寿！

双福为荣 贵在相连

——京剧名宿罗荣贵访谈录

> 京剧传承的二百年间,有些家族为之做出了很大的贡献。罗氏家族中曾拥有青衣、老旦、丑行和净行几个行当并卓有成绩。2011年2月15日,我采访了罗荣贵先生。

封杰:罗老师,您好!我听说罗巧福先生曾搭救过梅巧玲先生,是吗?

罗荣贵:我是梨园世家,从曾祖父罗巧福开始学戏。他幼年被送入杨三喜先生办的福胜堂科班,专习青衣和花旦,是清朝同治、光绪年间的旦行演员。他在搭四喜班演出期间,因扮相秀丽,嗓音高亢,演唱中又融有

《古城会》李万春饰关羽、罗荣贵饰张飞

梆子腔调的"哈哈腔",故同仁尊称"嘎嘎旦"。再者,他又为张二奎先生所倚重,经常陪着张二奎先生演出《四郎探母》《赶三关》《三娘教子》《芦花河》等戏,彼此相得益彰。而且,我曾祖父为人慈祥,对待徒弟极为厚道,课徒授艺极为认真,深受梨园同行的爱戴与尊敬。像你提到的梅巧玲先生曾在科班学艺时,常常受到师傅的百般折磨。我曾祖父看见实在不忍心,同时认定梅巧玲先生是可造之才,便自己出资赎出了梅巧玲先生,并带回家中精心培育,终于使其成才。

我的大祖父罗寿山,也就是有名的丑行罗百岁。他幼年入韩家潭胡同的德春堂学艺,初习老生,后改攻文丑。师从华福山先生,后拜刘赶三先生为师。由于他出道早,十三岁便搭入四喜班演出,故而大家以他乳名"百岁"称之。由于他嗓音极佳,念白脆亮清朗,语言冷隽风趣,善于运用大小声音轻重配合,诙谐不俗。他在台上做戏极为传神,更擅长插科打诨,临场抓哏。他经常与田桂凤先生合演《双钉记》《贪欢报》《小上坟》《翠屏山》《鸿鸾喜》等戏。尤其是他傍着谭鑫培、田桂凤先生合演的《乌龙院》,为一时杰作。再者,谭鑫培先生的《卖马》、黄润甫先生的《法门寺》、迟韵卿先生的《胭脂虎》、杨朵仙先生与余紫云先生的《虹霓关》、汪桂芬先生与王楞仙先生的《群英会》、余玉琴先生的《眼前报》都请我大祖父罗百岁配演。而他独有的《连升店》《百万斋》《请医》《定计化缘》《打杠子》《打面缸》《打灶王》等戏更演得非常精彩。他与谭鑫培、陈德霖、孙秀华先生同时被选入升平署承差。他便利用这个时期,仔细观察宫廷内日常所见的道士举止行动加以提炼,融化到《青石山》中的王半仙表演之中,并根据梆子腔调将其糅进剧中所唱[南梆子]调中,使其具有"二音",别具风格。梅兰芳先生曾说:"我所看过的丑行老前辈,以罗百岁为第一。"我的祖父罗福山,自幼坐科小福胜,出科后搭四喜班多年,与龚云甫先生为同期的老旦演员。他昆乱兼能,戏路很宽。嗓音虽较纤弱,但演唱极有韵味,尤其是他的念白、做功最能取胜。我祖父曾先后为谭鑫培、田桂凤、王瑶卿、梅兰芳、余叔岩等人配戏。像《八大锤》中的乳母、《得意缘》中的狄祖母、《雁门关》中的佘太君、《春秋配》中的乳娘、《朱痕记》中的朱母，这些角色是非他莫属，且极见光彩。后来的文亮臣、孙甫亭、时青山、刘俊峰、李多奎等人皆出自他的门下。

在我七岁的时候，我的祖父去世了。我的父亲罗文奎主攻丑行，曾与萧长华、曹二庚、慈瑞泉、高连芳、贾多才等人合演《五花洞》。

《得意缘》罗福山饰狄祖母

他虽然是丑行演员，但他在荣春社和上海戏曲学校教授过老旦。这是他在家中听我祖父教授学生时受到熏陶的结果。他和赵桐珊合演过《小上坟》，和诸茹香合演过《一匹布》，和尚富霞合演过《连升三级》。

封杰：我想，您一定是受家庭的影响学的京剧。

罗荣贵：我正是由于受家庭的影响，从小就喜好京剧。八岁我被送入荣春社科班，应该算是罗家第四代从事京剧的演员。在我还未进荣春社之前就跟随周瑞祥先生学习花脸戏。第一出戏是《草桥关》中的姚期，完全是金少山先生的路子。我是由贾多才先生做的保人，又因我父亲与尚小云先生的关系，我没有考试便顺利地进入了科班。我属于带艺入科，科班将我家谱中排序的"万"字改成"荣"字，给我取名罗荣贵。之后，我开始跟着孙盛文、宋富亭、范宝亭、霍仲三等先生学习花脸戏。而我最感恩的

老师是蔡荣贵老先生。他在科班经常教授《断密涧》《取帅印》等戏。而像全部三国戏就由蔡先生说总讲,我的曹操就是他执功执令按照花脸的要求传授给我的。像《群英会》中曹操的出场是穿开敞、戴相巾,以显示他在家中"饮琼浆醺醺带醉"。出科后,大班演出为了好看,显示曹操的气势就改成了穿蟒、戴相纱的扮相。蔡荣贵先生收藏了许多京剧秘本,有时他就拿出来让我抄录,并且规定好归还的日期到时送回,他又拿出一本让我抄录。而像《战宛城》《战濮阳》中的曹操,我就跟孙盛文先生学习。他让我们高声唱出戏词,这样可以听出我们在演唱中细微之处的问题。我跟范宝亭先生学《骆马湖》《取洛阳》等戏。由于我的嗓子好,科班就着重培养我唱铜锤,又由于我跟随的老师比较多,也使我戏路子比较宽。

我第一次登台是在中和戏院庆祝荣春社正式对外演出,大家先是在门口放鞭炮,接着是演出《跳财神》《跳加官》《天官赐福》吉庆戏。之后是由我演出《御果园》,下面是徐荣奎演出的《珠帘寨》,大轴戏是尚长春演出《水帘洞》。第二天是由尚长春演出《崔猛》,这是荣春社独有的本戏,尚长春饰演侠客崔猛。

尚小云师父给我说过《汉明妃》中的毛延寿,在画王昭君的画像时,毛延寿有个偷看王昭君的身段,很能烘托出此刻人物的心情和特定的环境。后来,张君秋在大众剧场演出《汉明妃》特意找我给他配演毛延寿。尚小云师父还给我说了《秦良玉》中的罗汝才,因这个人物的脸谱是按照曹操的谱式勾画的,所以又称"小曹操"。尚小云师父在排这出戏时,是一边说戏一边走罗汝才的表演和位置。

封杰:您出科搭班后,跟哪些京剧大家合作演出?

罗荣贵:我出科后,搭入了尚小云师父的大班福荣社演出。二十岁时,我父亲从上海回到北京,我便跟随他到上海加入了上海戏曲学校,是白天教学,晚上演出。同时,我为了深造又跟着钱宝森先生学习《取洛阳》,马武出场的起霸与众不同。钱派的"三穿手"是双手平撑,右手绕过左手,右腿抬起,右手再绕过左手,右腿落下,左腿踢,右手三绕左手。我第一次在上海登台是陪着杨宝森先生在天蟾舞台演出《托兆·碰碑》,我饰演杨七郎。之后杨先生又演出了《洪羊洞》,我饰演焦赞,王泉奎先生饰演孟良。杨宝森先生宗法余叔岩先生,虽然他的唱腔中缺乏高音,但他的声音打远,后几排都能够听见。这期间,我还跟盖叫天先生在卡尔登戏院演出过《闹天宫》,我饰演托塔天王李靖。

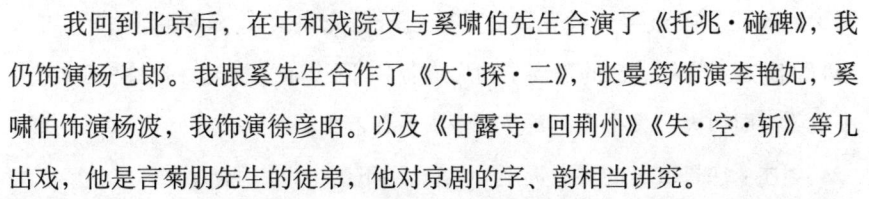

我回到北京后,在中和戏院又与奚啸伯先生合演了《托兆·碰碑》,我仍饰演杨七郎。我跟奚先生合作了《大·探·二》,张曼筠饰演李艳妃,奚啸伯饰演杨波,我饰演徐彦昭。以及《甘露寺·回荆州》《失·空·斩》等几出戏,他是言菊朋先生的徒弟,他对京剧的字、韵相当讲究。

1950年,我在天津的共和戏院跟刘汉臣先生合演了《连环套》,他先饰演黄天霸,后饰演朱光祖。全部《甘露寺》他先饰演乔玄,在《芦花荡》中他又饰演张飞。跟刘汉臣先生一起演出非常累,他是一个晚上连演《长坂坡》《群英会》和《华容道》三出戏。我傍演的曹操出场念[引子]:"令出山摇动,军容逞威风。炎汉社稷掌握中,扫烟尘,剿灭群雄。"再念[定场诗]:"令出昆外山摇动,全凭朝内文武功,各路诸侯俱降顺,乾坤只在掌握中。"归座后再念:"老夫,曹操。汉室为臣,官居首相。可恨陶谦结连贼寇杀我全家,此仇不共戴天。闻得刘备弃新野,走樊城,带领数万百姓,一行数十余里,眼见得生擒在迩。张郃,听令。传我将令,不分星夜追赶刘备,去者。"可以得到三次掌声。1951年,梅兰芳剧团的负责人王九善先生找到我,说:"梅先生找你去。"这个剧团老生是王琴生,武生是徐元珊。我陪梅兰芳先生演出了《龙凤呈祥》,我饰演孙权。之后是《穆柯寨》《梁红玉》等戏,并跟随梅先生到沈阳、长春、辽宁、大连、齐齐哈尔、天津等地巡回演出,所到之地必受欢迎。后来,我又陪着程砚秋先生演出了《文姬归汉》《荒山泪》《朱痕记》等戏。1954年，我随程砚秋剧团到南京慰问中国人民解放军。我在前面演出《草桥关》，饰演姚期。第二出是程砚秋和于世文合演的《三击掌》，程砚秋饰演王宝钏，于世文饰演王允。大轴是周信芳演出《徐策跑城》，他饰演徐策。三台戏三个白胡子，演出效果非常精彩，我也在演出中露了光彩。"四大名旦"中我只是没有跟荀慧生先生合作过，但我曾跟随他的剧团到沈阳演出。因为他的戏中所有花脸饰演的角色都由苏连汉承应。这样我就跟老生纪玉良演出《失·空·斩》《捉放曹》《斩黄袍》等戏。1956年，我在青岛陪着白玉昆先生演出了《连环套》《古城会》《四进士》等戏。他的嘴皮子功夫最著名，既干净又脆亮。我还和李桂芬、小兰英、周啸天、梁小鸾、童芷苓等人合作演出。

封杰：您是有名的"老天王"，请介绍下这个人物吧？

罗荣贵：我除了给盖叫天、张翼鹏配演过天王李靖之外，还给李少春、李万春、王金璐、李元春、尚长春配演过托塔天王。所以，大家都称我为"老天王"。

《闹天宫》，过去叫《安天会》，我们科班演出时尚小云师父改名叫《齐天大圣》。戏班中常讲的"唱死天王，累死猴"就是说的这出戏。孙悟空每打一次武档子之后，李靖就要演唱一大段。所以，"孙悟空"打八次，我就要唱八段。李靖出

《定计化缘》曹二庚饰张有仁、罗文奎饰张年有

场唱[点绛唇]:"十万雄罴星辰齐聚,尊天帝剿灭渠魁,扫尽如斯辈。"后派将时再唱一段。打斗中,再是一唱一舞。李靖念白:"好一场厮杀也。"起唱[吹腔]:"只见那雄威赳赳勇如罴……"堂鼓起,孙悟空开始与天将搏斗。最后一段是:"众天将,回复玉帝者。上帝天边法力大,哪怕孙猴万变化,哪怕孙猴染黄沙。"后来,李少春为了出国演出适应外国人的欣赏习惯而做了删减。

封杰:现在流行的多是裘盛戎先生创立的裘派。

罗荣贵:我的演唱基本宗法金少山先生,并博采众家之长。所以,有人问我:"您是哪派呀?"

我回答:"我是科班派。"因为,我们在科班时,教戏的老师没有说这出戏是哪个流派,哪个唱腔是哪个风格,只是让我们多吸收人家好的艺术,并化为己用。所以,这种作风也影响到了我今后的教学思想。

不过,我的确跟人送"十全大净"的金少山先生同台演出《连环套》,是由金少山先生和裘盛戎二哥分别饰演的窦尔墩,我饰演梁九公。裘盛戎二哥前面演"盗马",金少山先生后面演"拜山"和"盗钩"。金少山先生的嗓子可以说是空前绝后,他一句唱能把剧场顶子上的灰尘震落下来。

后来,我和裘盛戎二哥在一起演出过《白良关》,他饰演尉迟恭,我饰演尉迟宝林。《刺王僚》他饰演王僚,我饰演专诸。

封杰:您对铜锤的金派和裘派持怎样的观点?

罗荣贵:现在的舞台上只剩下了裘派,演员学和唱都比较省劲,即讨巧又耐听,不像金少山先生的演唱那样可筒灌。过去花脸打基础和展示功力的就是[二黄]戏《御果园》和[西皮]戏《刺王僚》。而当今的舞台上花脸只会唱《大保国》《探皇陵》和《二进宫》了,这种花脸演员连着唱三出戏的方式源自王泉奎先生。

即使现在的青年演员在演出《探皇陵》,也是进行了删减。我们那时表

演这场戏,徐彦昭见到杨波搬来众家儿郎后,还有一段"数郎"唱腔。杨波念:"见过千岁。"徐彦昭念:"站立两厢。"起唱[原板]:"一文一武站朝廊,叙一叙大明朝锦绣家邦,杨大人你好比汉高皇上。"杨波接唱"千岁爷好比西楚霸王,我怎有篡位心肠。"徐彦昭唱:"我与你无非是闲言细讲,杨大人你哪有篡位心肠。我观看儿郎!杨大郎生来面貌黄,亚赛三国的汉刘王,三请军师诸葛亮,马跳檀溪美名扬,尔亚赛刘王。赤面长髯小马芳,亚赛过关二王。过五关曾斩六员将,擂鼓三通斩蔡阳,到如今缺少两员将,左少关平右少周仓,尔亚赛云长。杨士祥生来面皮黑,亚赛三国的猛张飞。大吼一声桥梁断,枪挑吕布紫金盔,尔亚赛张飞。杨四郎生来面貌银,亚赛常山将赵云。长坂坡前救幼主,七进七出显才能,尔亚赛赵云。"这时,跪在地上的赵飞说:"千岁爷还有我呢?"徐彦昭道:"这是何人?"杨波道:"赵飞。"徐彦昭念:"噢,这就是七天七夜搬兵的小赵飞,跪近前来。"接唱:"七日七夜搬兵的小赵飞,为主江山用心急,有朝幼主登龙位,我把你官职往上提,别的官儿不封你,我封你九门提督代管兵机。"

封杰:好,谢谢您。一段耐听寻味的唱段应当得到恢复。

秉承前贤 章法有度

——京剧名宿吴炳璋访谈录

中国戏曲学院的吴炳璋教授在近八十年的艺术生涯中，摸索总结出京胡教学的宝贵经验，培养了众多京胡演奏员，桃李满天下。2011年9月19日，我采访了吴炳璋先生。

封杰：吴老师，您好！请您先谈谈您的父亲吴松岩先生，好吗？

吴炳璋：我父亲的嗓子具备铜锤花脸的高、宽、亮音，在没有"下海"成为正式演员之前，多请钱宝奎先生教艺。由于他嗓音条件好，被邀请在东安市场内的德昌清音茶楼等多家票房清唱。可见，当时的父亲名气已经很大了。不过那时父亲名字是吴树友，到邮政局工作之后，又改成吴广志。

我父亲最早拜的是丑行名家王福山先生，再由王先生引荐拜金少山先生为师。1937年，我父亲在同和轩饭庄举行了拜师仪式，京剧界有名的演员如郝寿臣、侯喜瑞、姜妙香、谭小培、谭富英、

吴炳璋操琴

梅兰芳、尚小云等先生全部出席,一共开了二十二桌席。金少山师爷和我父亲特请来摄像师拍摄下这一历史时刻,这张珍贵的大合影我父亲一直保存到"文革"。可惜,运动的到来必须破除"四旧",我父亲忍痛将其焚化了。

拜师后,我师爷便将我父亲的名字吴广志,改成吴松延,意在松鹤延年。后来,我父亲演出时在剧场门口登出的海报上别人误将"延"写成"岩",父亲便沿用一生。我父亲每天下班之后,再到金少山先生家中学戏。唱腔方面由金师爷全权负责,为提高我父亲的身段表演,金师爷推荐我父亲拜在范宝亭先生门下学习架子花。金少山师爷给我父亲开蒙的戏是《探阴山》,学习了两个月之后,我父亲在师爷的松竹社效力演出了《探阴山》。演出当天是我父亲开场的《探阴山》,我拉的京胡。大轴是谭富英与金少山师爷的《捉放曹》。谭富英先生早早来到后台,正好我父亲演唱"辅大宋锦华夷赤心肝胆"一段,博得阵阵彩声。谭先生在侧幕条听后,回到化妆间问我师爷:"三舅,这个花脸是谁呀?"

我师爷说:"等会儿,你就知道了!"

我父亲演完后,来到金师爷面前。金师爷指着谭富英对我父亲说:"这是你师哥,你们见过礼!"

谭先生一见,兴奋地说:"三舅,您把师弟借给我吧!"此后,我父亲搭入了谭富英先生的班社。

封杰:金少山先生对您的父亲做过哪些方面的传授呢?

吴炳璋:金少山先生对我父亲讲:"你嗓子高,但不能太高,如果太高就失去真音了!"我师爷这句话是针对前段时间,电台播放的我父亲和一位女老生合唱的《大保国》声音而下的结论。

金少山师爷有句名言"要唱本音"。也就是说,铜锤演员不能过多地用横音、炸音,嗓子要有余地,利用虎音来运用自如。我们听他留下的《御果园》《锁五龙》唱片,他的这种气势磅礴、黄钟大吕唱法是在继承前人何桂山、

秉承前贤　章法有度

金秀山先生的直朴苍劲的基础之上，又有所变化。再加上，他的身体条件太好了，身材魁梧高大，脸庞饱满，额头宽鼓。所以，金师爷化出装来边式，扮出戏来丰满、帅气。金师爷从上海回到北京后，第一次演出头二本《连环套》中窦尔墩念的[点绛唇]："霸占山岗自立为王，雄心壮盖世无双，绿林俺为上。"只这一句不但华乐戏院内的戏迷炸了窝，就是敞着大门站在大街上的听众都为之振奋。

金师爷不仅文戏能唱包拯、徐彦昭、尉迟恭等人物，而且武戏能动杨七郎、李逵、高旺、马武等角色。有一次，金师爷在家中给我父亲一边说戏，一边吊嗓子。由琴师高晋卿先生操琴，我父亲唱了很长时间。这就惊动了住在后院的师奶奶，她盼咐用人说："你快到前院让老板别再唱了，别累着嗓子！"等到佣人看是我父亲在唱时，连忙回禀金师奶奶。师奶奶得知真情后，说："我怎么一点没有听出来呀！"这也说明，我父亲的嗓音、唱法跟金师爷的相似，甚至可以乱真。后来，金少山师爷跟我父亲合灌了一张唱片。由金师爷唱《白良关》中的尉迟恭，我父亲唱尉迟宝林。

封杰：吴松岩先生的尊师重道行为，又成为后人的表率！

吴炳璋：金师爷由于平时抽大烟，导致他得上了咽喉痫，并引发拉痢疾，这是最要命的病。虽然，他演出时期挣了许多的钱，但他乐善好施，花费大度，穷困潦倒。在

《托兆》吴松岩饰杨七郎

他1948年去世后，家庭发生变故，生活没有经济来源，我父亲就将金师奶奶母子接到我家奉养，承担起了照顾金师爷后人的重担。这一下，我父亲身上的担子更重了，原先我家已是七口之众，如今又加上三口，全靠我父亲在邮政局微薄的收入维持全家十口人的生活。

这件事后来在京剧界被人颂扬。萧盛萱先生跟我父亲是师兄弟，在见到我父亲时说："您的这种行为值得我们尊敬，让我们梨园行的人知道如何孝道！"

家中的重负，也使我父亲在1951年辞去了邮政局的工作，跟唱老旦的郑万年，唱青衣的陈啸秋，唱老生的刁吉良合组了一个剧团到青岛永安剧场演出，由我来给他们操琴伴奏。这一年既是我父亲"下海"之日，也是我成为正式京胡演奏员伊始。

我父亲通过几十年对金派演唱艺术的研究，高度且精确地总结出：勾住眉心，脑后摘音，形于背，灌于顶，丹田提气，两肋虚张，声音倒灌，膛音出刚音、立音。

封杰：我听说，您有缘得到金少山先生的赞赏。

吴炳璋：我父亲唱戏吊嗓是由张雅卿先生操琴。我六岁开始跟张雅卿先生学拉京胡，在我掌握了一些唱段和牌子曲后，他就带我到票房去玩。我初次"登台"是到西单商场里面的一家桃李园清音桌拉琴，大家觉得小孩非常可爱，很捧场。

我父亲到金少山师爷家学戏，有时也带上我去，这时的金师爷家已经从潘家河沿搬到了椿树二条胡同。有一天晚上，我们爷俩到了金师爷家后，金师爷得知我已经学会拉京胡非常高兴，说："来，咱爷俩来上一段。"

我操起琴给金师爷拉了一段《刺王僚》中的"列国之中干戈厚"，唱完后，金师爷鼓励我道："不错，挺好，有前途！"之后，金师爷拿出金秀山老先生的《刺王僚》唱片让我听，并告诉我："操琴的是王云亭先生。"通过给金师爷伴奏和听金秀山老生的唱片，我感觉金师爷的唱腔已然发生了变化，像"难禁受"的过门已经变化成了双过门。对于王云亭先生，后来我才知道他就是徐兰沅先生总结的梅雨田、孙佐臣、王云亭、陆彦庭"四大名琴"之一。

1941年，十五岁的我已从西北中学毕业，到北京第六中学念高中。由于我喜好拉京胡，便由唱花脸的德子文老先生引荐，正式拜耿永清先生为师。耿师父一家兄弟数人从事京剧乐器演奏，在梨园界享有盛名。仅我师父的弟子就有王瑞芝、李德山、何顺信、耿少峰、刘永贵、胡宝安、雷震春、赵都生、李金庸、赵鸿文等人。1911年，耿师父与李春泉、贾祥瑞等人被选入升平署承差，成为当时宫内最年轻的御用琴师。耿师父从十八岁起为杨小楼伴奏，在百代、蓓开、高亭、胜利、长城唱片公司灌制的唱片有《艳阳楼》《恶虎村》《连环套》《长坂坡》《冀州城》等二十二张。我拜师之后，便利用课余或节假日的时间到师父家去学艺。记得，我在学拉《除三害》中的一段[慢板]转[原板]的过门，起初我总是转不过去，我师父就耐心细致的教授、示范。徐兰沅先生为了学习这段过门曾特意找到我师父说："老叔，您给我说说这个过门吧？"

耿师父回答："你学这个干吗？要学就给我磕个头。"徐先生果真给耿师父磕了头。

后来，耿师父还给我说了[哭皇天]的一种"多多"入头的方法。他教授的东西非常精致，使我受益匪浅。我这时一边要到耿师父家学艺，一边还要到金少山师爷的班社为我父亲演唱伴奏。

封杰：您在几十年的演奏和教学中一定总结了许多宝贵的经验。

吴炳璋：早期我在天津曾为贯盛习拉过琴，台下坐着夏魁连先生。演出后，他对我说："你拉的怎么有种旦角味呀？拉琴跟拉锯不一样！"后来，我经过不断地摸索，逐渐感悟出了作为琴师一定要了解演唱者的演唱风格，以及剧情规定的情节，剧中人物的思想感情。另外，琴师还要做好托腔保调，烘托气氛，不要喧宾夺主。

杨宝忠先生为杨宝森先生操琴，说道："我三弟的嗓音不高，唱腔低沉，我在操琴时就要托着点他，过门时就要花着点，否则就温了！"何顺信师哥为张君秋操琴几十年，对于张派的形成是功不可没。张派唱腔的垫头、过门跟梅派截然不同。他在唱腔过门中的帅、花、溜是一般人无法达到的，如果没有好的演奏基本功就会失却张派唱腔的色彩。所以，流派不同，剧情不同，表演不同，京胡的伴奏长短不同。仅一个[导板]就分大、中、小不同的拉法。幕帘后面的[导板]，琴师就要拉出气氛。像《武家坡》中薛平贵唱的"八月十五月光明"就属于小[导板]。而入头，是鼓师开的锣经有多快，琴师就要入多快。《赤桑镇》中包拯的出场节奏是在快中进行，鼓师与琴师紧密配合，演员也要随着节奏表演。

李慕良是马连良先生的亲传弟子，对马先生的演唱风格非常了解，可以协助马先生创造唱腔，在出新方面付出了很大的心血。像《苏武牧羊》中苏武唱的"叹苏武身困在沙漠苦海"中的过门，李慕良设计了高低八度的反差来托起剧情和人物内心，他拉出来的效果正好符合马派潇洒、俏皮的艺术风格。再者像汪本贞的伴奏，拉出了花脸的气势，有种霸气。最明显的是裘盛戎演唱的《锁五龙》中单雄信："见罗成把我的牙咬坏，大骂无耻小奴才。"唱腔节奏具有极强的力度。这里讲究的是"衬"，听者感觉好像是演员与演奏音律上不符合，属于东拉西唱，但最后都要落在一个板槽里，实质上在旋律上在托着演员，把演员的声音全部裹在京胡的音乐之中。前辈京胡大家赵喇嘛先生称其为"裹"，我总结为"衬"。

王瑞芝师哥与赵喇嘛、耿少峰、汪本贞的演奏技法又有所不同。他是梅雨田的演奏风格，属于平中出奇。演奏中，王瑞芝师哥将余叔岩先生的演唱特色掌握得非常精确，达到了水乳交融的境界。程砚秋先生的唱腔是绵里藏针。起初在换周长华给程先生操琴时，程先生特意让他独自演奏了一遍之后，程先生才开口。周长华非常聪明，在王瑶卿先生家给别人吊嗓时，演唱者只需唱两遍，周长华就可非常精确地演奏出来，人送"周二遍儿"。而徐兰沅、王少卿先生为梅兰芳先生设计的唱腔每出戏都有每出戏的特色。即使同为[二黄]的唱腔，梅派戏在每出戏中都有截然不同的演唱风格和演奏变化。徐兰沅、王少卿、梅兰芳先生真正实现了随音乐、唱腔与剧情、人物的发展而因情设腔、因人设腔的效果。

封杰：您曾写过一篇《内在节奏的衔接》的文章，谈到京胡与锣鼓衔接的重要性。

吴炳璋：京胡伴奏与锣鼓的入、转、收，要顺畅地连接好，两者内在节奏的衔接直接关系到舞台的艺术效果。琴师要做到与鼓师心领神会，遵从鼓师打出的节奏来演奏。这种节奏感，就是咱们常讲的"心板"。

内在节奏的衔接具有多种形式，像配合唱段的各种锣鼓"入头"就包括散入、干入、双鼓楗领奏的锣鼓、挎板与单鼓楗领奏的锣鼓和念半句唱词不用锣鼓领奏，直接接唱下半句唱腔。例如，《霸王别姬》中的[南梆子]，鼓师用单楗击奏"大"，然后琴师先散拉，再上板。这就是散入。《四进士》中的宋士杰表演的"盗书"一场就属于配合无唱念表演动作的曲牌运用。还有，《追韩信》中，萧何见到韩信时念"一见如故"，接唱"三生有幸"的[碰板三眼]，这种伴奏形式属于"念半句唱词，不用锣鼓领奏，直接接唱下半句唱腔"，它对于琴师来讲需要熟练掌握"盖口"。

其他还包括：伴奏唱段中配合表演动作与锣鼓的衔接，节奏衔接要分清"连贯性"的暂停和"终止性"的结束。

封杰：您还在《京胡伴奏与教学研究》中提到八种教学方法。

吴炳璋：这八种教学方法是我在从事教育工作中总结出来的，它们是粗教、细教、横教、竖教、重点教、对比教、放手教和联合教。

我还有一种教学法，是慢性还原法。也就是在伴奏过程中因为音符多、节奏快，我先将节奏放慢，让学生学好其中难的地方，等到学生完全掌握后再分段合成。

另外，我在几十年的京胡教学生涯中总结出教师必须具备的八种专业基本条件，它们是唱、拉、打、讲、准、稳、展、活。这就表明京胡教师教好唱腔是基础；示范演奏是直观教学的重要措施；用鼓点领奏教学是提高伴奏水平的重要环节；准确的规格与内容是提高教学质量的重要因素。除此之外，京胡教师还要达到识才、选才、定才和育才，让学生学得深、懂得透、用得活，具有适应性和灵活性，完全胜任京胡伴奏。

封杰：您怎么认识琴师与教师彼此的关系？

吴炳璋：琴师在伴奏时要注意剧情和演唱者的风格，如马连良与李慕良，杨宝森与杨宝忠，裘盛戎与汪本贞，张君秋与何顺信等人的密切配合、珠联璧合对于一个流派的形成起到辅助作用。

然而，作为一名教授京胡的教师首先必须是好的琴师才行，既能教授又能示范。琴师与教师是相通的，但教师比起琴师来更加难。

封杰：您不仅是琴师、教师，更是真正的理论家。

荣春长喜 永怀师恩

——京剧名宿王永春访谈录

> 尚小云先生创立的荣春社科班培养出的弟子达四百多人，为京剧的传播做出了贡献。现定居台湾的王永春先生时刻怀念着科班的生活和师父尚小云先生的历史功绩。2010年12月28日，我采访了王永春先生。

封杰： 王老师，您好！您的家庭与京剧有关联吗？

王永春： 我的家原来住在北京丰台区花乡，祖父辈主要以务农为生。一天，我祖父带着我到剧场里看了一场富连成科班演出的《水帘洞》，这一下就吸引住了我。回到家里，我是连蹦带跳。我祖父说："你这么喜欢，我送你学戏去吧！"这样，我爷爷就请刚从富连成科班出科不久的胡盛岩先生将我送进了富连成科班。第一天，我到富连成科班叩见了祖师爷和叶春善先生。叶先生看了看我，说："行，进去吧。"这年，我刚刚八岁。

我在富连成科班足足坐了一天，也没有吃饭。到了晚上，小演员们都到剧场演出去了，只剩下我

《巧连环》王永春饰时迁

一个人还坐在椅子上。这时,有个伙计走过来说:"你没事,回家吧。"

我说:"好哇!"这位伙计帮我雇了一辆人力车将我送回了家。第二天,我爷爷叫我再去科班。我说:"不去了!"家里人只好又托人将我送进了富连成科班出科的陈富康先生办的长庆社科班。这一年里我和姜铁麟、王永贵、张鸣禄等二十几个师兄弟跟随陈富康先生学习。报散后,这批人整个由常长生成立的长生社接了过去,而我回到家休整了三个月。

封杰:那么,您是怎么到的荣春社科班,从事的哪个行当?

王永春:1937年,尚小云先生在成立荣春社之前,曾让长庆社当班底陪着尚长春、张君秋在长安大戏院演出。演出戏码是我们学生的"大字福",之后是胡少安的《捉放曹》、我的《二龙山》、张君秋的《女起解》、尚长春的《淮安府》。我们每周轮流在长安、吉祥等戏院演出一个白天戏,大约坚持了半年多时间,双方最终分手了。

尚小云先生觉得尚长春学了戏之后需要舞台实践,就决定招几个与尚长春年龄相近的孩子继续练功、演出。不想找尚先生要参加的人越来越多,从最初的尚长春、王福春、赵和春、李荣华、周仲春、王家春、耿玉春等十三太保,发展成十八罗汉,到最后的三十六友。尚小云先生在经过与众位老师的商议后,由蔡荣贵先生提议延续早年荣椿社的名字,最终确定成立科班,取名荣春社。

大家这时才正式按照科班的习惯各自改名,各归行当,学文戏的按"荣"字排序,学武戏的按"春"字取名。我由原来的王兆东改成王永春。我学习武丑没有专业老师教授,全是由武生老师代教。像沈富贵先生教我们全堂《恶虎村》,这样便于戏的完整统一和大家的协作。他还给我专门说了《时迁偷鸡》《时迁盗甲》《盗王坟》,给大家说了"八大拿"的戏。

我们那时候学习和演出《时迁偷鸡》是从时迁、石秀和杨雄出场开始,到投奔梁山为止,需要演四十五分钟,不是现在时迁上场就翻跟头和表演

荣春长喜　永怀师恩

一段"吃鸡"。

　　1938年2月19日，我们第一次在中和戏院开台演出是全体唱"大宇福"，之后是《花蝴蝶》和《红桃山》，倒第二是《珠帘寨》，大轴是尚长春的《水帘洞》。

　　封杰：既然已经确定了丑行，那您还跟别的先生学过戏吗？

　　王永春：在荣春社科班，我还跟范宝亭先生学过《打瓜园》，他给"郑子明"说戏的同时，把我的"陶洪"也就给说了。我还跟孙盛文先生学习《黄一刀》，他教"姚刚"的时候，捎带着把我的戏也教了。尚小云先生演出都用我们荣春社的学生，像他在中和戏院演出《十三妹》，给我说了包成功的走边，好陪着他演出。之前，我在长庆社时曾陪着尚小云先生演出过《青城十九侠》中的小猴。

　　后来，我跟耿明义先生学戏，他肚子里非常宽敞，很多武生、花脸、

《青城十九侠》尚小云饰吕云姑、王永春饰小猴

丑行戏都能说。像沈富贵先生说完文场戏之后的武戏就全归耿明义先生包了。虽然耿明义先生脾气有些急，但他真教东西。我跟他学习了七年，临出科时，他对我讲："出去搭班每到一个地方，演法都有不同，即使是同一出戏在京城和在江南就有所区别，打把子和单刀枪全不一样。"像我们在科班学的《八蜡庙》非常规矩、纯正，到了大班演出就有所减截。而到了江南，这类戏又有了变化，跟京朝派的演法截然不同。

当时的富连成、荣春社重视传统戏的培养，鸣春社演连台本戏《西游记》《济公传》比较多。不过，我们荣春社也演过连台本戏。像根据《聊斋志异》编写的《崔猛》，戏里都是些舞灯、摔跤、耍猴、擂砖等天桥的杂耍表演，尤其是观众看到要饭的逼真表演纷纷往台上扔钱。后来，鸣春社看我们这个戏很上座，便把这种思路学了去，编写了《天下第一桥》。

封杰：科班的生活一定使您终生难忘，请您谈谈当年的情景好吗？

王永春：我们那时的屁股三百六十五天，天天都是紫色的。从早晨练翻虎跳、打飞脚开始，看功的师傅手里拿着竹板抽，不然学生不使劲翻跟头。我们那时学武生和武丑戏的表演都很规矩，没有现在的火爆。在学戏四五年后，我们开始登台演出也都是规规矩矩，像学武丑的都学习叶盛章先生的表演风范。到了六七年再演出后就有些灵活性了。可下得台后，老师边打边说："我是这么教你的吗？在台上怎么变样了！"尚小云先生打人众人皆知，有一段时间荣春社在中和戏院演出"八大拿"的戏。有几个北大的学生约来朋友和家属天天到剧场专门来捧我，并且坐在前两排的座位上。有时，他们其中的人有事不能来，但座位保留。有一天，演出《连环套》主演黄天霸的尚长春出场，这些人没有反应。等我这个朱光祖上场，台下却是喝彩声响成一片。尚小云师父见状非常气愤，认为是搅戏，等演出完打了我几板。

尚小云师父教旦行戏之前先让学生听唱片，同时把我叫来一起听。他说："你虽然不学这个,但你听会了,坐在旁边看排戏,今后就是钱。"而且,尚小云师父还能说杨小楼先生的《长坂坡》《艳阳楼》等戏,是正宗的杨派风范。有一次,沈富贵先生给尚长春教授完《挑滑车》后,尚小云师父又请来了尚和玉先生加工。排戏时,尚长春穿上新制作的靠,沈富贵先生手拿着刀坯子拍着桌子念着锣经,只见尚长春端着肩出场,沈富贵先生一看跟往常教的不同,说:"你怎么回事,回去重来。"可尚长春接二连三出场都是端着肩出场,沈富贵先生非常气愤,说道:"我是这么教你的吗?"这下两人闹僵了。尚小云师父指着尚长春说:"你过来,把靠脱了!"三把两把就将新制作的一身靠给撕了。从此后,沈富贵先生再也不来荣春社科班了。

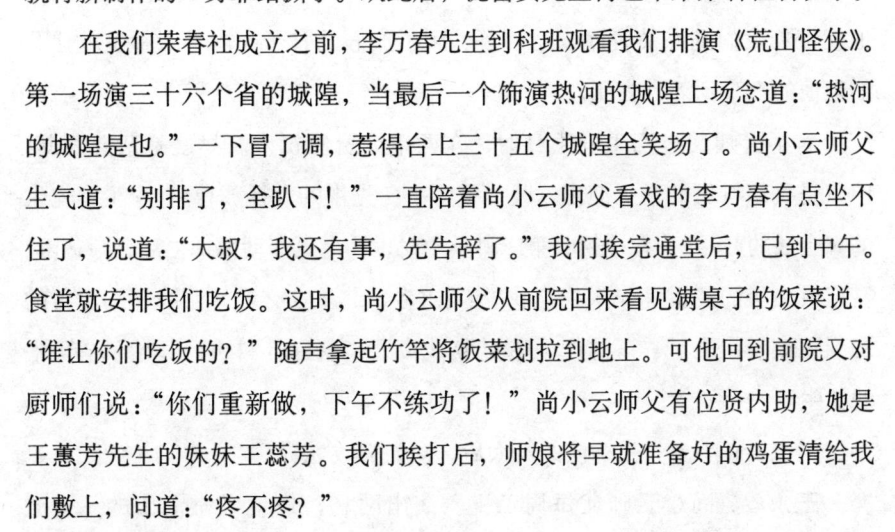

在我们荣春社成立之前,李万春先生到科班观看我们排演《荒山怪侠》。第一场演三十六个省的城隍,当最后一个饰演热河的城隍上场念道:"热河的城隍是也。"一下冒了调,惹得台上三十五个城隍全笑场了。尚小云师父生气道:"别排了,全趴下!"一直陪着尚小云师父看戏的李万春有点坐不住了,说道:"大叔,我还有事,先告辞了。"我们挨完通堂后,已到中午。食堂就安排我们吃饭。这时,尚小云师父从前院回来看见满桌子的饭菜说:"谁让你们吃饭的?"随声拿起竹竿将饭菜划拉到地上。可他回到前院又对厨师们说:"你们重新做,下午不练功了!"尚小云师父有位贤内助,她是王蕙芳先生的妹妹王蕊芳。我们挨打后,师娘将早就准备好的鸡蛋清给我们敷上,问道:"疼不疼?"

我们回答:"疼!"

师娘心疼地说:"疼,以后就老实点。"有时我们生病打针,师娘就让我们趴在她的腿上说:"来,孩子趴在娘腿上。"

我们在中和戏院白天演出,不想尚长春出了错。回到科班,尚小云师父就打儿子,在一旁的石先生见状讲情道:"先生,您看我的面子,算了。"谁料,尚小云师父说:"不打他行,你趴下。"这位石先生果真趴下挨了尚小

云先生几板，说道："老板，您还真打呀！"

封杰：尚小云先生的"打戏"非常出名，由此也培养出众多弟子，那么，他高兴的时候又是怎么样呢？

王永春：尚小云师父有时看戏高兴了也鼓励我们，让厨房的师傅给我们做烧饼夹肉。每天他都让师娘的侄女来叫我和尚长春、赵和春、贾寿春、王福春，人送荣春社的"五虎将"到前院去单吃小灶。有时，大师姐来晚了，我们就说："大姐，怎么还不来呀？"排戏之余，尚先生给我们吃点心，怕别的徒弟看见影响不好，就让我们躲到他的卫生间偷着吃。演出完了，负责伙食的小徐师傅对我们说："哥几个，咱们上哪？"我们齐声说："杰英！"他就带着我们到杰英餐厅去吃西餐。到了放假的日子，尚小云师父就让我们坐他的汽车到郊外去玩。

尚小云师父过四十岁生日时，在西单会贤堂祝寿。早晨是杂耍表演，中午是我们科班的学生演出，晚上是孟小冬先生的《捉放曹》，李少春先生的《金钱豹》。到荣春社招收第二科学生时，社会更加动荡，生活日渐贫困。富连成出科的袁世涌先生找到我说："永春，北京这么乱，跟我搭阎世善的班到包头演出去吧！"这样，1944年我离开了荣春社科班，开始了搭班唱戏的生活。

封杰：尚小云先生饰演的萧太后，众人一致称赞。

王永春：尚小云师父每周三、六演出两场，像他经常演出的《青城十九侠》《虎乳飞仙传》《金山寺》《秦良玉》《北国佳人》《摩登伽女》《刺巴杰》等戏不仅带着大班人演，还带着我们这些尚未出科的学生演出，就是为了增强我们的舞台实践机会。尚小云先生演出《四郎探母》的萧太后是为了捧张君秋，而之前他是不演这个角色的。因为，荣春社最初住校的只有我和张君秋、尚长春，后来入科班的人越来越多，尚小云先生就让张君秋重新回到了李凌枫先生身边。当张君秋在岳父赵砚奎的帮衬下自组班社在开明戏院演出，第一天上演《四郎探母》特烦尚小云先生饰演萧太后。"盗令"一场，"萧太后"未出来之前，朝官和宫女由我们"五虎将"和杨荣环、孙荣蕙、崔荣英等饰演。大家一看都是平日熟悉的面孔一对一对地出来，掌声喝彩声响成一片。

封杰：您对初次搭班唱戏的情况一定记忆犹新。

王永春：十七岁，我第一次出去搭班到了镇江。班中有江南一带的名角王全芳、云中雷等人。这时，我为了生存改演了武生，经常演出《嘉兴府》《四杰村》《白水滩》《花蝴蝶》等戏。一个月之后，我又到南京搭入了宋宝罗组织的剧团，虽然还演这些戏，但由于宋宝罗戏路子属于京朝派，演法就吻合多了。

1945年，南京洪春社的社长赵万和先生成立了中央大舞台，他邀来张翼鹏庆祝演出，第一天安排演出《十字坡》，由于他们来时没带"孙二娘"，管事的人就找到我问："你来的了吗？"

我回答："没问题！"我跟张翼鹏见面后只简单地说了一下位置和把子的数路就"台上见"了。而且，演出效果很好，彼此配合非常默契，打起来是严丝合缝。这样，我留在了中央大舞台，而且一待就是半年。后来，赵万和先生又从上海皇后大戏院邀来李盛斌、王琴生、李凤翔等人演出，我又加盟进去。我跟李盛斌先生演出了《铁公鸡》，他饰演向帅，我饰演张嘉祥。他演出《伐子都》饰演公孙子都，我给他配演马童。那时我年轻不懂事，有时还在台上开搅。有一次，李凤翔让我在台上"暗害"李盛斌。当剧情演到公孙子都得胜回朝，刚要进金殿时撞见考叔的魂子猛然往后摔倒，我这时应该撑着点他，可我没有做。李盛斌后摔时感觉我没有配合，说道："你阴我！"还有，我陪着他演出《安天会》，他饰演孙悟空，我饰演哪吒。他让我在台上将乾坤圈套在身上，他把金箍棒别在圈里，我翻一圈虎跳。演出时，我连翻三个虎跳就直接回了后台，他也只好跟着我下场。

两个月后，我们到了上海，在共舞台演出了连台本戏《七剑十三侠》《火烧红莲寺》《八仙得道》，是一本戏演出四十天，场场爆满。我和郭玉昆、小王桂卿、周云鹏、徐志良等人只在戏里翻跟头、打把子，制造火热气氛。那时，我们这些年轻人除了在台上的这点演出外，别无他事，每天非常快乐自在，收入也比较丰厚。三年后，由于内战解放军已然到了昆山，上海异常紧张。警察天天检查市民的身份证，不是上海人就装上卡车拉走，扔在两不管的地界。这时，原来南京励志社的总干事王振祖带领着李蔷华、李薇华、言少朋、李桐春、李凤翔等人成立的中国剧团要到台湾演出，李凤翔和李桐春对我讲："你还不快走，别在这儿待着了。"这样，我于1949年的5月3日又跟随着他们到了台湾。不久，上海就解放了。

封杰： 定居台湾，使您失却了与师父及师兄弟们的合作。现在大陆的京剧日新月异，欢迎您多回家看看。

荣辱一生 慈爱为尚

——京剧名宿方荣慈访谈录

中国京剧院的丑行名家方荣慈先生在《三打祝家庄》中饰演的祝小三，幽默诙谐。虽然方先生已脱离舞台多年，但他饰演的角色至今仍受到观众赞扬。2010年11月19日，我采访了方荣慈先生。

封杰：方老师，您好！是什么原因使您从事了京剧行业？

方荣慈：我家祖籍福建，我父亲来到北京后居住在皮裤胡同。他分别在西单菜市场经营南货和在西单商场开茶叶铺。我三岁的时候，我父亲去世了。家庭的不幸导致生意无法经营，就请我叔叔帮着打理。后来，我们实在无力经营只好卖了出去。我姐姐随叔叔回了老家，妈妈拿着所得的三百块大洋带着我和妹妹留在北京艰难生活。

我们家随后搬到了羊肉胡同，我学戏是由妈妈决定的。当时，我只有九岁，被送入文林社科班学习丑行，将原名方森藩改成方文慈。

《三打祝家庄》方荣慈饰祝小三

我们是边学戏边演出，我的开蒙老师是赵春锦先生。1937年，我们演到温州时正赶上"七·七事变"发生，三天打炮戏没有打响而被扣了锅。遇难几天的生活全靠好心人的周济，并通知北京梨园公会帮助。最后是亚细亚煤油公司的王西天老板用小海轮将我们送到了天津的塘沽。当时的尚小云先生担任会长，他正在天津演出，又将我们老师和学生接到了天津的惠中饭店。之后，我们回到了北京，但科班报散了。

封杰：科班解散了，这些孩子的生活一定成了问题。

方荣慈：虽然我们科班报散了，但班主对我们很负责任，他找到尚小云先生说："这些孩子学戏已有两三年了，有了点意思，尚先生不妨将他们收下。"这样，我1938年转入了荣春社科班。

我写字七年的介绍人是乔玉泉先生。我进入荣春社之后的第一件事是按科班排名，将"文"改为"荣"。尚小云师父决定我继续专攻丑行，并指定跟随孙小华、贾多才、郭春山先生学戏，之后我又向高富全、高富远、萧盛萱先生请教。这位孙小华先生是贾多才老师的师父，他是边教花旦戏的同时兼教小花脸戏。他的三个儿子，长子孙福亮工丑行。二子孙盛芳出科富连成，工旦行。三子孙瑞春是我们荣春社科班的武生，擅演《盘肠战》《花蝴蝶》《铁公鸡》等戏。孙瑞春小时候，演出《铁公鸡》的四十个"旋子"很受欢迎。我跟孙小华先生学习了《董家山》《五湖船》《幽界关》等戏。我跟贾多才先生学习了《法门寺》《一匹布》《荷珠配》《探亲家》《铁弓缘》《普球山》《变羊记》《五花洞》等戏。贾先生教戏是教全剧所有的小花脸，像《五花洞》他除教武大郎、吴大炮之外，连同后台搭架子吆喝的一起教。郭春山师爷还教了《失印救火》《连升店》《回营打围》《花子拾金》《花子判断》《狗洞》《仙圆》《劝农》等戏。尚小云师父还让郭春山师爷教一出《教歌》，但郭师爷说，富连成的叶盛章正演这出戏，为不影响到对方的演出市场，郭师爷没有教我们这出《教歌》。

封杰：听您所说的剧名有的已经失传了，您能简单地说说《仙圆》吗？

方荣慈：《仙圆》演绎八仙度卢生的故事。卢生虽是老生扮相，但却不带胡子。汉钟离唱："汉钟离办事有神仙份，到老梳牙髻，虽然是国舅亲，富贵做寻常论，我想世上人不效仙真是蠢，这拐儿是我出云轮云棍，一步步把（那）蓬莱承，高歌踏踏春，蹿农地随时运，我想世上人不效仙真是蠢。小韩湘会金琴韵，八琴客花天云。笊篱儿漏泄春，捞不上闲愁门，我想世上人不效仙真是蠢。"

郭春山先生还教我一出《回营打围》，文仲唱的是［干牌子］："前军金币遮水兮，昼行游国万人知，等到黄昏星斗稀，暮地私行有谁见疑。"

当时我们都要学几出昆曲戏，就是为了打好基础。

封杰：尚小云先生为了培养京剧人才可谓倾家荡产，您印象中尚氏父子、叔侄是怎样的呢？

方荣慈：由于我们这些孩子来时都具备了一些基础，所以，在荣春社学习不长时间，就在中和戏院演出了。

尚小云师父每周分别在中和戏院、长安大戏院、吉祥戏院、三庆戏院轮流演出三场戏。我们师父有时为了锻炼我们的演出经验，就派我和时荣章在他演出的戏里来些零碎活。像《珍珠洞》《汉明妃》等戏。尚小云师父对待儿子尚长春与众徒弟一视同仁，练功、排戏、演出都非常严格，谁稍有差错必招来一顿打，尚长春也不例外。

尚富霞五叔原来学旦行，后改攻小生。他与尚小云师父配起戏来非常契合，看着舒服。尚长麟第一次登台演出的《扫地挂画》就是尚富霞五叔教会的。后来，由于尚小云师父演出等事务繁多，就将荣春社交与尚富霞五叔管理了。

尚长春先后跟沈富贵、钱富川、丁永利、尚和玉、刘砚芳等先生学武生戏。像尚长春演出《翠屏山》，他唱梆子腔。由于我天生一条响亮的好嗓子，

科班就安排我饰演海阇黎。当时,科班请来一位天桥的师父给我们吊嗓子,不想,我嗓子时好时坏。几天后正式演出,我躲在后台的一间小屋里先把嗓子溜热了再上台,以保证嗓子痛快。

封杰:这么说,您的倒仓期非常短暂,几天的工夫就过来了。

方荣慈:是的。直到今天我的嗓子依然很响亮。1945年,我出科了,但我并没有离开尚小云师父的班社,只是搭入了大班福荣社。这样,我们常常是北京、天津等地演出。不想,社会上抓壮丁,我被抽中了签。可咱们哪里会打仗,无奈加入了国民党十三军的一三剧团,后改称长城剧社。

这个十三军剧社驻地在承德,我和尚荣茂、李长禄、罗喜钧、金香云、张鸣福、邹鸣述、徐鸣策、朱鸣秀、孙鸣凯、汪鸣臣等人参加进去后不仅为军人演出,有时还在大众剧场对外演出。我们经常演出《贵妃醉酒》《连升店》《群·借·华》等戏。在军队剧团的时间并不算长,由于团长常欺负人,我就在1948年秋末离开回到了北京。

然而,在我回到北京后并没有再从事京剧的演出,而是在北平地政局测量队当了一名临时工。

封杰:那您又是在何时回到了京剧的队伍之中?

方荣慈:北平和平解放后,我被通知可以归队。这样,1949年年底,我通过荣

《失印救火》叶盛长饰白简、方荣慈饰金祥瑞

春社师兄弟董鹤春的介绍，到了位于东城区南湾子豆腐巷的中国戏曲研究院京剧实验工作团，院长是田汉。我在二团常陪着李和曾、李忆兰、马世英、吴素英、赓金群、李斌直等人演出。

1955年，成立了中国京剧院。这段时间，我们仍在演出传统戏，只是李忆兰演出一些像《四劝》《求雨》等新编的现代小戏。而我们再演出传统戏，上面的领导就要求做到消消毒，将老戏中的一些糟粕东西除掉，使戏更加洗练。

封杰：《三打祝家庄》如今已成了中国京剧院的保留剧目，您在戏中饰演的祝小三非常精彩。

方荣慈：1949年，我们就开始排演《三打祝家庄》。当领导和导演把剧本发下来，我被分配演祝小三。虽然这是个新人物，但由于从前所学、所见、所演的戏比较多，在塑造祝小三的形象时，心中已经有了一定的标准。待大家在一起串排的时候，再加工，也就容易解决问题了。

《三打祝家庄》是从延安带来的剧本，"一打"演梁山盲目进兵导致失败。"二打"演各个击破，没能成功。"三打"演里应外合最终胜利。当时的剧本结构完全是按照毛主席的战略思想来设计的。我们最初排演时将剧情适当地进行了修改，从梁山排兵，石秀上山演起，接演"探庄"，后面是"三打"。是由李和曾、李忆兰、吴素英、张云溪、张春华、叶盛长和我首演。其中"盗翎"一场我们借用了传统戏《探庄》的表演方式，尤其是张云溪饰演的石秀有个精彩的滑叉盗翎动作，化用得极其巧妙，干净漂亮。

在中国京剧院最初的几年，我们除自己团演出外，还常陪来北京的高百岁、陈鹤峰、盖叫天、周信芳演出。像盖叫天演出《恶虎村》穿抱衣、抱裤，戴硬罗帽走蹿起来抢背。高百岁、陈鹤峰演《群英会》，是麒派的演法。1951年，我们组成李和曾、李忆兰、张云溪、张春华、吴素英、李宗义、云燕铭等人的"十大头牌"到上海天蟾舞台演出《江汉渔歌》和《三打祝家庄》。这

两出新戏在当时引起了很大的轰动。

封杰：我听说，您的人生经历十分坎坷，总是与"七年"有着缘分。

方荣慈：的确是这样，首先我是坐科七年。后面的经历更是与"七"有着密不可分的关系。

事情的起因是，我与荣春社的几个师兄弟关系很好，他们参加了中统组织。由于经常在一起玩牌，我出于好奇信口说道："给我也报个名吧。"可实际上我连报名表也没有填写，相片都没有交。新中国成立后，在向党组织交心时我将这段经历全部道出。不想，我这句信口胡言竟被他人利用。他们没有按照"有反必肃，有错必纠"的政策来办理，虽经过调查查无此事，但他们并没有纠正反而将我划为坏分子，工资由十级降到八级。到整风运动中，我向党组织提出了冤情。他们又将我定性为"攻击肃反，企图翻案"的罪名，把我行政处分后送进了清河农场。这是1958年，我才刚刚三十岁。

《三打祝家庄》张春华饰乐和、方荣慈饰祝小三、谭韵寿饰二混子

在清河农场的七年里,我和叶盛长、黄元庆、吴绛秋、王荣培、李荣坤等人组织起京剧队到唐山、塘沽等地去慰问演出或是营业演出。像我和叶盛长演得最多的是传统戏《问樵闹府·打棍出箱》《失印救火》《打严嵩》等。1965 年,我回来后,为了生活不断地做各种小工。1972 年,我转到了北京第三玻璃厂工作。1979 年,我落实政策恢复名誉才又回到了中国京剧院,继续与众多老朋友、老同事合作演出。

　　封杰:谢谢您,祝您健康长寿!

两岸京剧本同根
——京剧名宿李桐春访谈录

> 经历了半个多世纪的历史风云，定居台湾的京剧名家李桐春先生重返故地，感慨不已。2007年5月7日，我对八十一岁高龄的李桐春先生进行了访谈，是日恰逢李先生离开大陆五十八周年的日子。

封杰：李老师，您好！您的父亲和兄长办起科班非常严厉，尤其是您的父亲李永利老先生。

李桐春：我父亲李永利和大哥李万春在北京大吉巷胡同的四十一号办起鸣春社科班。鸣春社从1938年创建到解散历时十几年，共培养了两百多名京剧演员。那时以演老戏为主，有全本的《西游记》《济公传》《樊梨花》及《五鬼捉刘氏》等，还有从本戏中单提出来的《猴王游地府》《猴王闹龙宫》《真假美猴王》等一系列的孙悟空戏。我与三弟李庆春在科班里的排名是鸣俊、鸣杰。那时五弟李环春尚年幼，只在家中随着几位大的师哥练功，属于"编外"。

《古城会》李桐春饰关羽

我父亲是专门工武二花，有些戏的角色是非他莫属。而且在四张桌子上走云里翻是我父亲的首创，当时别人是没有的，剧场效果非常火爆。后来，我父亲把这个绝活传授给了我。另外，我在《八蜡庙》中饰演的费德功，戴着硬罗帽，穿着厚底，属于老的扮相。在"打镖"一场中，我是"虎跳漫子"过两张桌子再接镖。这个也是我父亲的绝活。我父亲还有一个锞子接蹦子，我没有继承下来。因为我父亲对我讲："这个你用不着，别学了。"我父亲演《白水滩》特意安排一位检场的人拿着一块大白手巾走上台给我父亲擦后背的汗，就是为了卖份儿！

我父亲的严厉和脾气是出了名的，虽然科班是自家办的，但在教学过程中却一点不讲私面。在科班时，有一次演《金雁桥》，我站在桌子上翻抢背，不小心将翎子窝折了。下台刚走到侧幕，我父亲就给了我一个嘴巴。

不过，我也有福星高照的时候。还是在科班，演搭桌戏《十十铁公鸡》，我和贺玉钦演最后一对。在演"双夺太平城"一场时，我四张桌子上走"台漫"翻下，掌声不断。可演出后，我父亲问我："你为什么不翻云里翻？"

我回答："我给您老人家留着寿命，再者，我若走了，玉钦怎么办？"

我父亲听后说："有道理，有道理！"这样，我躲过了一劫，否则非挨一顿打不可。

封杰：李万春先生的艺术处处见新，但又不失传统风格。

李桐春：我大哥属于戏痴，他年长我十六岁。他演戏是每次表演都不雷同，像他演出《闹天宫》中的孙悟空，是草王盔两边戴翅子，是一种改良扮相。所以别人的唱词是"金花帽"而我大哥却唱成"金纱帽"。他勾画的脸谱非常精美，尤其是在亮相的一刹那"孙悟空"总是闭着嘴，别提多么传神了。他演出的《挑滑车》又是与众不同，别人饰演的高宠在与金兀术对阵时，上来就扎耳环。而我大哥的演法是上得台来趁其不备拔靠旗，再唱曲牌。我大哥演出的《涌金门》，他饰演张顺。在演至张顺升天时，他

躺在台上有几分钟不动,却突然起身走了。我大哥不仅动作快,他的脑子反应也非常快。他演出的《真假美猴王》前饰演的孙悟空,后面赶唐僧。我饰演假孙悟空,原来饰演唐僧的宋遇春再赶扮真孙悟空。猪八戒在台上只有三四分钟的表演时间,我大哥就能够很快地将孙悟空的脸谱洗净,改扮好唐僧出场。我大哥演出《徐策跑城》他演完徐策之后改演薛蛟。这些改扮相和赶场,动作都非常快,大家觉得很神奇。

还有我大哥新创的《十八罗汉收大鹏》是在北京编写而成,由陈喜光先生执笔,并请来显一法师帮助设计十八个罗汉。我饰演其中的一个罗汉,名叫金光罗汉。我手里拿着一把双面铲子,上场时起[一封书]曲牌,我大哥饰演的孙悟空穿一身红,看每个罗汉身上都带着一张写着名字的纸条,就挨着个念出每个罗汉的名字,当念到我时,不想他却念出"李桐春",台下是哄堂大笑,这也是我们没有想到的。戏中我大哥在与罗汉对打时,有耍圈、转塔、对枪等表演,是十八般武器样样要经他手中玩耍一番,既新颖又独特。

他演全本《武松》,前面饰演武松,《涌金门》赶张顺之后,再赶回武松。而我傍着他演出是前面饰演西门庆至《狮子楼》止,再扮成孙二娘,三赶张公道,四赶方腊。主要是看他的表演,但我也很累。记得在杭州演出时,我大哥是汗流不止,身边放着四台电风扇吹都无法"冷静"下来,扮戏时连粉都拍不上了。

封杰:您自幼就进入父兄办的科班,学的什么行当?

李桐春:我八岁开始坐科时主要学武生兼老生,也就是文武并修。学习文戏是为了嘴里有劲,念白清楚。每天由我父亲看着我练功。后来请来专门的教戏先生教授我学戏。我学的第一出戏是《战马超》,主要是这出戏是我们家成名之作,当年我大哥李万春跟蓝月春到北京主打的剧目,也是他们的代表戏。由于很具号召力,彼此又旗鼓相当,故又称《两将军》。这出《战马超》就是我们几个师兄弟一起跟我大哥学会的。

我先学杨（小楼）派，待大哥成名后，我们就以他为榜样，走自家的戏路子。像我的关羽戏最早学自程永龙、李洪春两位先生，再经大哥加工、提高，因为他演出来的关羽与众不同，比较侧重于威武。关羽戏切忌"勇猛"。我在科班学戏的时候，李洪春先生也在我们那里教戏。可我总觉得李老先生的表演过于传统，节奏感比较慢。尤其是他演出的老爷戏，总是一板一眼，很是呆板。我们就学我大哥的表演方式，因为他演出来的关羽表演轻松、动人。但是，我现在回想起来由于那时年轻、见识不够深，确确实实是失却了一次非常难得的学习机会。出科后，我就在大哥的永春社唱戏，他有时为了捧我，让我演主角，他演配角。比如，《收关胜》我演关胜，他演梁山将；《嘉兴府》我演鲍赐安，他演总兵；《四杰村》我演余千，他演廖锡冲。在大哥的照顾下，我很快在舞台上站住了脚。

封杰：您是如何去台湾的呢？那里的演出环境如何？

李桐春：我去台湾是为了演出。当时大哥带领我们在南京演出，原来定的演出档期结束后，南京的老板约我们留下再演一期。大哥赶回上海，我留在南京。我赶场陪着宋宝罗、纪玉良在中央大舞台、建寿堂演出。之后我回到上海，不久宋宝罗约我去南昌演出，恰巧台湾复兴剧校的王振祖先生也来约我，我跟他们约定哪家先放定金就搭哪个班。

几天后，王振祖先生的定金到了，这样我就跟着去了台湾，档期是三个月。从上海天蟾舞台演出完就上船走了，那天是1949年5月7日，这个日子我终生难忘。5月9日到达台湾，我登台演出后赢得观众的热烈掌声，王振祖先生和我续约，不料演出后想回大陆却不可能了，从此与家人断了联系。为了生计不断搭班，挣一个子儿花一个子儿，生活非常艰苦。有一位军长知道我的情况后，邀我组织军中剧团。当时李环春、马力珠（马展云先生之女）和厉家班的陈慧楼及戏校的刘松樵、陈宝亮、左维明几个人都在军

中剧团，这样生活方面有了保证。几十年间，军中剧团相继"整编"，直到1989年剧团解散。此后的十年我主要是教戏，帮大家"攒攒"戏。

封杰：您这是第几次来北京省亲？两岸的亲人是怎样团聚的？

李桐春：我第一次回北京是应新长安大戏院之邀庆贺重张之喜；2000年再次回来参加了京剧《单刀会》的音配像；今年是第三次。

说到亲人团聚要感谢我的大女儿，当时她正在美国工作，听说我的侄儿，也就是我大哥李万春的长子李小春在那里演出，她就找了去。他们兄妹未曾谋面过，只是我的女儿经常听我们谈起北京的亲人，才记住了"李小春"的名字。我离开北京时，我的侄子李小春还很小，只有十一岁。几十年后，我们爷俩只是通过电话交谈了一次。后来我只是看了他演出的一些戏的录像，感觉既有他父亲李万春的表演风格，又有他舅舅李少春的艺术风貌，是个不可多得的艺术人才，非常可惜小春走得太早了。

由于当时的政治环境，我大哥到香港演出期间，我身在军营不能前去，他们主要是怕我到了香港后不再返回。我的五弟环春很幸福地见到了大哥，而我直到大哥去世也未能与他见上一面。

封杰：您提到您的五弟李环春先生，请您简单说说。

李桐春：我们在科班学戏的时候，我五弟环春由于年龄太小，只是在科班随着我们几个稍长的一起玩，并没有按照科班的排序起名。我出科后，他跟着我一起演出。到了台湾后，我们先在第一军团演出，不久他就搭入了陆光剧团。他在四十多岁时曾经录了一段《金钱豹》的演出录像，我五弟饰演金钱豹，张翼鹏饰演孙悟空。这位张翼鹏是张远亭先生的儿子，与盖叫天先生的儿子同名。当演到"接叉"摔锞子时，孙悟空换成了张翼清，他们均出自上海正翼科班。我这位五弟还有一出《攻潼关》的录像，他饰演杨戬，也就是二郎神。这出戏选自《封神演义》属于武旦戏，演绎姜子牙第一次奉命攻打潼关，被余化龙用瘟药将士兵全部迷倒。赖慈航道人救援，始得脱险。本剧系第二次进兵，无奈余化龙十分骁勇，杨戬等相继败下，最后由雷震子腾空遥击，始将余化龙打死。余化龙之五子一女，均战死沙场。戏中武旦要踩跷，有许多的开打和出手。

封杰：由于您到台湾后经常演出老爷戏，且精彩传神，被大家送了一个"活关羽"美称。

李桐春：我在科班的时候，排演《群英会》《借东风》和《华容道》。我大哥说："关羽让老二来演吧！"这个关羽我是跟我大哥学会的。后来科班再演老爷戏，就由我专职饰演关羽了。不过，我大哥演出《古城会》，他饰演关羽，我饰演张飞。我大哥演出《白马坡》饰演关羽，袁世海饰演曹操，我饰演颜良。所以，我的关羽表演方式全是我在台上傍着他时偷学来的。到了台湾后，我仍演出了许多老爷戏。我演《捉潘璋》中的关羽戴黪髯，因为此时的关羽还没有被封为王。只有到了后来封为神后，才可以戴黑髯。所以再演《青石山》时，关羽就可以戴黑髯了，而且是勾金脸。

我出科鸣春社，就搭入我大哥的永春社。严格来讲，我一辈子的表演皆是我大哥的表演数路，属于李万春的李派。

封杰：现在，李万春先生的两个孙子李继春、李阳鸣都从事京剧工作，您对此有何感触？

李桐春：现在兄弟四人只有我还健在。从自家来讲，李氏家族的表演艺术有了继承者；从京剧方面来说，这门国粹有了传人。现在他们

《铁笼山》李桐春饰姜维

115

的演出已经有了李派的韵味和意境。我告诫他们,只有勤练才能追上你们的父辈和祖辈。他们是很努力的,从艺名上就可以感受到他们决心继承万春艺术、弘扬鸣春精神。

封杰:李老师,您能谈谈台湾目前的京剧状况吗?

李桐春:目前在台湾,京剧的影响很有限,很少有年轻人喜欢京剧。

北京是我的故乡,我时刻关注着她的变化!京剧没有南北之分,都是一个"戏"。我感谢广大戏迷对我们李氏家族、四代京剧人的厚爱,祝愿我们的国剧艺术长存!

封杰:我们也希望您能够常回家看看,谢谢您!

名门之后 事业有成

——京剧名宿钱鸣业访谈录

> 五十多年前，京剧艺术家李万春先生从北京出发演出，最后落户呼和浩特成立了内蒙古京剧团。而随行的弟子们为繁荣西北戏剧做出了贡献。2010年8月27日，我采访了钱鸣业先生。

封杰：钱老师，您好！请您谈谈是怎么学起京剧的？

钱鸣业：我从事京剧源于我的家庭，祖上钱宝峰有"活张飞"之称。我自小随唱戏的哥哥钱玉堂到戏园子看戏，那时我就喜欢画脸谱。

《将相和》李小春饰蔺相如、钱鸣业饰廉颇

我先进入的宝兴社，学习铜锤。入科后，将原名钱满堂改为钱宝庆。可是不久这个科班就报散了。这样，我十四岁又转入鸣春社科班，继续学习花脸。我们全部学生共计一百八十人，均按"鸣"字排名，我又改成钱鸣业。

永春社是我师爷李永利老先生和我师父李万春先生的永、春组合，属于演出剧团。鸣春社是我师父的名"万春"与字"鸣举"中各取一个字组成，属于小班。最早排字按鸣、春、长、喜排列，后来改成鸣、春、永、乐。我和李庆春属于"吃小灶"，跟随陈富瑞先生、霍仲三先生、宋富亭先生学习花脸戏。像宋富亭先生教我《探阴山》，因为我在宝兴社的时候，由张英奎先生教我这出戏，之后我又随霍仲三先生学习了一遍，这回加上我再跟宋富亭先生学习，三番《探阴山》唱得我来回串。这下，我的打可没少挨。

封杰：现在的人经常把过去学戏说成是"打戏"，不知您受责多少？

钱鸣业：说到打。我先说这位宋富亭先生，他教戏总是戴着一副墨镜，手拿戒方，稍有不对上来就打。李永利先生用藤棍打，他每天早晨把我们打起床到窑台练功、喊嗓子。回到科班他又监督我们每人练大刀花一千个，之后再练背花五百个，刀下场五个。晚上演出完，李永利先生又接着监督我们练功，才能睡觉。第二天，李永利先生又把我们从床上撑起来。如此反复，从不间断。所以，我们鸣春社出来的人都是文武全才。

科班中打人最狠的当属陈喜光先生。一次演出《连营寨》我先演太监，之后赶《白帝城》中的马谡。我洗完脸立刻画马谡的脸谱，正在得意的时候，陈喜光先生走过来，说道："你这是画的什么呀？"

我急忙回答："马谡！"

陈先生厉声道："不成，洗了重画！"

当我重新画好后，陈喜光先生叫我伸出两只手，说道："你这回画得比上次好，你为什么当初不按这个画？哪个时间长啊！"他是边说边打，共打了八板。

我们总是处于学戏、排戏、演出,再学戏、再排戏、再演出之中,有时实在太困了,就叫师兄弟把自己裹在被子里面睡觉。还有时晚上演出之后,在剧场连夜排戏。等排队回科班时,大家就让排在第一个的人带队时别睡觉,后面的人依次牵着前行,大家只有趁着这个时候才能睡一会儿觉。不想,有一次带队的人也是累困难忍,走着走着,他也睡着了。当走到虎坊桥,我们应该往西才是科班,他却带领着大家朝南走了下去。大家发觉后,对带队的一顿暴打。

封杰:您从入科到出科傍了李家三代人,可以说是劳苦功高。

钱鸣业:鸣春社科班与其他科班有所不同,我们学戏是由李万春先生亲自点戏,教戏先生必须在十天内教会我们,然后安排演出。像张富友先生教我们十个人《忠孝全》,因为我总是学得很快,科班就奖励我十块钱,教戏先生奖励二十块钱。

我没有出科,李万春先生就让我到永春社唱戏,陪着他演出。有一次演《斩华雄》,周六登台,周三才给我剧本。可我不识字,剧中有段表十六路诸侯的念白:"嘱告上苍,弟子十七镇渤海太守袁绍,会从第一镇后监军南阳太守袁术,第二镇冀州刺史韩馥,第三镇徐州太守陶谦,第四镇河内郡太守王匡,第五镇兖州刺史刘岱,第六镇陈留太守张邈,第七镇济北相鲍信,第八镇山阳太守袁遗,第九镇东郡太守乔瑁,第十镇北海太守孔融,十一镇广陵太守张超,十二镇北平太守公孙瓒,十三镇西凉太守马腾,十四镇长沙太守孙坚,十五镇豫州刺史孔伷,十六镇上党太守张杨。"包括十七个官名,十七个人名,十七个地名。周五中午,李万春先生穿着拖鞋来到科班,说:"把钱牛子叫来。"当我来到李先生跟前时,他问道:"那段会念了吗?你背背。"我支吾地念着,李先生看我不会背,让我趴在凳子上就是四板。接着,李先生说:"你接着背!"

看我还是背不下来，又让我趴在凳子上打八板，并说道："明天早上接着背啊！"

这样，我一晚上没敢睡觉，终于背了下来。谁承想，晚上到剧场演出，我这个"袁绍"居然得了彩声。回到后台，我见墙上贴了一张纸条：钱鸣业，演袁绍奖励三十块。

我和"少老板"李庆春先生每次排戏都是我第一个排，他总往后拖。时间长了，我也不排。李庆春就说："你先排，我给你两毛钱。"我再开始排戏。来来去去，次数多了李庆春就有点赖账了。有一次，李万春先生叫我和李庆春排戏，我们两个人谁也不动。李万春先生说："你们俩怎么回事？"

我说："今天应该三叔排戏。"

李先生指着李庆春说："小三，你来排。"

李庆春不会这出戏，李万春先生让他三弟趴在凳子上就是三板。之后再让我来排。

封杰：您这是对"赖账"的一种报复。

钱鸣业：我出科后，由于受祖辈的影响，在京剧界的辈分又高，大家对我是有求必应。一次在长安大戏院演出全部《黄巢》，我前后的黄巢。中间是钱宝森、王福山演出的《祥梅寺》。演出后，张洪祥师哥把我叫到钱宝森先生身边介绍道："钱先生，这是钱鸣业。"

钱宝森先生问道："你是哪个钱？你祖上是谁呀？"

我连忙回答："我老祖是钱宝峰。"

钱先生说道："那咱们是一家子，以后有不会的就到家里来学。"

封杰：李万春先生的表演艺术随着他的离世，观众已经很难再欣赏到真正的李派真韵。

钱鸣业：我师父李万春在舞台上不是在演戏，而是在演人物。像《八大锤》的陆文龙，他就演出了十八岁的神态。演出《九江口》的张定边，他又演出了老将军的威风。这出戏还有个名字《忠义臣》。当张定边领旨上殿，看见来客立马产生了疑心。经过几番的盘问，张定边认定胡兰被刘伯温劝降了，决定审问胡兰。这里的思想过程表演得非常丰富，用我师父的话讲："今天我演张定边，就不是李万春了。"

　　李万春先生前面唱"白发苍苍似银条，胸中韬略智谋高"［四击头］出场，后面九江口的上马、跑船、开打都精彩无比，只这三点李万春先生就卖满堂。张定边是黑绸子小褂，黑彩裤打小白腰包，大白髯口，白发鬓，半个草帽圈。张定边随着八个穿着侉衣、卒坎，身背刀、拿着船桨的船夫出场，舞台上打足了灯光，全场精神振作，观众感到气氛十足。张定边冲到前面带着八个人走三个圆场，跑到下场门站斜门，他是拿着船桨剜萝卜、翻身甩髯口，整个一个大扇面。放下船桨，跳下船拉船绳，拴住船绳用脚踩一下。此刻，陈友谅上场。接着是拉马走圆场，转弯拿船桨，拿缰绳蹬镫，左腿转弯右

《野猪林》钱鸣业饰鲁智深

腿落地，右腿转弯左腿落地、捋髯口，亮相，全场是可堂的好声。最后再见张定边是手拿船桨，串肚串肚，转身，漫头，蹁丫抢背，飞脚落地，抬腿亮住，这时又是满堂彩声，简直是炸了窝。

我从来没有看见我师父李万春先生在舞台上演得上气不接下气，也没有看见过他吃药。一个月演出三十四场戏，就没听出他嗓子不痛快过。对于《走麦城》这样繁重的戏，我师父说是歇工戏。

我的艺术是学自李家，现在我要还于李家。我师父的孙悟空是说大就大，说小就小。他唱"前呼后拥威风浩"根本不费力，如同数字一样。戏中的打飞脚之所以发出脆声，这里有个诀窍。他的这双鞋都是由我师奶奶亲手缝制的，它是将牛皮底反钉，带毛的朝外。经常穿着，磨薄了打出声来才会"啪！啪！啪"响，人送美称"李派飞脚"！

我师父的艺术讲究稳准狠，亮相如同钉子一般站在那里纹丝不动。他在《野猪林》"见柴进"表演中的甩发、大带都交代的非常清楚，干净利索。他和蓝月春演出的《战马超》，两人背枪，单腿亮相时，司鼓趁时可以放下鼓楗子擦擦汗，喝点水歇会儿，这时的"马超"和"张飞"还在舞台上耗着呢！

我师父的《野猪林》完全是杨小楼风格，他不要"白虎节堂"。因为高俅没有权利审问林冲，需要交付开封府审讯才对。李万春先生念道："前者在东岳庙降香，偶遇高衙内调戏我妻，被我冲散。不想他又到我家作乱，我又将他冲散。不想中了卖刀之计，陆谦将我引入白虎堂，说太尉要比试钢锋。说我有行刺太尉之罪，分明是陷害林冲，如今只落得家破人亡。你可晓得兔伤狐悲，物伤其类。"台下掌声一片。戏中有一场开封府审林冲，由腾大尹审讯，并且安排了一个专为林冲"辩解"的书吏孙孔目，他处处巧妙地为林冲开脱。李万春先生带枷，手拿雨伞与"董超"走扑虎、吊毛过人。这个动作是他将《临江驿》中老翁的跑伞移用到这里，精彩诱人。

我和师父合演了一出《岳飞》，我的秦侩。我们将岳飞的《满江红》作

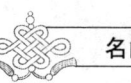

为开幕曲，到《风波亭》止。有一次，我们科班里演《狸猫换太子》，由于我演的郭槐太招人恨，楼上有位老太太将茶壶扔到了台上，虽然没有伤到人，却吓了我一跳。

我师父有四个铁皮箱子里面装的全是剧本，蓝皮的大账本，毛笔字，记录了他演出过的每出戏的总讲。"文革"后，铁皮箱子还在，可惜剧本全都荡然无存。

封杰：您能再谈谈被内外行称为"梨园精英"的李小春先生吗？

钱鸣业：我入科班时，李小春才两三岁。他很聪明，我们经常给他化好装，在《牛郎织女》中饰演个小孩子，不到十岁他就在《闹天宫》中饰演哪吒。他们住家在大吉巷四十四号，李小春的幼功是由他爷爷教授的，李万春先生由于演出繁重很少传授小春。一天清晨李小春正在练功，他爷爷李永利先生站在一边看功。小春有个动作没有做好，爷爷拿起藤杆就打，这时的李万春先生正在屋里撩开窗帘往外看，可巧被爷爷看见，说道："你心疼你儿子啦，我不管了！"随即扔下藤杆，走了。

李小春虽然是我师父的儿子，但他更爱学习他舅舅李少春先生的艺术。所以，小春更多的表演是遵循了"少派"的表演风格。他经常演出《战太平》《搜孤救孤》《击鼓骂曹》《将相和》等戏，关键是李小春的天赋太好了。恢复传统戏之后，我们排演了《逼上梁山》，其中有场高俅练兵场上验兵的戏，林冲有套枪把子，他不会打。我和李少祥教了他一套回马枪，三天时间小春就打得非常熟练。

生活中的李小春最怕的是舅舅李少春和姑父李金鸿先生，他见到李少春先生只是"嗯"的一声就算叫过了。小春从来没有在背后说过某个人不是，会上更不会听到他的发言。李少春先生说的一句话对小春太精辟了："小春，你除了唱戏，什么也不会！"

封杰：我听说，李小春在艺术方面得到过李庆春先生很大的帮助，是吗？

钱鸣业：不错。小春刚刚出道的时候，李庆春先生给他排了一出《三岔口》，李小春饰演任堂惠，李庆春饰演刘利华。李庆春先生就是为了带带小春，因为当年我们的师娘李纫秋，也就是小春的生母曾有恩于李庆春先生。那时，李庆春先生小时候随家人到南京演出，演出中不慎把手弄伤了，是小春的母亲带着他到医院看好的病。所以，这位长嫂过世后，李庆春先生为了报答恩情，将全部的心血用在了培养侄子小春的身上。

李庆春先生不但教小春戏，还常常陪着侄子演出。我们这位三叔不光小花脸好，大花脸也同样精彩。他的话白最能抓人，反响很强烈，这对于演员来讲最重要。可他当初学的是大花脸，只是为了排演《济公》才改成了小花脸。

封杰：那么，李万春先生是怎么来到内蒙古的呢？

钱鸣业：我师父由于抗战胜利后的一场官司，使几十年的积蓄荡然无存，无奈他离开了北京。直到1949年年底，共产党将他从南昌接回北京，计划成立中国京剧院。他对领导说："我因为官司消耗了全部，我要出去走走，积累些东西。"这样，他在北京、天津演了一段时间。领导再次找到他时，我师父又有些犹豫。领导就先给他成立了北京实验京剧团，之后改为北京京剧一团。1960年，他又离开了北京，到西藏演出了两年。1962年，我们回北京路经内蒙古被乌兰夫挽留住与当地的青年京剧团合并成立了内蒙古京剧团。

这些都是因为我师父的性格太刚烈所致，尤其是对待艺术他更是精益求精。有一次，李万春先生和李少春先生在天津打起了擂台。李万春先生临别演出之际，正是李少春先生唱打炮戏之时。白天，大家还在一起喝酒，到了晚上，李万春先生看见报纸上登出李少春、袁世海、叶盛章在中国大戏院演出《连环套》，票价一块四毛五。李万春先生就对负责管事的迟景泉先生说："我们的戏卖一块四，他们三个人应该卖两块或三块，可他们卖一块四毛五，这不是气人吗？礼拜六咱们改戏也唱《连环套》！"海报贴出李万春《坐寨盗马》演窦尔墩，《拜山》演黄天霸，《盗钩》演朱光祖。李万春先生"一赶三"，这下剧场像炸了窝一样，票价一块五。第二天，李万春先生针对对方的戏码同样演出《野猪林》，包括《林冲夜奔》《火并王伦》《水擒黄安》，后面带大开打，剧场照样满堂。第三天，李万春先生贴出一至十本的《武松》，附带"为酬谢观众两个月捧场，演出后加演《十八罗汉收大鹏》"。

封杰：您几十年的演出一定有许多经验可谈，简单说说对青年演员会受教颇丰。

钱鸣业：演员要想成为主演，不光基本功要过硬，就是派头、化装都要细心琢磨。舞台上讲究不会要学会，学会了还要追求"好、巧、精、绝"。像演出《连环套》窦尔墩与黄天霸见面，黄天霸不要看窦尔墩的脸，而是耳边的绒球，才显得气魄大。

在剧场，观众很容易被演员的激情表演带动起来，报以热烈掌声。然而，这并不能成为戏。只有观众离开剧场，在回家的路上，或多年后再评论起这天的演出时仍然回味无穷，那才是"戏"！

封杰：谢谢您，祝您健康长寿！

金荣宝藏 福禄全顺

——京剧名宿钱荣顺访谈录

> 钱金福先生继承下来的身段论是京剧演员表演规范的标准，后由钱宝森先生整理出版，使京剧内外行更加受益。2011年3月14日，我采访了钱金福的孙子钱荣顺先生。

封杰：钱老师，您好！请先谈谈您的爷爷钱金福先生。

钱荣顺：我家从事京剧行业始自我爷爷钱金福，他在七岁时由我高祖母送进三庆班学戏。当时的班主程长庚大老板由于演出事务繁多，就交给儿子程庆圉执掌。

我爷爷在科班里学戏很苦，生活条件相当差。据他老人家对我讲，他们吃的米饭中曾吃出过死耗子。为了多学本事，他每天争着第一个到一位老先生房中去给倒便桶。这位老先生见我爷爷既勤快又努力，开始教他学《芦花荡》中的张飞，《泗州城》中的水母，以及一些老生行当的戏。连续三年，

《擂鼓战金山》钱荣顺饰金兀术

我爷爷始终坚持到老先生房中伺候，老先生非常感动，对我爷爷说："我给你说说身段论吧。"从此，他们师徒每天在一起练习辘轳椅子和身段。其实，从前也有一些人练习过身段论，但他们总是很零碎，没有像我爷爷学的这套身段论精确、完整。

我爷爷应工架子花和武花脸，凭着这套身段论在京剧界非常出名，直到他七十多岁时，杨小楼先生演出还是离不开他。我爷爷过世后，杨小楼先生演出还要请我大爷钱宝森来接替我爷爷演过的角色。关于这段身段论的教授者，也就是教授我爷爷的那位老先生的名讳，我爷爷出于对老先生的敬仰，至死也没有告诉我们。

封杰：那么，身段论应如何在表演中灵活运用呢？

钱荣顺：辘轳椅子看似是四肢在运动，其实主要是为了练习腰里的劲头和身体的灵活性。像《铁笼山》中的姜维，为了突出他是个能带领四十五万铁甲神兵的元帅之气势，而且胸怀韬略，出场时既不能过于武又不能文，这里面的筋劲在心里。我没有专门学习辘轳椅子，只是在与我大爷学戏时他牵着我的手随着他的劲头反复找感觉。

还有，练习把子功，首先要注意手里和脚底下的干净利落，重要的是运用好神气。打小五套讲究一二三，见二忙抬腿。这都是过去舞台上演出非常严谨，大角对配演者的要求也是极其严格的缘故。我爷爷傍着杨小楼先生演出，在对打时如果配演者比主演抢先一步或缓慢一步，舞台上呈现出来的都不会是美满的效果。所以，谭鑫培先生演出《定军山》必是我爷爷的夏侯渊。并且，我爷爷还将夏侯渊原先的歪脸谱式进行了重新的设计勾画，使人物的形象得到了新的诠释，观众再看此戏时也不感觉斩杀夏侯渊只是个过场戏。

我们家住在山西街的时候，曾租用家附近的帝王寺的几间空房作为练功房。当时的言菊朋、余叔岩等几位先生经常到家中找我爷爷学习把子功

《庆阳图》钱金福饰李刚

和说戏。同时，我大爷钱宝森也跟在其中一起练习。在我爷爷逝世后，他们在演出时同样离不开我大爷。

我爷爷承应清朝内差的时候，经常进宫为慈禧演出，他和陈德霖、杨小楼、龚云甫都享受"双钱两"的待遇。宫内太监小德张的确毕恭毕敬跟我爷爷学过戏，我爷爷也是认真传授过他武生戏。到了梅兰芳先生的时代，有四位著名的傍角大家——陈德霖、龚云甫、王长林、钱金福，被尊奉为"梨园四老"。

封杰：荣春社科班培养了许多弟子，那它是在怎样的情况下成立的？

钱荣顺：我们荣春社科班的成立跟富连成科班有很大的关系。那时富连成科班讲究学戏七年后再效力一年，喜、连、富三科弟子都是照此执行，观众对这些人很熟悉，影响面也广，故而演出时剧场效果极佳，非常火爆。到了"盛"字科时又培养出了叶盛章、刘盛莲、李盛藻、裘盛戎、叶盛兰等人，可他们出科就到外面搭班去了，不再效力了。这一下，富连成科班出现了青黄不接的情况，虽然李世芳、毛世来、迟世恭等人已崭露头角，但论起他们个人的全才性和科班的综合性，仍不够完整。这时，尚小云先生伸出援手，帮助富连成科班排演了几出尚派戏《青城十九侠》《峨嵋剑》《娟娟》等，才使科班的窘状得以缓解和改善。这样，尚小云先生也把自己的儿子尚长春送进了富连成科班。一年后，尚长春对尚先生讲："过几天我演《双盗印》，您去看看！"当天，尚先生跟师娘在戏院看戏以为会由尚长春饰演贺仁杰，可当贺仁杰出来时尚先生一看不是尚长春，心里就比较疑惑，不知儿子从哪场出来？演到老道带领几个小老道出场，第一个饰演小老道出来站门的就是尚长春。尚小云先生这个愤，带着师娘就回家了，并说："我这么费劲地给他们排戏，使得他们有所缓解，可他们却让我的儿子学跑龙套，行了，从明天开始叫长春别去了！"从此后，尚小云先生找来几个孩子在家开始陪着尚长春练习打把子等基本功。再后来，大人送来的孩子越来越多，达到三十六位，也就是人们称的"三十六友"。

封杰：您入荣春社科班属于"三十六友"吗？

钱荣顺：我是"三十六友"之后才到的荣春社科班，从创始到报散科班，总共招收来的孩子大约有四五百人，但真正写字学出来的也就有二三百人，其余的孩子陆续离开了科班。

我四岁时曾在西单开明戏院看过一次杨小楼先生的《长坂坡》，之后又看了《屯土山》《挑滑车》《恶虎村》，但那时实在太小了，并不懂什么是好。只是觉得他的嗓子特冲，一句"马来"震耳朵。直到后来渐渐长大了，才由我爷爷开始给我撕腿、压腿、打飞脚、起霸，说了一出《太平桥》。这出戏属于武老生戏，前面文戏唱［二六］，后面武戏扎靠、卸靠再穿箭衣，最后有开打。学习了这出戏等于学了两出，一文一武。学会了这出戏对于学生的发展也有益处，这也是为什么谭鑫培老先生给余叔岩先生只传授这出戏的根源。

另外，我父亲钱宝荣教我老生戏。三年后，我爷爷逝世后，我被赵砚奎先生领着走进富连成科班的大门。因家长考虑荣春社离家较近，两天后，又把我转入了荣春社科班。尚小云先生听完我喊嗓说："嗓子还行，就是有点窄，你唱老旦吧。"在我写字的时候，把我原来的名字钱振声按科班排序改成钱荣顺。

尚小云师父为了培养出好学生特请来了许多好的老师，在我跟罗文奎先生学习老旦时,他让我先练习老太太拄着拐棍走身段。我心里别提多厌烦了,随即把手里的拐杖扔到地上跑回了家。罗文奎先生虽然主攻丑行,但他自幼受父亲罗百岁老先生影响而深谙老旦艺术。所以,他在荣春社科班既教丑行又教老旦戏。他与我大爷钱宝森是把兄弟,看我跑了就找到我大爷说明情况。我大爷说:"您放心,到时他自己就会回来。"我父亲也说道:"科班安排你学什么,你就安心学什么才行。"这样,我又回到了科班。三年的时间,我跟罗文奎、徐林甫先生学习了《钓金龟》《打龙袍》等老旦戏。罗文奎先生知道我喜欢武戏,有时在喊嗓的时候,别的行当在练武功,他就向我努努嘴示意我过去。等到我倒仓了,我就转到了武生组。遇到有的师兄弟有事情我就补个缺,像《长坂坡》张郃与糜夫人跑箭,我就上台演张郃。以后,我开始跟在钱富川先生身边熏戏,学习武生和武花脸。一次,我们演出《大回朝》竟然上了十八堂龙套,满台的红、蓝、黄、白、绿、黑各色的双堂龙套。再者,李荣威饰演的闻仲出场念[引子],嗓子又亮又宽,这一下台底下的观众就炸了窝。我们这些跑龙套的人在唱群曲[五马江儿水]"虎将亲承奉诏,为妖胡党未消。且自挥戈,跃马奋武扬骁。破蛮戎如削草,战马咆哮。旌纛飘摇,只为封妻荫子,岂惮辛劳,祈连再无胡骑扰。风疾雁声高,江空日影摇。水远山遥,水远山遥,金勒马嘶芳草"时,走圆场、太极图,再撒大斜门。只这个出场就需要三十多分钟,全台站满了人,可我们唱着唱着却唱跑了调,尚先生非常生气。待我们下了台,他在后台就打开通堂。此时台上照常演出,观众则侧耳交谈:"嗨,你听后面'啪!啪'又打上了。"

封杰:出科后,您开始搭班唱戏,何时开始演的武生?

钱荣顺:出科后,我搭入了国民党的新一军成立的鹰扬剧团,成员大部分是山东省国立戏曲学校的学生。他们随远征军到国外演出,回国后,被指派到长春演出。这个剧团的演员有萧连芳、高世寿、高韵笙、鲍东升、刘武华等人,演出了新编的《岳飞》,戏中大唱《满江红》来鼓舞士气。其中有个唱老生的关大友曾跟我大爷钱宝森学过打把子，他将我介绍到了新一军。可由于他介绍时没有说清楚，别人去了军衔都是上校或上尉，而我只落了个三等兵。也就是从这时起，我开始了演武生戏。

1949年春天，由于我父亲的过世，我离开鹰扬剧团回到了北京。正赶上尚小云师父在大华剧场为毛主席演出，尚长春的《夜奔》，他饰演林冲，我饰演徐宁。之后，我又到外地搭班唱戏了几个月。这时，我大爷正在上海教茹元俊戏，他就把我叫到上海介绍给了茹富兰先生重新给我下挂。他给我开蒙的第一出戏是《夜奔》，之后，我又向茹先生学习了《挑滑车》《武松打虎》《探庄》《蜈蚣岭》等武生戏。这段时间，我也开始跟随我大爷学习起自家的身段论。

我跟我大爷学习了《铁笼山》《宁武关》等戏的身段。在身段方面，钱氏身段论中主要强调神气。例如《战太平》中的花云，在他念"回府"锣鼓起[水底鱼]时，神气要有些英武之气。钱氏身段论讲究旦行要松，老生要弓，花脸要撑，武生在当中，小生要紧。老生表演老年人讲究衰脚，以显示他的年迈衰老。武生讲究抬脚，突出他的年轻旺盛。花脸的身段要做到撑，以求一个圆。旦行讲究松弛，美中有魅，即使是娇嗔的举动都要从腰中出劲头。1956年，我大爷将钱氏身段论贡献给了国家，并出版发行，为的就是光照后人，使更多的演员受益。

《斩马谡》钱宝森饰马谡

封杰：那么，您简单地说说您的伯父钱宝森先生，好吗？

钱荣顺：我大爷钱宝森的艺术纯属是跟我爷爷学习的，所以在我爷爷逝世后，杨小楼、余叔岩等人仍然使用我大爷，就是因为我大爷的表演套路和我爷爷同出一辙。

张伯驹先生到西安工作的时候，特意带上了王福山和我大爷。后来，张伯驹和王福山被划成了右派，我大爷也险些被定为右派，多亏他到文化局去找领导理论才躲过一劫。言慧珠、孟小冬在上海都曾跟我大爷学过身段。

封杰：您对当今的武生演员有什么寄语吗？

钱荣顺：学习艺术要保持虔诚的心态，规规矩矩地学习前人的表演，不要做挂名的弟子。武生的起霸看似简单，但里面的内涵很丰富。武生开蒙必学《八阵图》《探庄》《夜奔》《武松打虎》《蜈蚣岭》，之后再向扎软靠和硬靠戏发展。我们那时在科班的好处是老师多，学得多，看得多，演得多，就是排戏也多，如果有心计就算跑个龙套都能把全堂的戏学会。

演员必须增加文化的修养，才能懂得这些理论与实践的真正艺术价值。像杨小楼先生演《长坂坡》念"马来"，是根据当时的处境而发出来的声音。因为此时的赵云一路杀敌保嫂已经人困马乏，他念的是一种意境。他演《恶虎村》中黄天霸的一个"嗯"，这简单的一声都在人物之中。

还有，有些绝技应及时抢救，时不我待。像杨小楼先生的《夜奔》学自上海，只是"一场干"。后来，他又加以丰富形成了"五场边"的表演，其中有套林冲与徐宁打一百单八枪的把子，当时杨先生与我爷爷开打时非常精彩。我曾学过这套一百单八枪的把子，后来传给了学生，可惜现在由于我跟学生多年不再"动武"都忘记了，这套绝技就此失传了。

封杰：京剧的精美之处可能就在这点点滴滴之中，我们绝不能让这门传统艺术失传。

丑行的传承者

——京剧名宿汪荣汉访谈录

> 京剧丑行艺术犹如调味品，使戏的品位得以丰富，中国戏曲学院附中的汪荣汉先生从事教学六十多年，对丑行表演有许多宝贵经验，为了解其中的奥妙。2008年2月1日，我采访了汪荣汉先生。

封杰：汪老师，您好！您幼年间是怎么进的荣春社科班？

汪荣汉：我家祖籍是山东，由于灾荒逃难到了北京。我父亲在梅兰芳剧团管事李春林先生开的包子铺负责管理。当时的梅先生已经蓄须明志定居上海，李老先生经营饭馆一半是为了联络演出事宜，另一半也是为了周

《卖马》贯大元饰秦琼、汪荣汉饰王老好

济同行。

我曾上过几年私塾,十岁那年,我由李春林爷爷领着送进荣春社科班,属于尚小云师父早期招的弟子,是"三十六友"之一。先生看我头长得像罗汉,便将我的原名汪承德改成荣汉。我们同学丑行的师兄弟有方荣慈、钮荣亮、时荣章,由贾多才先生教授我们开蒙戏《打面缸》。我的授课老师还有郭春山、孙小华、高富远、孙盛武等先生。经过一段工夫的练习后,才正式开始学戏。像郭春山师爷教授我《祥梅寺》《下山》《醉皂》等昆曲为主的戏。贾多才先生教授我《打砂锅》《一匹布》《瞎子逛灯》等戏。孙小华先生教授我《打花鼓》《打钢刀》《双背凳》《定计化缘》等戏。高富远先生教授我《昭君出塞》《罗锅抢亲》《一两漆》《浪子烧灵》等戏。另外,阎岚秋先生教了我一出《小放牛》。

起初,我先陪着尚小云先生的长子尚长春演出一些武戏,后来老师又在文丑方面对我进行了重点培养。由于演出的增多,老先生的传授使我的表演有了提高,大家送我"小慈少泉"的绰号。1944年,我本当出科,可当时尚小云师父的二儿子尚长麟刚刚开始学戏,尚小云先生为了培养他又把我留在了科班。这样,我就经常陪着尚长麟演出一些"打"的花旦戏,如《打樱桃》《打焦赞》等。

于连泉和贾多才先生见我演出有灵气,就让我在他们演出的《探亲相骂》中饰演傻柱子。由于他们经常带着我演戏,演出场次多了自然我也就学会了。回到科班后再经他们的指点提高,后来我和尚长麟也就演开了。我和尚长麟还经常到于连泉先生家中学《小上坟》《活捉》等戏。别说是学戏,就是在于先生家中听他们聊天都很受益。这期间,我正式拜高富远先生为师。"倒仓"后,尚小云师父就让我教一些后进科班的师弟。

封杰:看来,您从那时起就为将来从事教育事业奠定了基础。

汪荣汉:是的。不过那只是初级阶段。坐科几年后,我面临着毕业,过去讲"搭班如投胎",我家又是外行。所以,我出科时,等待我的也就是失业。无奈,我每日只好到包子铺吃饭。有时,梨园公会派活也只是一些零碎的小活,像《孔雀东南飞》中最后一场扫地的活。

后来,我搭入小班社演出。当演至张家口,演出《小放牛》时受到了刁难。由于我正处于倒仓期,吹笛子的师傅故意吹高调门,致使我无法开口。为了不给介绍人找麻烦,我只好偷着跑回了北京。不想,抓壮丁我又中了签。这时,我听说国民党二〇八师办起了四维剧校正在招教师,规定教师不仅要教戏,还要上台演出,为的是给学生们做示范。有人建议我参加,起初我还有些顾虑,怕自己年轻,舞台经验少贻误学生。但是,为了生活我还是走上了教师的道路。

《打渔杀家》高盛麟饰萧恩、汪荣汉饰教师爷

1949年新中国成立后，四维剧校归入了中国戏曲学校，我也就一同加入进来仍从事教师工作。五十年代中期，中国京剧院排演《三打祝家庄》，特意将梁连柱先生、赵荣欣和我找去帮助设计，院领导见我在表演艺术和创作设计上很有潜质，有意把我留下来做演员。可由于身体原因，我决定还是留在学校从事教学更为有益。这样，我从1947年到四维剧校第四分校驻地的长辛店上课开始，到如今我已然从事了六十多年的教学工作。

　　封杰：六十多年的教龄，您在培养丑行新苗上一定有宝贵的经验。

　　汪荣汉：早年戏班丑行演员多以爸爸带儿子形式登台，像王长林、王福山父子，萧长华、萧盛萱父子，马富禄、马幼禄父子，他们这样做既可将艺术传授下去，又能使儿子顺利地搭上班社。

　　但是，这种传承方式没有一套完整的教学模式。对于其他学生的培养缺乏一种科学的、完善的教学资料。尤其是口传心授的教学方法，大家并没有很好地记录下来。从此我就开始琢磨起如何搞好丑行的教学规范化。首先，我以《下山》为例来丰富表演动作。其次是方巾丑的脚步，将小生的脚步要领化过来。还有丑行的各种指法，我都进行了比较系统的规划。同时，我还把表演中有些糟粕的东西进行了净化。有一次，学校安排身段课教学展演。演出中，我有意让几个不同年级的学生演出《小放牛》，这就要掌握他们的条件，也就是讲究因材施教。后来，我结合多年的教学经验总结出了四套身段组合。第一套用于学生的开蒙，通过基本脚步培养学生端庄文雅的气质。包括褶子方巾脚步、穿蟒脚步、官衣脚步，同时练习水袖的各种抖法和要领。第二套是矮子功，通过练习加强表演要领。包括蹲桩、耗矮子、蹲矮子、走各种矮子和踢矮子等。第三套是在开蒙脚步基础上练习各种自由步，使学生分清不同身份人物的不同步法，避免脚步"一道汤"。包括门官、院子褶子步、箭衣脚步、走花旦步、婆子步、醉步、蹉步、云步、圆场步等。第四套解决舞台上常用动作与表演时常用术语。包括出门、进门、关门、带门、锁门、上楼、下楼、站门、挖门等。学生学好这些组合可以在舞台上运用得更准确优美，克服自由发挥的毛病。

为丰富丑行剧目，我们把地方戏中有关丑行的戏移植成京剧。如楚剧的《葛麻》，汉剧的《柜中缘》，川剧的《双官谱》后来都成了我教学的剧目和舞台上经常上演的剧目。小孩子学丑行除练习好本行当基本功外，还要掌握其他行当的表演要领。

封杰：您能介绍一下《双官谱》吗？

汪荣汉：这出戏的剧情非常简单，只是因为一具尸体倒在了两个地界的中间，而引发两个县官的相互推诿，但其中运用了许多水袖、髯口、脚步的功夫。

康平知县胡渝上场念："锦绣山河，皇王有福江山坐，文武栋梁保山河，设官分治管一方，不愁吃来不愁喝，十载寒窗钱研墨，七篇文章把魁夺，知县不能宽心做，顺心事儿不太多，男尸一具交界卧，被害自杀难琢磨，本县动起无名火，平地招来飞天祸，但愿此去把案破，拿住凶犯监牢坐。"随之下场。

西通知县涂默上场念："七品官，百里王，民之父母我为上，一本万利做官好，胜似务农与经商，地保去衙把案报，吓得本县心发慌，手发凉，吩咐衙役快前往，赶到尸场看端详。"念完后下场。

封杰：您简单介绍一下您的老师郭春山和贾多才先生，好吗？

汪荣汉：京剧丑行最早将表演风格不同的郭春山、萧长华、慈瑞泉称为"丑行三杰"，后来又涌现出了马富禄、贾多才、贯盛吉、茹富蕙等同时代的丑行代表人物。

我在科班的时候，郭春山师爷教授了我一出《祥梅寺》中的小和尚。其中的"跑楼"有许多的表演动作都是从过去的"五毒"戏中化解出来的，而且人物念韵白。如果学生学会了这出戏，方巾丑的戏你就掌握一半了。

有一次，我看见贾多才先生与萧长华、马富禄先生打起了擂台。他见萧长华和马富禄先生傍角演出《贵妃醉酒》，他让管事的将水牌子戳出去，竟然是由他反串"杨贵妃"。由此可以看出这些丑行前辈的艺术造诣都相当高，作为他们的后学晚辈应全面地继承他们的艺术。

封杰：那么，请您对丑行中几个小人物进行分析。

汪荣汉：好的。首先说说《女起解》中的崇公道，他后台一声"啊哈"的出场，人物要微笑，脚底要稳，不要显得人物老态龙钟。《问樵闹府》中的樵夫，"人在桥上走，水在桥下流。老汉无别干，砍柴度春秋。"我在念的过程中加强了表演。《祥梅寺》中小和尚的"烧香"动作我也在郭师爷教授我的基础上又做了加工。演出时，郭师爷还曾给我把过场呢。《黄金台》的"盘关"要演出喜剧效果，皂隶和门官的"交锋"与王一哥索要"银钱"，处处显出人物的贪婪。

表演中，最忌讳"死脸子"。我们演出的人物当中包括车船店脚衙，他们的喜怒哀乐都要通过我们的表演反映出来，这就需要我们不但要在表演动作上下功夫，就是面部表情上也要加强。

封杰：您教授了京剧丑行三代人，他们既有演员，又有教师，使这行艺术人才不断。

汪荣汉：咱们虽然是小花脸，演的也都是小角色，但咱们要演出人物，不仅表演动作讲究圆和美，内涵上更要使人物上品。

我们属于弱势群体，但在戏中起着画龙点睛的作用。学生在初学时一定要规范，不要落下毛病。这跟教师的水平有很大的关系，所以必须加强教师队伍水准的提高。

封杰：感谢您为京剧舞台和教学岗位输送了众多丑行人才。

双翼展翅 翱翔高空

——京剧名宿双翼翔访谈录

> 早年的京剧界提起"双家班"的挑梁主演双翼翔,的确令人羡慕。他艺承李盛斌先生传授,品受杨宝森先生恩泽。2011年7月26日,我采访了双翼翔先生。

封杰: 双老师,您好!我听说,您的家庭都从事京剧事业,是吗?

双翼翔: 由于我们家属于满族镶黄旗,祖辈在清朝为官。后来家境衰败,我父亲双仲英被送进鸣盛和科班学艺,主攻文武老生,取艺名双鸣洪,与后来入富连成科班的于连泉先生是师兄弟。我母亲筱洪奎学艺在奎德社,与梅兰芳先生的夫人福芝芳为师姐妹。我大哥双益华出科群益社,姐姐双艳华跟随魏莲芳先生学习梅派戏。妹妹双艳秋学习荀派戏。

我受家庭的影响,自幼看京剧。当时,我父亲和大哥搭入了李万春先生的班社。按理说,我自然会入李万春先生办的鸣春社科班,但由于我父母比较疼爱我,怕我受苦。加之,我们家的辈分比较高,我父亲与李万春先生的父亲李永利先生属于隔山师兄弟。所以,我从七岁起,开始由富连成科班出科的钱富顺先生和斌庆社出科的王庆寿先生教我基本功。在我十二三岁的时候,我们全家六口人随李万春先生的班社

《击鼓骂曹》双翼翔饰祢衡

到了上海。

封杰：那您是从何时开始了舞台生涯?

双翼翔：我开始演戏是从演娃娃生起。那时,我们到了上海后,先在黄金大戏院和皇后大戏院演出了一段时间,又到天蟾舞台和共舞台搭班唱戏。记得,张翼鹏演出《西游记》,我在戏中饰演一个小猴子。演出前,我问大人："谁是大猴子呀?"因为张翼鹏的扮相属于改良扮,我不认识。我还在童芷苓和李仲林合演的一出新戏《万世流芳》中饰演娃娃生。

观众对我这个娃娃生很是欢迎,很多班主常常找到我父亲商量让我来演。像周信芳先生演出《扫雪打碗》,大人让我饰演京生,剧场效果非常火爆。演出后,大人特奖赏我十五块钱,问我："你知道刚才演老生的是谁吗?"

我说："不知道。"

大人说："记住了,他是麒麟童!"接着说道："怕早告诉你,你紧张忘词。"

这段时间,我主要是陪着各位名角演娃娃生挣钱。有时,也在别的戏里替忙碌不过来的人打个连环。演出后,人家就给我两毛钱。

一年后,我们全家又奔了南京,在明星大戏院是白天演出传统戏,晚上演出连台本戏。南派的王少楼、刘琴心等人擅长演出《三侠五义》《三门街》等连台本戏,可我们这些人只会演传统戏,演连台本戏需要背新词,唱[五音连弹]。这样,我们就离开了明星大戏院,开始重新搭班。此时,南京介寿堂为蒋介石庆寿组织堂会,我和秦慧芬、徐盛岩等人参加演出了传统折子戏。

封杰：您没有进科班学戏,那么您应该是拜师学艺。

双翼翔：上海演出后,李万春原计划到徐州、蚌埠、安徽巡演。班社一些傍角的人先期到了徐州,可这期间,李万春先生打来电报说他不来了,已然回到了北京。这下就把我们一些人停在了徐州,为了维持生活只好搭别人的班社演出。我就是在这个时期拜了富连成科班的张连庭先生为师,学习了《武文华》《武松打虎》《探庄》《蜈蚣岭》《夜奔》《挑滑车》等武戏。在学习《夜奔》时，张连庭先生教戏是示范两遍后，他就不再说话了，只是看着你来做。像我走进门、踹丫，接着飞脚落地后单腿转身再射雁，然后是掏手亮相，只这么一个连贯动作做不上来，张连庭先生就会让我连着重复练习两天，直到达到他的满意为止，才再往下教。

我的文戏是跟鼓师侯来义先生学的，有《二进宫》《击鼓骂曹》等。我还跟刘武华先生学习了《挑滑车》。

我第一次正式登台就是在南京，演出的《武文华》。当我演完《武文华》后，有位马福祥先生来到后台问我："有个'纱帽翅'，你会吗？"之后，马先生教授道："就是反复用刀坯子扔出手。"

封杰：听说，金少山先生此时也到了南京。

双翼翔：金少山先生到南京演出，是受国际大戏院的邀请。这期，金少山先生大约唱了一个月，与他同行的人有李砚秀、叶盛茂、杨瑞亭等人。当时剧场的后台管事是张桂轩老先生，他把我们这拨一百多人，和随同金少山先生而来的一百多人安排得井井有条，合在一起大约有三百来人。多亏了这老先生才能震得住这么多人，演出才得以顺利进行。

我们每天围在金少山先生身边看他扮戏，金少山先生平时演出之余，总喜好左手牵着一只猴子，右手拉着一条狗。他来到后台坐在化妆桌前，一边化妆，猴子一边随时递笔。只见，金先生化一笔妆扔掉，猴子及时拿起一支笔递上。金少山先生高兴了就深深地吸一口烟，往猴子脸上一喷，

《安天会》双翼翔饰孙悟空

猴子摇摇头做个鬼脸。

我有幸在他演出《八蜡庙》中饰演贺仁杰，金少山先生饰演金大力。他那天非常高兴，只黑油彩他就抹了三遍。他唱了一段[垛板]。不过那一期演出，金少山先生与李砚秀演的《霸王别姬》比较多。有一次，台上的虞姬已然"死掉"了，观众已经纷纷起堂往外走。可这时的金少山先生却使足了力气，又是蹉步，又是打"哇呀"，观众不知何故，又赶紧掉头往回走，刚刚落座。"霸王"却没戏了，大家哈哈大笑。

还有一次，我们在上海黄金大戏院演出，前面的戏都快演完了，还不见金少山先生的影子。管事的赶紧派人坐车到金少山先生的住处去请。派去的人找到金少山先生后已是晚上十点多钟了，可他还在睡觉。等他起来又过了一个钟头，待来到戏院连忙帮他扮戏。虽说化好了妆，可又没有了行头。管事的一问才知道，敢情行头还压在当铺里，又赶紧连夜砸开当铺的门取来行头，演出才得以开锣。

封杰：那么，您是怎样结识李盛斌先生，并拜他为师的呢？

双翼翔：我在南京演出一期，旦行演员郑冰如邀我到济南北洋大戏院演出。我在他演出之前垫戏，第一天是《挑滑车》，第二天是《夜奔》，第三天是《武文华》。不想刚演了半个月，遇到军人开枪，我们就连夜奔了徐州。

到了徐州，我搭入了李盛斌、王琴生的班社。我第一天演完《挑滑车》之后，有人问我："你看过李盛斌先生的这出戏吗？与众不同啊。"我回答："没有看过。"我接受他们的建议，总想有机会接触李盛斌先生。我跟李盛斌先生住楼上、楼下，彼此又都喜好下象棋。一天，我们见了面，李盛斌先生说："翼飞，上来下棋！"在我们下棋之前，我有意提出互相要约定条件。他提出，如果是他输了再接着下。如果是我输了可以提出任何条件他都接受。这样，我说道："先生，如果是我输了，您把《挑滑车》演演，我学学！"李盛斌先生非常爽快地答应了。

下棋过程中,我频频输棋。李盛斌先生异常兴奋,说:"好,明天我就给你演!"第二天,李盛斌先生果真演出了《挑滑车》。他饰演的高宠穿蓝靠,在表演中有许多的东西现在已然失传了。像高宠走边的下场,李盛斌先生是落下靠,跨腿、骗腿、右胳膊、哈腰、拧身、亮相。"大战"一场,高宠的大枪花之后,是背枪往里打飞脚、翻身、骗腿亮相。

我还跟李盛斌先生学会了《武松打虎》。他先教我唱昆曲,尤其强调其中的嗖音。他要求我说:"武松这个人物不同于《夜奔》的林冲,身上要硬一些,眼睛要瞪起来!"

不久,我们到蚌埠演出,我师父张连庭先生见我喜好李盛斌先生的表演艺术,就建议我拜在李盛斌先生门下正式学习。所以说,在我的艺术道路上,张连庭先生是我的开蒙老师,李盛斌先生是我的启蒙老师。是他们使我走入了京剧,是他们使只知道玩漂、溜的我,真正理解了京剧艺术更需要演人物的真谛。

封杰:我知道,您没有入过富连成科班,怎么却按"元"字排名?

双翼翔:那时我们在南京夫子庙演出,为了招揽生意,提高上座率,李盛斌先生有意成立以富连成科班为名的班社。李先生找来了张世兰、哈元章等师兄弟加盟,只有我跟唱架子花脸的刘少奎不是富连成弟子。为了达到统一,李盛斌先生将刘少奎按"世"字取名,改成刘世奎。而我当时的名字叫双翼飞,我师父就将我的名字按"元"字排名,取双元翔。

演出一段时间后,我们分开了。待我再演出时,总觉得自己不是富连成科班的弟子,盗用人家的名字总是不妥,便改回了双翼飞。不久又改成了双翼翔。这段时间,我跟赵松樵、李仲林、童芷苓、李慧芳、俞素秋等人合作演出,使我的艺术水平得到了很大的提高。李仲林对我说:"凭你的本事,到上海演出一定红!"当时,我遵奉"父母在,不远行"的信条而留了下来。

封杰：这时，以自己成员为主的演出小组渐渐成熟，"双家班"在观众中名气大振。

双翼翔：我们家受邀到青岛演出，一家永安剧场唱传统戏，一家华乐剧场演连台本戏。永安剧场计划接荀慧生先生演出十二天，之前孙荣蕙找到我商量加盟演出事宜。这样，我在荀先生演出前面垫武戏。有人建议我们说："你们别在这里挣'死饭'了，山东这么大到哪里也比这儿挣得多。"我们听取了人家的建议，召集了几个演员组成班社，首战淄博，之后到济南等地巡演。由于我们全家都唱戏，各个行当又比较齐整，时间久了渐渐就形成了自己的演出小组，观众称为"双家班"。

我演出的剧目中多以"赶"为主，有"一赶二"，是《时迁偷鸡》中饰演时迁，接《石秀探庄》中饰演石秀。"一赶三"是《甘露寺》中饰演乔玄，接《闯帐》中饰演鲁肃，最后在《周瑜归天》中饰演周瑜。"一赶四"是《黄忠带箭》中饰演黄忠，在《捉潘彰》中饰演关兴，再在《哭灵牌》中饰演刘备，后在《连营寨》中饰演赵云。

新中国成立后，我带着几个傍我多年的下串四处搭班唱戏。迟金声、李金声找到我说，让我到北京演出。我们来到北京唱了一段时间的戏，由于演出收入微薄，我父亲提出离开。这时，李洪春先生对我父亲说："您让翼翔帮帮他大哥吧！"我随着他们到河北的霸州唱完戏后，就脱离了。可巧，这时杨宝森先生要到西安演出。宝华社唱铜锤花脸的任鸣武先生将我引荐给杨先生，在杨先生家中，作陪的有侯喜瑞、

《武文华》双翼翔饰武文华

杭子和先生。我加入杨宝森先生的宝华社到了西安，第一天演出是杨宝森先生和侯喜瑞先生的《失·空·斩》，我前面垫戏《伐子都》。一次在北京长安大戏院演出之前，杨宝森先生特意将他的化装间腾出一块地方让我来用，并对我说道："你就在这儿委屈委屈吧，实在没有地方了！"

我跟随杨宝森先生的两年时间里，杨先生非常关心我的艺术发展。像我演出《凤凰岭》，饰演华云龙。当他听我念完："凤凰岭上我为尊，独坐金镖压绿林，二目圆睁追性命，谁不闻名胆怕惊。"大段词后，说道："这场'排山'的念白要用点背功音，长靠武生要与短打武生有所区别。"

当初在北京，有意把张君秋与杨宝森的班社合并成立剧团，张君秋提出各自原班社一对一的下，但杨宝森先生不同意，说："跟随我的这些人，跟我受了罪，老了我不能不管他们。"后来杨宝森先生带着这些人到了天津，成立了天津京剧团。待杭子和、杨宝忠先生生活拮据时，杨宝森先生变卖财产，换些钱来周济他们。所以说，杨宝森先生不仅艺术高超，他的德行更是无人超越。

封杰：我听说，您有出《劫牢反狱》现在已然失传了。

双翼翔：这是接在《打渔杀家》后面的一折戏，本子是我父亲传下来的。这个戏才真正表露出萧恩就是梁山好汉阮小二的真实身份。不过，《劫牢反狱》我只在二十岁的时候演了两次。

这出戏演萧恩父女杀了丁府满门后，在逃亡途中，萧恩唱："钢刀解去心头恨，杀了贼的一满门，非是萧恩心肠狠，欺人忒甚难容情，耳旁听得人声震。（搭架子'哪里走！'）想是官差到来临，我儿藏在松林内，猛虎何惧犬一群。"并将萧桂英藏匿在树林中。萧恩被官兵抓住，在公堂上，萧恩带着手肘是边唱边念边做，大闹公堂，打了吕子秋。牢狱中，萧恩唱[二黄导板]："满腔怒火冲天恨，（白）吕子秋，狗贼官，以官仗势，丧尽天良，苛捐杂税，苦害黎民。[回龙]恨不得把赃官千刀万剐碎十分。[原板]黄泥

冈劫赃银十万两，弟兄们一心想梁山安生。恨那贼嫉贤妒能不纳我等，林冲一怒火并王伦。请来了宋大哥为首领，举义旗替天行道杀赃官，除恶霸除险济贫。千错万错招安错，可恨童贯与蔡京，药酒毒死众头领，（哭头）哥弟们。老夫死里逃了身，萧恩是我更名改姓，阮小二乃是我的名，父女打鱼相依为命，不想平地起乌云，今日里我在狱中困，也不知我女儿何处安身，（哭头）女儿呀！ [散板] 思前想后心头恨，（白）吕子秋啊，狗赃官。[散板] 待等老夫出了狱，我不杀赃官势不为人（起三更），耳听狱外打三更，强压怒火等天明。"这段唱非常精彩。此时，倪荣带着粮食送到萧恩家中，见无人，从邻居口中得知萧恩父女已被官府擒获。后众人相助救出了萧恩，杀了赃官。

封杰：看来，京剧有许多剧目可以进行挖掘、复排，来丰富舞台。

志向高远 鸣声津宁

——京剧名宿徐鸣远访谈录

> 从宁夏京剧团退休后定居天津的徐鸣远利用十年的时间挖掘、整理出了十余本濒临失传的丑行剧目,有的已在舞台上呈现且好评如潮。2011年4月9日,我采访了徐鸣远先生。

封杰:徐老师,您好!您的家庭与京剧有关吗?

徐鸣远:我们家属于勤行,由于我的爷爷和二爷爷都是厨师,做得一手好淮扬菜,他们就从原籍江苏淮安来到了北京,与同乡一起在协和医院附近开了一家玉华台饭馆。我出生在山东潍坊,自幼由外祖母抚养并带到天津。五岁时,我被送进专门为铁路员工子弟成立的扶轮小学读书。

1937年,因为发生"卢沟桥事变",我母亲放心不下在北京工作的父亲,便带着我来到了北京。日本军队的侵略导致老百姓的生活非常贫苦,我父亲

《双官谱》徐鸣远饰胡知县、谭世英饰涂知县

也由交通银行失业了。家长见我比较喜欢京剧，就将我送进了北京益世国剧学校，教师有苏连汉、丁永利等几位先生。学校不负责我们的食宿，每天要自备干粮，往返上下学。可是不久，由于办学经费紧张，学校停办了。他们觉得我已经有了一点学戏的基础，就把我送到李万春先生办的鸣春社科班，我到了新的科班后，第一件事是将原来的名字徐梦怀按照科班的排序改成徐鸣远。

半年后，李永利师爷对我说："明天让你家长到科班来一趟，可以写字啦！"写字当天，是由科班的一位管事欧阳威老先生代的笔。这时，师爷初步给我定为学老生，跟随宋继亭、李春益先生学习《黄金台》《山海关》《上天台》等戏。李永利师爷看了我学习老生戏后，说："你过来吧！"就把我拉到了赵春锦先生教授的丑行组。师爷的这一拉，就奠定了我终生从事丑行艺术。

封杰：那么，您跟哪几位丑行老师学过戏呢？

徐鸣远：由于我的甩发功非常好，赵春锦先生就给我说了第一出戏《活捉三郎》。不久，赵春锦先生把我交给了他的徒弟张永禄先生加以培养。从此凡属于大丑的戏我就跟张永禄先生学习，属于二路或三路的丑行活儿我就跟赵春锦先生学习。赵春锦先生为了更深入地培养我，还将我带到科班隔壁住的郭春山师爷家中学戏。

我演出过的几个昆曲丑行戏《醉皂》《下山》《疯僧扫秦》等都是经过郭春山师爷和霍文元先生传授。我在科班不仅与符鸣良演出了《打渔杀家》中的教师爷等丑行人物，还在徐寿琪、时青山等先生教授的老旦戏中学习配演丑角人物。另外，我还在其他戏中演出娃娃生，如《三娘教子》中的薛倚哥，《宦海潮》中的余少云，《雪杯圆》中的文禄。我的薛倚哥是在新新剧场"傍"着马连良、张君秋先生演出《三娘教子》。王玉蓉老师演出一至八本《雁门关》需要几个小孩在戏中配演，她特意到科班借来了我们四个小孩子。科班老师把我们带到王瑶卿先生家,说:"叫师爷。"经过一段时间的学习,后来只剩下我和孙鸣耀、袁鸣盛。王玉蓉老师演出时,我和小王玉蓉饰演杨八郎的一双儿女香郎和香姐,而孙鸣耀和袁鸣盛则饰演杨四郎的两个儿子。我这个香郎是由赵桐珊先生教授的,他说:"碧莲公主是你妈,她跟萧太后要令箭时,太后不给,你就打滚。"后来这出八本《雁门关》在长安大戏院和吉祥戏院上演,观众很喜欢。

赵春锦先生对我格外偏爱,为了丰富我的表演剧目,他又将我推荐到艺名"万盏灯"的刘凤林先生身边学习。

封杰:科班的学习,必定要登台演出,丰富自己的能力。

徐鸣远:我第一次登台是在王府井附近金鱼胡同的福寿堂,这天的堂会我在演出《八仙上寿》中只来了个小活儿,即站在刘鸣吟饰演的王母娘娘身边掌扇的仙童,这年我十岁。

我们科班常年在庆乐戏院演出,对大栅栏一带的地势非常熟悉。由于我们每天早晨练功,下午学戏,晚上演出。于是,每当晚上演出完,我们师兄弟累得直犯困,大家排着队迷迷瞪瞪地朝科班走。我曾在李万春师父演出的《三吃鱼》中饰演雨墨,《八仙斗白猿》中饰演小白猿。我们陪师父演出前都由陈喜光先生排戏,他非常严厉地说:"你们过来,过几天跟你们师父演戏,我给你们说说。"还有一次,演出前我们师父有事未到后台,陈喜光先生忙叫我和刘鸣骥垫场演出《瞎子逛灯》。上台前,陈先生嘱咐道:"演二十分钟就行了!"可我们这一对"瞎子"和"瘸子"到了台上放开了,就是无法收场。等李万春师父都化好装了,我们还在尽情表演。急得陈喜光先生在侧幕直催:"快下来,快下来!"我们演了四十五分钟才勉强结束,到了后台,陈先生拿着大板子追着我们喊:"我揍你!"虽然陈喜光先生的脾气非常暴躁,但他真是我们鸣春社的功臣,李万春师父把科班交他掌管,许多剧目和班规都是陈喜光先生编写和制定的。

封杰：搭班唱戏犹如投胎，对于您这样的外行子弟一定更加艰难。

徐鸣远：1945年，我离开了鸣春社科班，开始了搭班演出。为了继续深造，我不断向前辈先生学习。我在上海搭入了唐韵笙先生成立的唐韵笙剧团，在天蟾舞台演出《法门寺》中唐韵笙饰演赵廉，我饰演贾桂。《斩韩信》中唐韵笙饰演萧何，我饰演谢公著。《拿高登》中唐韵笙饰演高登，我饰演贾斯文。之后，我跟随唐韵笙先生到苏州、常州、无锡、南通、金沙等地演出。当唐韵笙先生不演出时，我经李庆山先生推荐加入了李玉茹组织的剧团，成员有黎秋觉、赵桐珊、朱兰春、姚雪涛、李璧茹等人，在南昌、长沙等地陪李玉茹演出了《贵妃醉酒》《玉堂春》《鸿鸾喜》等戏。有一次，我们演出《群英会》是朱兰春先生饰演诸葛亮，赵桐珊饰演周瑜，我饰演蒋干。赵桐珊先生表演的周瑜完全走程继先先生的路子，每一个动作、眼神都处处到位、精美。而且，赵桐珊先生还对我这个"蒋干"在表演方面进行了点拨。后来，我又在他演出的《十三妹》中饰演赛西施。

抗美援朝期间，唐韵笙先生再次组班在天蟾舞台演出，他又找到了我。他让我在新创戏《唇亡齿寒》中饰演苟息。之后，尚小云先生来天蟾舞台演出，班底是由天蟾舞台基本演员成立的天蟾实验剧团傍着演出，属于共和班。我参加了共和班的二团，成员有谭元寿、李丽芳、郭金光、李荣安、艾世菊、张鸣禄等人。我们一路以沪宁线演出，有《失·空·斩》《玉堂春》《貂蝉》《问樵闹府》《打棍出箱》《野猪林》等，剧目多以谭元寿为主，负责打前站的是徐荣奎。

我们回到天蟾舞台后，又接中国京剧院来演出。之后，就是我们自己演大戏。像谭元寿演出《三打祝家庄》《野猪林》等戏。这时，刘元彤来到上海找班世超商量后，对我们说："军委政治部想在军队搞个剧团，希望大家参加。"我们也觉得共和班终归不能长久，这样我们就随着刘元彤回了北京。

封杰： 参军后再唱戏就要有所不同了，这段时间应是更多地为解放军服务。

徐鸣远： 我们参加中国人民解放军总政治部京剧团的成员有李荣安、刘顺奎、郭金光、赵鸣飞、郭元汾等人。可天蟾舞台的经理不放我们走，我们就说："我们都参军了，不走不成！"他们也没有办法只好放了我们。

十天后，我们每人穿着一身新军装接受军队首长讲话，他说："你们穿上了军装，拿着薪金，但没有军级。过两天，我们就要出发了。"我们来到了中朝边界的浪头区，每天给志愿军演出。一次，我们正在露天演出《霸王别姬》，忽然飞来一架美国战机，大家只好暂停演出连忙躲避。我们的战机也随着飞了上去，与之对峙，美国战机见势不妙发了几枪后冒着烟飞走了。从此后，志愿军首长就规定我们再不许在露天演出，必须进山洞。

《打渔杀家》李鸣盛饰萧恩、徐鸣远饰教师爷

1953年3月,周恩来总理到达大连,陈沂部长对我们说道:"你们要演出一台新戏,舞蹈性要强。"刘元彤、黄定华、秦志扬就把《昭君出塞》进行了修改,原曲保留只是重新填词,改成《梁红玉夜袭金兀术》。李丽芳饰演梁红玉,我饰演阮良,郭金光饰演马童。这时候,我们真正体味到了什么是"只有小演员,没有小角色"的道理。

我们回国后,继续到各地去慰问解放军。1954年,武汉发大水,大堤的水平面与城里的二层楼一般高,十九万大军抗灾在第一线。我们也到了被大水包围着的武汉,团领导特意叮嘱道:"不许到处溜达!"我们在演出时,我化好装后用别针做了一个鱼钩,在后台就钓起了鱼。

我们这个剧团隶属中国京剧院,实际上接受总政治部工作安排。1956年,我们接受任务排演了《闹龙宫》《秋江》《双射雁》《三岔口》《拾玉镯》《空城计》等戏,到埃及演出。出国前,周恩来总理特意强调一定要尊重别国的风俗习惯,我们是打开大门走出去,让他们了解中国。此次出国,我们圆满地完成了任务,很好地宣扬了新中国的伟大形象。

封杰:我听说您整理出了《顶灯》《定计化缘》《打杠子》《啼笑皆非》《海舟过关》等十三出戏的剧本,其中有出《入侯府》,是吗?

徐鸣远:我这出《入侯府》,也叫《背娃入府》,是跟刘凤林先生学会的,至今已有六十多年未在舞台上演。

这出戏的故事选自《温凉盏》中的一折,演绎嫌贫爱富的耿钦见秀才张元秀家中太穷,便毁约提出退亲。然而,耿钦的女儿执意嫁与张元秀,耿钦就将二人轰出家门。张元秀便带着未进门的媳妇投奔表哥李平家中。从此,张元秀夫妇与表哥一家人共同生活。在上山砍柴时,张元秀偶然得到一件宝贝,忙交到府衙,不想此宝正是朝廷遗失的温凉盏。朝廷见张元秀献宝有功,封其为状元。荣归故里的张元秀将表哥一家人接进府中生活。张元秀的岳父闻讯前来投亲,被张元秀羞辱一番,经李平解劝后,全家人和睦相处。

不过，这出《背娃入府》在我学习时只是一出小戏。现在，我已经在原来的戏剧架构上重新进行了编排、创新，力求做到与时代结合，古为今用。

封杰：那您是怎样重新编排，使其与时俱进，焕发出新的光彩的呢？

徐鸣远：首先，我把剧情进行了适当的调整，将献宝改成表哥家人劝张元秀发奋读书考取功名。李平有句念白："小表弟念书，我耕田。表弟妹织布，表嫂子纺棉。"代表全家人的辛勤劳作。两年后，张元秀金榜题名被封为侯。衣锦还乡之后，我又给他身边"派"了一名中军，以丰富表演情节。"厅堂"一场，中军出场念："府外鼓乐喧天，府内华灯酒筵，一切安排妥当，只为讨侯爷喜欢。"之后迎进侯爷的家眷。当中军看见非常贫困的李平时不免戏耍道："现在不能再称呼老婆子了，要叫高堂。"

李平回答："刚才进府的小孩，是小的，我家还俩大的，要不小的过继给你！"

中军忙躲闪道："我没那么大造化！"

这时，耿钦也来到了侯府门前。但他恐张元秀不认，便让中军回禀时只道："乡邻来见。"张元秀听闻岳父前来认亲，吩咐中军不见。中军知道耿钦是个嫌贫爱富的老头，心中不忿。耿钦见张元秀不认亲，便跪在了一旁。恰巧被改换新衣后的李平夫妇看见，李平妻说道："有道是，宽厚待人不记过。"

李平答道："对，宰相肚里能撑板。"

李平妻说："能撑船！"

李平答道："那个船也是板做的。"

李平妻追道："火轮船呐？"

李平又说："更是板做的。"

李平走到耿钦身边说道："人敬人高，你敬我一尺，我敬你一尺一寸五。

如果当初你尊敬人，就不会有今天的事了。"当李平正待要与耿钦说情时，中军说道："侯爷在后堂掉眼泪了。"

李平说道："老头也掉眼泪了，你怎么不心疼呀？"经过一番喧哗，惊动了后堂的侯爷。李平看表弟从后堂走出来，非常忐忑地上前说道："当初一日，一日当初，是耿老头不对，事到如今既然已经认了错，就完了。"

张元秀说："表哥，你别管这闲事。"

李平妻见状指着身背的娃子说："你爹碰了，儿子来给娘头一个，好头子！好头子！"

李平说道："这个好归你，你是他大表嫂。"

《醉打山门》殷元和饰鲁智深、徐鸣远饰酒保

李平妻走到张元秀身边说："表弟呀,你看既然都来了,事就算过去了吧。"

此刻,李平劝解唱了一段:"人要宽厚,一分厚道一分福,我要你且息怒扪心自问,宽容他你夫妻情意更深,自古道家和万事兴。"具有山东韵味的[西皮散板]转[二六]唱腔。

最后,张元秀在李平夫妻的劝解下谅解了岳父,一家人和和睦睦,团圆而终。

封杰:这是一出非常风趣的丑行戏,您的辛苦使一出失传几十年的老戏焕发了新春。

福寿绵长 英名流传

——京剧名宿谭元寿访谈录

> 谭氏先祖从湖北来到北京,创立了谭派艺术,至今已有一百多年,真正印证了京剧的发展历程。作为谭派艺术的嫡传谭元寿先生肩负着承上启下的使命。2011年4月19日,我采访了谭元寿先生。

封杰:谭老师,您好!谭鑫培先生创立的谭派,被后人崇拜。谭小培先生传承了谭派,尤其是培养出了谭富英先生。

谭元寿:提起我的祖父谭小培,我觉得他既是我们谭家的功臣,又是咱们京剧界的功臣。因为,如果没有我祖父对我父亲谭富英的精心培养,就不可能有我父亲的艺术造诣,更不可能出现被大家称为新的谭派艺术。

大家在谈及我祖父跟余叔岩、言菊朋等人的艺术造诣时,总是将余叔岩、言菊朋进行横比,而轮到我祖父时,却将他与我曾祖父谭鑫培来比,是纵比。我祖

《空城计》谭元寿饰诸葛亮

父谭小培也曾留下录音，有谭小培、金少山、谭富英合灌的《捉放曹》，谭小培、金少山合灌的《黄金台》，谭小培、谭富英合灌的《群英会》中的"对火字"。听他的演唱非常酷似我曾祖父的声音，只是因为他的舞台生涯比较短暂。一方面是我曾祖父脱离舞台很晚，竞相仿效谭派艺术的人又比较多，再一方面是我父亲的天赋和艺术潜力，使我祖父看到了谭派的光明前途，而倾尽全力培养他。

我祖父虽然没有挑过班，但他是其他班社不可或缺的头路老生，属于挎刀。他挎刀时间最长的是陪着王瑶卿和程砚秋先生。还有，上海邀杨小楼先生挂头牌演出，同行的有我祖父、尚小云和荀慧生先生，演出非常成功。那时的荀慧生先生的艺名是白牡丹，所以，大家送他们"三小一白"。我祖父挎刀直到我父亲十八岁出科富连成，应邀到上海演出《定军山》，一战成功。我祖父毅然决定牺牲自己的艺术生命来专心栽培自己的儿子。回到北京后，我祖父就计划着让我父亲先从给梅兰芳、程砚秋、尚小云、荀慧生等人挎刀开始，逐渐聚拢人脉。等到艺术和时机都成熟时再独立挑班也为时不晚。

首先，我祖父给我父亲按照我们谭家的演戏风格进行下挂，是一出戏一出戏地细抠。在我父亲有了一些名气之后，曾有好心人建议我祖父给我父亲组班，我祖父说道："再等等，再成熟些，我既然让他挑班，就要挑到底，绝不能半途而废。"后来，我父亲果真出了名，在演出前还要到我祖父房中去请教。而且，我祖父说戏非常严厉，每个字，每个腔，每个身段都表达得细致入微。

封杰：我听说，余叔岩先生留下的"十八张半"唱片与谭小培先生有很大的关系。

谭元寿：我祖父跟余叔岩先生的交情非常融洽，每年春节，余叔岩先生总会到我们家来拜年。老哥俩坐在一起是三句话不离本行，有时还连说带比画。但那时我太小并不知道他们说的是哪出戏。后来，他知道我也在学唱老生，是谭家的第四代传人，表示非常高兴，而且还鼓励我一番。

我祖父曾上过教会学校，掌握了德语、俄语，这在他今后的生活中还真起到了作用。听我父亲讲，余叔岩先生灌制唱片，公司派来的是两位德国人，他们来到北京后先住进了东交民巷的六国饭店。之后，拜会了我的祖父，并说明情况。这样，我祖父作为中间人，带着德国人找到余叔岩先生。余先生说："给多少钱我先不问，你们得服从我，我嗓子什么时候在'家'，什么时候再灌。"一个多月后的一天晚上，余叔岩先生在家中吊嗓子，觉得很痛快，便忙通知我祖父转告德国人"可以灌"了。到了电台，余先生先吊了两段后才正式开始录音。从夜间十一二点钟开始直到第二天的六七点钟灌制完成，余叔岩先生是一气呵成，这才有了现在我们视为京剧老生唱腔法帖的经典唱片。

封杰：谭小培先生成就了谭富英先生，父子俩也发展了谭派艺术。

谭元寿：是的。从前，我经常听到前辈们对我讲："你父亲是大孝子，可称得上是大孝合天。"外界一定认为，谭富英已然成为"四大须生"之一，生活方面必定是不受任何约束。其实不然，我父亲虽然红了一辈子，可他对我祖父是毕恭毕敬、言听计从。而我祖父对我父亲在艺术上的指点和演艺生涯上的培养可以说是呕心沥血，成就了我父亲一生的辉煌。即使我父亲的艺术成就相当高了，我祖父在旁人面前仍然没有一句赞扬和炫耀的话，反而总是在他人面前不断地指出我父亲的不足之处。

这种对长辈孝敬忠厚，对艺术严谨谦虚的作风不仅成全了我父亲，更重要的是影响到了我，并传给后代。总之，我觉得我父亲能够有这么一个父亲，没有枉度此生。

由于我父亲有一副好嗓子，在我祖父的监督下继承我曾祖父的艺术，加之他又崇拜余叔岩的艺术，直到临终前，他还在谈余叔岩先生的十八张半唱片。他说道："老夫子的这十八张半，我听了一辈子，怎么他的劲头、韵味还找不着？"我父亲对余派艺术追求、酷爱终生，而且是谦虚、忠厚了一生。这也正是京剧界非常传统的品德。像余叔岩先生的艺术造诣达到高峰时，曾有人对他讲："您现在是余派！"

余先生毫不犹豫地回答："什么余派？我是谭派！"

封杰：那么，您看过您祖父的演出吗？

谭元寿：我很小的时候，曾看过我祖父演的戏。那次是因为我父亲生病发高烧，实在无法支撑。可当晚在三庆戏院的演出又是双出，前出是《当铜卖马》，大轴是《托兆·碰碑》，戏票早已销售一空。已多年不登台的祖父见状对我父亲说："戏园子已然客满，你唱一出，我替你唱一出！"这样，我祖父在前面唱了一出《清风亭》。我父亲托着病体演了一出《托兆·碰碑》。这天的演出对于观众来讲，实在是来着了，花一张票的钱却看了我祖父和我父亲两个人的戏。后来到了抗美援朝捐献飞机大炮，我祖父又跟几位老先生合作义演《法门寺》，那时我已经二十一岁。时到今日，他老人家在舞台上的艺术风采我仍记忆犹新。

封杰：您作为京剧世家理应继承自家的艺术。

《野猪林》谭元寿饰林冲

谭元寿：我七岁入富连成科班，是由我祖父亲自送去的。出面接待的是叶春善老先生的长子叶龙章先生，我祖父写的字。这也是缘于我们家的传统，就是讲究科班出身。当年，我父亲小的时候，家人想把我父亲送进科班，而我祖母心疼孩子便阻拦，对我祖父说道："你要把孩子送进科班，我就不活着了！"我祖父也很坚持，答道："那也得将他送去，这是为孩子好！"后来，还是我曾祖父出面将富连成科班的班主叶春善先生请到家中，低面言道："我把孙子送到富连成去，你收不收呀？"

叶春善先生忙回答："我不敢收，您的孙子，我不敢收！"

我曾祖父又说道："有什么不敢收，咱们都是科班出身，你知道孩子在家学不行，必须进科班才行。"这样，我父亲才进了富连成科班，不过他属于带艺入科，六年学满后离开的富连成。

我也属于带艺入科，因为我在家时就已经跟着我舅舅宋继亭学戏了。我第一次登台是1935年，在王府井附近的金鱼胡同的那家花园堂会上，跟着我父亲和王幼卿先生演出《汾河湾》，我饰演薛丁山。第二出是跟我舅舅学的《鱼藏剑》中的伍子胥，第三出《黄金台》只学了一半，我便被送进了富连成科班。

进科班后，我开始跟着茹富兰、王连平、刘盛通、雷喜福、孙盛文等先生练功，学唱曲牌。经历一年多时间，科班考虑我们家的情况将我划归到老生组，跟随雷喜福、张连福、刘盛通先生学戏。雷喜福先生给我说了一出《受禅台》，汉献帝有痛斥曹操的一段[二黄原板]："欺寡人好一似儿童之辈，欺寡人好一似虎把羊追，欺寡人好似那屈魂冤鬼，欺寡人好似那庙中土偶、不言不语、无德无能，欺寡人似蜡烛迎风落泪，欺寡人好一似撮土扬灰，欺寡人似蛟龙离了海水，欺寡人好一似凤褪翎毛怎能高飞，欺寡人好一似飞蛾扑火身落在油内，欺寡人好一似舟到江心、风大浪狂、悠悠荡荡、难以转回。"十几句的"欺寡人"唱腔，实在记不住，没少挨雷喜福先生的打。富连成科班这点很好,老师不会因为你是梨园子弟或亲属而有所顾忌,反而更加严格打得更多、更狠。像我跟茹元俊都跟叶家有亲戚关系,如遇到打通堂,别的人只打五板,而我跟茹元俊就要挨十板。

我唱了《黄金台》《乌盆记》《南阳关》《卖马》等戏之后,正赶上十五六岁倒仓,教戏先生们觉得我平日演出身上比较顺,就决定给我弄几出武生戏。像《英雄义》《八大锤》《探庄》《蜈蚣岭》就是跟茹富兰先生学的。不过,我的嗓子不到一年时间就倒过来了。我在科班学戏的几年里,我祖父和我父亲从来没有给我说过戏,也没有让我在家唱过,起初我觉得非常奇怪。后来,他们告诉我,说:"我们不能给你改动,得尊重老师的教法,怎么教你,你就怎么唱。只有等你出了科,我们才能给你下挂。"

封杰:您出科后的艺术道路应该是非常平坦的吧?

谭元寿:出科后,由于我父亲的演出等事务比较繁忙,没有更多的时间给我说戏,他便委托跟随他演出几十年的宋继亭先生来给我下挂。我这位舅舅对我父亲的演出风格掌握得非常细腻,他将谭派的艺术说得非常透彻,精确。

我第一次搭班是同时

《打渔杀家》谭元寿饰萧恩、小王玉蓉饰萧桂英

搭的叶盛章先生的金升社和叶盛兰先生的育化社。像叶盛章先生演出《藏珍楼》，他饰演徐良，我饰演白菊花。戏中有段表现徐良抓到白菊花时的开打，非常紧凑。演出前，叶盛章先生对我说："小子，你得留神，我的刀可不留情。"我回答："没事，您削吧！"还有《大名府》，他饰演时迁，我饰演燕青，《三盗九龙杯》他饰演杨香武，我饰演计全，等等。1949年正月初一，我又随叶盛兰先生的班社到南京演出，应挎刀老生，旦行是陈永玲，武生是梁慧超。我陪着叶盛兰先生演出了《八大锤》，他饰演陆文龙，我饰演王佐。《群英会·借东风》他饰演周瑜，我前面饰演鲁肃，后面饰演诸葛亮。《翠屏山》他只演"吵家"，我接演"对刀"和"杀嫂"。

1950年年底，我到了上海参加天蟾舞台新民剧团的演出，虽然属于共和班，但基本上是我在挑班唱戏。旦行演员最初是赵晓岚，后来换成李丽芳。一直演到1952年年底才回到北京，参加了中国人民解放军总政治部文工团。我们穿上军装不久，就参加了第三届抗美援朝慰问团到朝鲜慰问志愿军，总团长是贺龙元帅。这时，我父亲也参加赴朝慰问团，刚到天津就接到我祖父病危的消息，他返回北京办理完后事，又急忙赶上大部队，跟梅兰芳、程砚秋、马连良等先生一起到了朝鲜。虽然我们爷俩都到了朝鲜，彼此也知道，但我们却没有见到面。1954年，我离开了文工团，加入我父亲跟裘盛戎组织的太平京剧社。

我来到父亲身边后，凡是他的演出我是必定观看学习，至于戏中的细微之处，我父亲再给我做翔实的传授。尤其是谭家的代表剧目《失·空·斩》，我父亲说得最为清晰、详细，许多最为关键的地方都毫无保留地教授给我。

封杰：这回您可以直接继承谭派艺术了，那么，老生演员应当学好哪些戏作为基础？

谭元寿：老生演员必须要掌握《失·空·斩》《碰碑》《洪羊洞》《战太平》《定军山》《打棍出箱》和《秦琼卖马》等基础戏。其中，《秦琼卖马》不像另外的几出戏，不论哪个流派都有演员上演，唯独"秦琼"舞台上已多年不见。我想，这和秦琼此时的处境有很大关系，虽然他病卧在客栈，但又不能失却英雄气概的形象。戏中只有他跟店家两个人的戏，表演起来非常单调，唱腔也只有一段"店主东带过了黄骠马"。所以说，这出《秦琼卖马》属于人保戏，还有像《打棍出箱》中范仲禹将鞋踢到头上，我曾问过我的祖父和父亲，他们都说："那不成杂技了吗？这是将其神话了！"其实，我曾祖父是在唱腔结束时将鞋踢起来用手接住再放到头顶上，只不过是他的动作快，大家又完全沉浸在他的演唱之中而全然没有注意。

封杰：谈了这么多，我还想知道您拜过哪些名师？

谭元寿：我演戏一辈子没有正式拜过老师，只是在我们家向李少春老师磕过三个头。那天，李少春老师到我们家找我父亲有事，我立在旁边。我父亲知道我崇拜李少春老师的艺术，就对李少春老师说："二弟，你收个学生吧！"并指命我磕头。之后，李少春老师详细地给我说了《挑帘裁衣》。我也上演了《野猪林》《打金砖》等多出具有李少春表演风格的戏。

我之所以能够守着自家剧目同时还演出李少春先生的戏，这要感谢我对待艺术持开明态度的父亲。严格来讲，这也是我们谭家的风格，就是不保守！争取做到博采众长，死学活用。虽然我只会我父亲所有剧目的不足一半，但我十分愿意将我所掌握的全部传承下去。

封杰：非常感谢您给我上了一堂课，使我知道了许多谭家独有的艺事，祝愿谭派艺术继往开来！

宝剑锋利 名益中华

——京剧名宿张宝华访谈录

> 北京的天桥是行行出能人，个个身怀绝技。拥有梁益鸣先生与张宝华先生的鸣华京剧团，曾经多年活跃在天桥地区，其中的梁益鸣先生艺术之精彩至今令人怀念。2011年4月11日，我采访了张宝华先生。

封杰：张老师，您好！您的家庭与京剧有关联吗？

张宝华：我父亲张起最早是跟随唱河北梆子的崔灵芝先生，从河北的武清县先来到北京通州的高升店。后来，崔灵芝先生与另外两位股东合作在天桥成立起了群益社科班，属于京剧、梆子"两下锅"。事务上主要让我父亲负责，培养出了梁益鸣、马益常、周益瑞、宋益俊等人。那时，他们经常跑帘外（跑码头），到北京的昌平、密云、怀柔等周边地区演出，非常受欢迎。

封杰：这么说，您应该是顺理成章地进科班学戏。

张宝华：我七岁时，由

《挑滑车》张宝华饰高宠

我姨父将我送到天桥，交给我父亲。这时，我父亲在小小茶园做副经理。一年后，家长怕我只顾玩耍便将我送进学堂。可我不是读书的材料，每日只是贪玩。过了一段时间，我父亲把我母亲从高升店接到天桥。一天，我父亲要我写几个字，可我根本不会。父亲使劲地打我。我母亲见状心疼我，对我父亲说道："你要把他打死呀？不成我们娘俩回老家吧！"事后，我父亲了解到我从来没有到学堂念过书，回到家对我又是一顿暴打。

过了好长一段时间，别家的大人对我父亲讲："你问问孩子，自己想干什么？"

我父亲对我说："你这么跑不行，你将来想做什么事呀？"

我不加犹豫地说："我想唱戏！"我父亲一听，又差点打我。

封杰：您虽然是暂受皮肉之苦，但最终还是如愿了。

张宝华：后来，我父亲在别人的劝说下才允许我学戏，问我："学戏天天挨打，你怕不怕？"

我回答："我就喜欢唱戏，我不怕！"

这样，我父亲将我领到小小茶园跟几位"益"字的师兄一起练功。我第一出戏是跟谷德才先生学的《八蜡庙》中的贺仁杰。大家觉得我各个方面都不错，就让我跟于德芳先生学习《独木关》《溪皇庄》等戏。由于我有一副好嗓子，就让我跟李益胜师哥学文戏，有《黄金台》《搜孤救孤》《鱼藏剑》。之后，我又跟李玉龙先生学《珠帘寨》《汾河湾》《斩黄袍》《定军山》《武家坡》等戏。可我到了台上总感觉不对劲，便要求放弃而专攻武戏。倒仓后，我开始跟刘喜益先生学习武生戏，第一出是《林冲夜奔》。之后我又跟诸连顺先生学《探庄》《蜈蚣岭》《淮安府》等戏。高连甲先生给我说了《连环阵》《金锁阵》等戏。钱富川先生教我《恶虎村》《殷家堡》《骆马湖》《霸王庄》等以黄天霸为主的戏。

我在小小茶园演出不久，老板找到我父亲说："你让你儿子在我这儿借台唱戏，我还卖座不卖了？"而且老板根本不听我父亲的解释，并规定即日起不许我登台。我父亲也很坚持地回答："如果那样，明天我就不干了！"

双方都很强硬，最后我父亲被"余了"出来。但我父亲刚刚进家门，得到信的天乐戏院的管事严兴阁先生就来找我父亲商议，将我们接过去。从此后，我们又在天乐戏院扎下了根。不到一年的演出，戏院上座稳中见升。这时，在张家口演出的梁益鸣也回到了北京。

封杰：大家只知道梁益鸣先生是马派传人，但他的艺术之旅却知之甚少。

张宝华：梁益鸣与我是表兄弟，他是我二姨妈的儿子。但自小是生活在我家，由我妈带大。在益群社学戏期间，他跟王喜红、吴金灵等先生学的是梆子，后来才逐渐改为了京剧。他出科后，他先到天津的天华景戏院演出，与邢德月、银达子等人非常知己。他在北京结婚后，又开始了搭班唱戏。当演至张家口时，由于劳累过度，引起肺热导致吐血，无法演出。后来还是有人捎来信，我们才知道情况。我母亲听完后非常着急，说："我要去趟张家口，把他接回来。"

梁益鸣大哥回到家后，经过我母亲的精心调养逐渐恢复了精神，慢慢地开始在天乐戏院演出。这时，他也从武行开始改攻老生。他的毅力是常人无法超越的，像马连良先生演出《灯棚换子》，梁益鸣大哥就在台下拿着小本子一点点地记录马连良先生的唱腔、身段和位置。回到家后，他再反复琢磨、练习。不出半个月，这出戏他就排出来上演了。他所有的马派戏都是利用这种方式排演出来，连马连良先生都很佩服他。

后来，马连良先生定居香港，梁益鸣大哥将曾经傍过马先生的刘连荣、茹富蕙、萧长华、侯喜瑞、马富禄等先生都请到了班社，陪着他演出。可能是大哥时运不济的缘故，他没能发展起来。大哥不仅戏演得好，京胡拉的也非常精。

梁益鸣大哥属于"马上将军"，文武全才。我们演出《八蜡庙》时，我饰演贺仁杰，大哥饰演打英雄，他的一个"虎跳前扑"是原地起原地落。他对艺术要求非常严谨，他坐在台下看我们排戏时，常常因为表演不到位而喊停："这儿不行，重来！"他对我的成长也是付出了很大的精力和心血，我们每天在剧场，不是排戏，就是演出，只要他一眼没看见，问我："上哪里去了？"然后上来就打。我这位大哥打得我是毛骨悚然。

我大哥即使在"文革"之中，受到不公待遇的时候，还把五线谱学会了。这样聪明全才的京剧人才很可惜在1970年就过早辞世，年仅五十五岁。

封杰：您刚才提到梁益鸣先生常常抬手就打，那您有何感触？

张宝华：饮水思源，至今我还在怀念这位大哥。他不但教了我本事，还培养了我的毅力。

在天乐戏院我是边学戏边演出，梁益鸣大哥为了培养我，对我要求极其严格，打，我真是没有少挨。经过多年的演出，天乐戏院形成了由我大哥梁益鸣、二哥张宝荣和我三人为主的演出，负责管事的仍是我父亲。这样，我们从1937年起一直坚持到新中国成立初期。

有一次，我们鸣华京剧团与新星剧团合演《群英会》，梁益鸣大哥指定由我饰演周瑜。我向他提

《金沙滩》张宝华饰杨七郎

出条件，说道："我演周瑜，后面再赶《华容道》的关羽。"我大哥兴奋地说："嘿，好哇！"这是我第一次演关羽，也是仅有的一次。1952年，我第一次到上海演出。有一天演出《铁笼山》，不想勒头师傅由于用力过大将盔头线勒断了，我只好"顶"着演完了这出戏。可我刚走到下场门，梁益鸣大哥对我说："你再赶个周瑜！"我这个"姜维"大汗淋漓，连忙又扮上周瑜，而且我在戏中带舞剑。第二天，演出《柴桑关》我大嗓唱："口吐鲜血冒红光，人马扎在南城望，子龙排偶遇见战场，我二人关前打一阵，只打得丢盔卸甲败回营门，催马来至在战场上。"属于海派的路子，并从四张桌上翻下，效果异常火爆。事后，吓得梁益鸣大哥说道："下次不可，如果出了事故，回家我怎么交代！"

封杰：提到鸣华京剧团，请您简单介绍一下。

张宝华：最早我们的剧团叫鸣乐社，主要以梁益鸣演出为主，坚持了十几年，非常受观众欢迎。直到新中国成立后，才将原名改成了鸣华京剧团，演出以我和梁益鸣并挂头牌，上座仍然很好。20世纪五六十年代，不断有国营剧团成立，中国京剧院、北京京剧团、上海京剧院等都曾有过领导来找我们谈话，希望我加入进去。但我为了坚守"父母在，不远行"的古训，放弃了优越条件而坚持留在鸣华京剧团，继续跟梁益鸣大哥演出。后来，我们鸣华京剧团与吴素秋、姜铁麟领衔的新燕京剧团合并后被北京市文化局下放到宣武区。一切全要靠演出养活自己，每天两场演出。第一天上午演出《石猴出世》，下午演出《闹天宫》。第二天上午演出《十八罗汉收大鹏》，下午演出《孙悟空收猪八戒》等全本《西游记》。有时甚至要演出三场戏，是早晨八点开戏演到十一点钟结束，下午十二点半开戏演至五点钟，晚上六点多钟继续开锣演出到晚间。这种演出形式既创了利，又创了名，关键是丰富了自己，锻炼了舞台经验。直到"文革"后，才将鸣华京剧团改名为风雷京剧团。

封杰：您弃文从武之后，还演过别的行当吗？

张宝华：我父亲为了培养我，不仅让我跟随多位老师学习，同时鼓励我多看戏，无形之中培养和锻炼了我文武昆乱不挡，除旦行戏我不唱之外，任何一个行当我都敢演。我跟梁益鸣大哥除上演各自的拿手戏之外，我还演出了比较偏爱的花脸戏，如《打龙袍》《铡美案》《探阴山》等，我饰演包拯。我跟梁益鸣大哥演出了《除三害》《将相和》等老生与花脸合作戏。我虽然喜好净行，但我并没有专攻。另外，像《三盗九龙杯》《酒丐》《十五贯》等丑行应工戏，我也照演不误。由此，我也总结出一个道理，一个好的演员必须行行通，而且必须演得精彩，这也是挑班主演必备的条件。

另外，关键的是我所宗的各行当都有名师传授，老生是黄少山，花脸是侯喜瑞，武生是孙毓堃、盖叫天、于德芳、袁德光，丑行是刘世亭、王传淞诸位先生。

封杰：我记得，在风雷京剧团的团庆六十周年时，您上演了《剑锋山》。

张宝华：恢复传统戏后，我第一个上演的剧目是在长安大戏院演出《艳阳楼》。之后，我又陆续演出了《大名府》和《九江口》。

我们剧团在庆祝成立六十周年的活动中，我恢复演出了《剑锋山》。这出

《九江口》张宝华饰张定边

戏选自《彭公案》续集，也称《五老会》或《拿焦振远》。演绎九花娘逃至剑锋山，张耀宗率兵追捕，途中与胜奎相遇。胜奎与剑锋山寨主焦振远有交，愿前往说服。双方僵持，焦振远疑心胜奎之子藏匿九花娘，欲斩之。胜奎求盟兄邱成相助，邱成佯病，胜奎命孙女玉环趁夜色潜入邱府劫走邱成儿媳。邱成答应相助，命子邱明月请来伍氏兄弟会同官军攻破山寨，擒获焦氏父子和九花娘的故事。我在《剑锋山》中饰演邱成，表演得益于前辈于德芳先生的传授，戏中"叫阵"一场有段破三节棍的表演，非常精彩。当时在复排的时候，我特意将吴富友师哥请来指导，他给我说了一个"三躁头"的表演动作。由于青年演员做不出来，我年龄又偏高，身腿不似当年灵活，这个"三躁头"也就没有表演。

目前，我还有的心愿就是恢复上演《三侠剑》。可这出戏我只能想起我饰演的胜英，戴员外巾、白满，一派老英雄气概。比如，胜英跟韩秀"比武"一场，胜英被韩秀一掌推出后，韩秀掏翎子："哈哈，哈哈，胜老英雄，不要饮酒，来来，下来与我比武较量！"这时，胜英猛然一拍桌子，甩髯口再推桌子念："韩寨主，你当真与老夫比武较量么？当面领教！"

"果然要与我比武较量么？某家奉陪！如此说来，与某家站稳了！"表演动作完全在锣鼓声中紧密进行，节奏感极强。可周围配演的黄三太、韩秀等人物的唱念和表演我已然忘记了。为了尊重前辈艺术家创立的艺术和对青年演员负责，我至今不敢轻易动演全部《三侠剑》。

封杰：您觉得青年演员的艺术道路应该怎样发展？

张宝华：青年演员既要多学，更要多演，只有多实践才能提高自己的艺术。像我年轻的时候与梁益鸣大哥合演《白凤冢》，即全本的《骊珠梦》，也就是大家熟悉的全部《游龙戏凤》。戏中的反王原来由霍益仲师哥饰演，可临开演前有人来告诉，霍益仲师哥生病了。大家非常着急，这时管事的于文奎师哥走过来说："宝华，你大哥让你来。"可我从来没有演过，心里不免有些胆怯。不过，那时我们有个好的习惯，每天早晨必定要打一套把子或小五套等技巧。加之，我们又每天长在台上，一边演出一边学习。所以当我大哥将我叫到他的房间问我："会不会？"我回答："会。"之后，我勾上脸陪他演出。当演至"对刀"时，只见他前漫头、后漫头，再一刺肚，逼得我站到了舞台的边沿。这时，我的抢背直立起来后，如果往外落就会掉到台下，如果稍微倾斜点的话，我的腰非实实地砸到边沿的护栏上。幸好，我没有发生危险。事后，有人问道："梁大爷，你怎么将宝华逼到边沿上了？"

梁益鸣回答："我就是这么被硬挤出来的，不这么逼他，能出来吗？"

封杰：精彩的表演全凭着平时的锻炼和日常的积累，尤其是武生演员更应该是拳不离手。

马嘶长鸣 礼敬谭杨

——京剧名宿马长礼访谈录

> 京剧"样板戏"《沙家浜》在20世纪六七十年代风靡全国,剧中的"智斗"至今还在传唱。而饰演刁德一的马长礼老师秉承传统,又有创新。2010年12月1日,我采访了马长礼先生。

封杰: 马老师,您好!您的家庭与京剧有关联吗?

马长礼: 我家祖籍是浙江人,祖父马祖培是清末刑部衙门的总管,每月必须拿着银票到钱庄领钱给大家发放。一天,我爷爷回到家休息后再到钱庄办事。不想,钱票不知遗失何处,三天内没有归上,就被送入了大牢。我爷爷的罪名用现在的词说就是挪用公款。我奶奶非常着急,猛然想起曾用纸包了干粮给孩子上学用。这样,我奶奶忙到湖南会馆找老师说明情况,老师让大家停课到垃圾筐中翻找。庆幸找到那张银票,送到衙门后,我爷爷被放了出来。第二天,我爷爷就过世了。

《文昭关》马长礼饰伍子胥

由于家境的衰败,我父亲也只好停止了学业,到祥元斋店铺学做朝靴。父母结婚后,生下我们兄妹五人,按"仁义礼智信"排名。由于我二哥喜好京剧,就拿我母亲给他学习英语的钱去到国剧学会学京剧。我受他的影响也喜欢上了京剧,当时我们家与李洪春先生是邻居,他就让我到广和楼跟高德勋、李和曾、贺玉钦、王玉让、张玉禅等几个中华戏曲学校的学生一起练功。

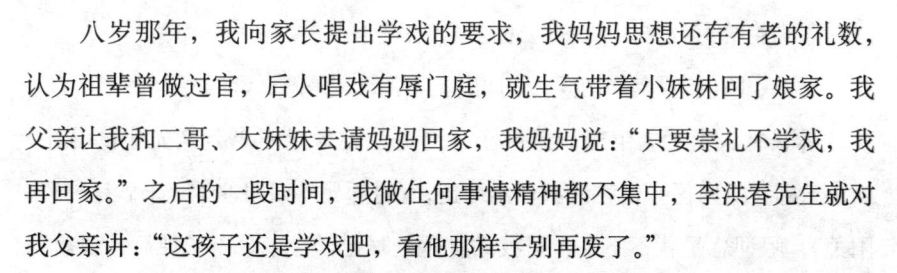

八岁那年,我向家长提出学戏的要求,我妈妈思想还存有老的礼数,认为祖辈曾做过官,后人唱戏有辱门庭,就生气带着小妹妹回了娘家。我父亲让我和二哥、大妹妹去请妈妈回家,我妈妈说:"只要崇礼不学戏,我再回家。"之后的一段时间,我做任何事情精神都不集中,李洪春先生就对我父亲讲:"这孩子还是学戏吧,看他那样子别再废了。"

后来,我在李洪春先生的带领下进了尚小云先生办的荣春社。

封杰:进入科班后,给您分派到哪个行当?

马长礼:我进入荣春社科班后归入第二科"长""喜"字,教戏的老师有雷喜福、萧连芳、蔡荣贵、王少芳、郭春山等先生。等这几位先生将来学戏的孩子挑走后,只剩下了我。马长增师兄见我大冬天一个人蹲在院子里,就对郭春山师爷说:"先生,他没有归行。"郭春山师爷说:"那就让他到我这儿来吧。"从此,我跟郭师爷学了第一出戏——昆曲《八仙度卢生》。它演绎八仙点化卢生成仙的故事,汉钟离、曹国舅、铁拐李、张果老八仙依次上场各唱一段昆腔,观众很是欢迎我们这些小孩儿饰演的八仙。我还向郭春山师爷学会了《搜山打车》《十面埋伏》等京昆戏。

而我第一次登台唱戏是在中和戏院演出的《天官赐福》。不过我只是在里面饰演一个小云童而已。

我们学戏都在一个大房间,有时我看郭春山师爷教戏冲盹,就悄悄到萧连芳先生教的花旦组学习。他正教《鸿鸾喜》中小生唱[南梆子]:"身寒冷吹透了绫罗绸缎。"等萧先生迷迷瞪瞪睁眼一看多了个学生,问道:"这孩子是谁呀?"

我回道:"我叫马崇礼。"

萧先生又问:"谁叫你来的?"

我回答:"我想学小生。"

萧先生笑道:"啊!就你,还是学金松吧!"

封杰:两位老师都将您归入了丑行,那您又是怎么学的老生呢?

马长礼:我学老生应该感激王少芳先生,他是王惠芳老先生的儿子,尚小云师父的内侄。他教余派非常地道,有时师兄弟们跟他学《朱砂痣》《南阳关》,唱词总是背不下来。可我站在远处早已学会了,下了课后,我就把唱词背给他们听。等到再上课,王少芳先生听到他们都会了很是奇怪,问道:"你们怎么都会了?"

他们回答:"我们是跟小马学会的。"

王先生又说:"你们把他找来。"

当我胆怯地走到王少芳先生面前,听他问道:"你跟谁学戏呀?"

我回答:"我跟郭师爷学丑行。"

王先生说道:"你过来跟我学老生吧。"

我改学老生后,正赶上耿明义先生教《摇钱树》,就派我饰演太白金星念圣旨:"御旨下,今有张四姐私自下凡作乱,玉帝命哪吒前去收复。旨御读罢。"

张盛利先生教《打金枝》又派我饰演皇帝,唱[西皮三眼]:"金乌东升玉兔坠,景阳钟三响把王催。"可我总把"催"唱成"吹"。张先生问道:"刚才谁唱的吹?"张先生单独把我叫出来唱,可我总是唱不对。一连几天都是我单独清唱，张先生让我跪着唱，拉着山膀唱，跪着搓衣板唱，别管用什么方法，就是唱"吹"。

有一天，下了好大的雪。张盛利先生穿着青丝绒毛窝踩着雪来了，刚进门学生们就把准备好的掸子和鞋刷子递了上去。张先生是边掸雪边说："先让小马唱。"当我唱到"吹"时，张先生说："你过来。"他就掐着我的两腮，叫我张开嘴，随即把鞋刷子插进嘴子一通搅和。我嘴里感觉很牙碜，流出了血，张先生再叫我唱。我张嘴就唱，不想我这次竟唱成了"催"。

不承想，由于日军侵华时期，人们生活困难，学生又多，尚小云师父召集大家开会，让负责我们的大师哥念名字，念到的同学每人给一封信，收拾好行李，包好洋车说是"放假了"，我们非常高兴。回到家我将信交给父亲，才知道我被科班开除了。

封杰：看来您学戏的道路非常坎坷，只好改行了。

马长礼：父亲将我送到中和戏院旁边的元昌钟表铺当学徒，可我总是坐在门口发愣。一天，李洪春先生从门口经过，说："老三，你想什么呐？"

我说："大叔，我什么也没想。"

李先生问我："爷们儿，有心事跟我说，是不是还想学戏呀？"

我答道："是的，我还想

《盗宗卷》马长礼饰张苍

学戏。"

回到家，李洪春先生就找到我父母说："老三，每天在门口发愣，你们别把孩子耽误了。"无奈之下，我父母也不拦阻了，全凭李洪春先生安排。这样，我在粮食店胡同的兴盛饭馆由李洪春先生举香，拜刘盛通先生为师。

后来我到刘盛通先生家学戏，第一出是《四郎探母》。这出戏我连着学了十个月，我父亲见到刘先生问："您怎么总让他学《四郎探母》呀？"刘先生回答："我让他学这出就是为了把[快板]砸瓷实了，以后遇到[快板]就不怕了。"之后，我又学了《武家坡》《红鬃烈马》《托兆·碰碑》《御碑亭》等戏。当刘盛通先生遇到李洪春先生时说："这个孩子很聪明，我教他不费力，还是回荣春社吧。"李先生对我父亲言明后，我父亲说："我不管，全听您的。"可李先生顾及我母亲的想法也不好再管。我就对我母亲说明情况，我母亲说："你进了你李大叔家就跪下，他不同意你就不起来。"

中午十一点钟，我来到李洪春先生家，进屋就跪下了："大叔，您送我回荣春社吧！"李先生连忙站起来，说："老三，你妈同意了吗？"我急忙回答："我妈说了，您不同意就不让我起来。"李洪春先生说："你到三庆戏院找周子厚先生，让他把你送进荣春社。"这时的荣春社已改在三庆戏院演出，过了几天正是农历七月七，三庆戏院演出《天河配》，我来个零活。一天演出折子戏，沈富贵先生的《骆马湖》，尚小云先生第二演出《李三娘打水》，压轴是王凤卿先生演出《文昭关》，大轴是尚小云先生演出的《双龙斗峨嵋》。可王凤卿先生感冒无法上台演出，实在坚持不住披着大衣走了。这时，管事的先生想起我跟刘盛通先生学了许多戏，问我会什么戏？临时改戏由我唱《托兆·碰碑》，沈富贵先生的戏码调到后面。当我唱到[反二黄]："叹杨家秉忠心大宋辅保"时，居然得到了喝彩，吓了我一跳。演出后，尚小云先生把我叫到身边问："你是不是跑了的？以后不要跑了，把你爸爸找来,重新给我磕头!"并由尚富霞五叔将我原来名字中的"崇"改成了"长"。

封杰:您的愿望得到了实现,今后的艺术道路应该是平坦的了。

马长礼:等到我十七岁时,倒仓了。尚富霞五叔和单宝臣先生找到我说:"你以后改唱二路,陪着师弟们演出,这样出科了也能混碗饭吃。"

这时我们的演出又从三庆戏院改到了华北戏院,我就陪着尚长麟演出《红娘》《武家坡》等戏。尚小云师父讲:"每天早晨吊嗓子之后,长礼回科班练功、学戏,长麟披着斗篷、插着翎子尾跑圆场。"此刻,我和长麟都处于倒仓阶段,张长林先生给我们吊嗓子说:"你们俩好有一比,鬼哭神嚎!"

我出科后,由于无钱拜带道师,搭班很困难。每天跟乔玉林先生的长子在一起吊嗓子。一天,乔玉林先生通知我七点钟前赶到三庆戏院,在娄振奎先生演出《草桥关》中来个读圣旨的活。回到家,我父亲问明我演的什么角色,然后说:"你要散,到外面去散。"这样,我离开北京到张家口、石家庄、太原、沧州、东光等地演出。

1938年,姜铁麟在民主戏院演出《金钱豹》,他上三张桌云里翻下,不慎摔伤。当时,我正在荣春社负责小管事,来人找到我说明后,我连忙赶到民主戏院和别人一起把他搭回家休养。

我们到天津上平安戏院(后改名长城剧场)演出期间,谭富英先生也到天津演出。管事的乔先生习惯住在后台,把两张桌子拼在一起就是床,我每天负责照顾他的生活。一天,乔先生对我说:"明天《失·空·斩》,你来个送图的。"这可是见角儿的活,我异常兴奋。第二天我洗护领、刷靴子。之后,我又在谭富英先生演出《桑园会》中饰演门子。头场秋胡穿蓝官衣,戴纱帽,更衣时对门子说:"好好看管印信。"最后,让我陪谭先生演出《失·空·斩》,饰演赵云。

后来,万子和先生帮助我们联系在北京的演出事宜。由于张德华喜好裘派,他演出《姚期》,让我饰演小生应工的刘秀。操琴的李志良说:"咱们加点唱吧!"我们设计了刘秀新唱词[二黄原板]:"想当年走南阳东逃西奔,多亏了驾下的文武公卿。文凭着邓先生阴阳有准,武仗着姚皇兄保定乾坤。到如今镇边塞受尽风冷,但愿得干戈宁静海晏河清,君臣们共享太平。孤龙行虎步把太和殿进,准备下皇封宴庆贺功臣。"可巧,裘盛戎到剧场看戏,看上了我这个"刘秀"。

封杰:那么,裘先生是怎么会看上您这个"刘秀"的呢?

马长礼:1949年,中央人民经济电台每天在广告中插播京剧唱段,我每天是上午十一点到十二点钟,下午五点到六点钟,晚上九点到十一点钟唱三个时段的戏。

1952年,北京成立了四个京剧团。一团是李万春,二团是谭富英、裘盛戎,三团是张君秋,四团是吴素秋、姜铁麟。一天,裘盛戎先生与谭世秀先生骑着自行车找到我家说:"希望你能加入进来。"我回答:"您的调门我上不去。"没过几天,裘盛戎先生又来了,他非常和气,见到我妈说:"娘,您就让他去吧,我们这里就缺他。"

我说:"您怎么知道的我呀?"

裘盛戎答道:"我从电台就听你,觉得合适,我已经跟吴素秋说好了,先借你。"

这样,我从四团来到二团开始了与裘盛戎先生的合作。第一天是在圆恩寺小经厂礼堂演出《铡美案》,裘盛戎饰演包拯,我饰演陈世美。事前,我跟裘先生的琴师汪本贞先生泡澡时,汪先生对我言道:"长礼,你怎么唱呀?"

我回答：“我翻着唱。”

汪先生又说：“你再琢磨琢磨，我先睡。”

我连忙说：“我唱平的。”

汪先生说：“行，你别管了。”

到了台上，当我唱到"为何有刀无有鞘"时，台下的掌声一下就响起来。演出后，谭富英先生说道："爷们儿，辛苦了啊！"随即走了。李多奎先生过来问道："谁的徒弟呀？"

我回答道："我出科荣春社，是刘盛通先生的徒弟。"

李先生说："怪不得！怪不得！"

我在二团演过一段时间后，四团通知我回去。李志良、万小甫找到我说："你安了。"原来，文化局有位领导发出话来："马长礼，临时推诿，以后不要在北京唱了！"第二天清早，我找到文化局理论。我对出来接待我的哈杀黄说："你们文化局这么做，我就让我妈和我姐姐、妹妹到你们这吃饭来。"

哈杀黄说道："兄弟，别别，你先回去听信。"

这年正是1953年，裘盛戎、谭富英到朝鲜慰问志愿军。他们看此情况就找到张梦庚说明情况，张梦庚答复："你们先走，等回来再解决。"这样，我随着他们到了济南、烟台演出。当演至烟台时，有位军队首长提出："我们想听马长礼演出《甘露寺》。"我说："这哪行，我是唱二路的。"谭富英先生说："没关系，你唱好了，我来刘备，盛戎来张飞，张洪祥来孙权，李多爷来太后，杨盛春来赵云。"演出效果不错，回到北京他们就要给我涨钱。我说："别介，我先问问我师父。"

当我对刘盛通先生言明此事时，他说道："李世琦这么多年了，才拿多少钱，你不能拿得多于他。你要让能耐压得住钱，不能让钱压住能耐。"

1954年，在上海演出期间，我开始陪着裘盛戎演出《姚期》中的刘秀。

在谭富英先生身体状况不好的时候,我替演了《红鬃烈马》《大·探·二》《四郎探母》等戏。

封杰: 您塑造的刁德一形象阴险、狡诈,富有文化内涵,那您当初是如何考虑的?

马长礼: 当时我正在长春拍摄电影,接到演《芦荡火种》任务时,只是安排我演叶排长,后来改演刁德一。在人物造型上,长影厂的形象师帮我按照戴笠的形象为我设计而成。同时,调看了许多有关戴笠的历史资料片,从中感悟。

排演之前,毛泽东主席、江青、石少华(时任新华社社长)召集谭富英、裘盛戎、谭元寿和我商讨演现代戏事项。他问道:"你们没有了水袖、靴子,可以唱戏吗?"我们回答:"可以唱!"为了我们创作的成功,还特意将上

《空城计》马长礼饰诸葛亮

海沪剧的《芦荡火种》剧组调到北京表演，让我们观摩。

首先，从人物身份来讲，刁德一是本地财主的儿子，又是留学德国、日本的双重特务，最后他是有文化、有素养的国民党军官。我设计了几个特性，如刁德一出场时是身穿大褂，手提着一角。后面"智斗"一场，我将手插入裤兜的表演动作都是从话剧学来的。他的狡诈表现在"智斗"，残酷体现在"斥敌"。在唱腔上，我比较强调字的发音，像"刁德一我保你从此不缺米和柴"的"柴"字在语法上发清音，我在演唱时必突出这个字。

后来有位领导开会时一句"马长礼，你爱人是戴笠的人"，回到剧团就通知我到传达室工作。每天只是读报纸学习，拿着木棍检查院子里是否有烟蒂，以防火情。我不再登台唱戏，感觉非常轻松。可几天后，军代表找到我家说："你跟我走一趟，有领导等你呢。"

当我赶到剧场时，只见周恩来总理正在审查《沙家浜》，吴德、姚文元、谢富治、于会泳、钱浩梁等人作陪。周总理指出"勾结"一场，是承上启下的场次，不要简单处理幕外，要设计简单的布景。他在看到"智斗"一场，又转过身对我说："你的刁德一演得很好，要给这个'刁德一'说说眼神，马长礼同志要演刁德一啊！"周总理看完演出后，我们将其送到专车前，他又重申："马长礼同志还要唱刁德一的呀！"

第二天，我到排戏现场才知道恢复我再演《沙家浜》的真相。原来，剧组在天桥剧场演出时："刁德一"得到了倒好声，这可是"样板戏"头一遭。我虽然可以继续演出刁德一了，但我属于内控人员。

封杰：您认为创演新戏，应具备哪些条件？

马长礼：对于现代戏，我认为演员必须具备传统戏的根基，同时还要有以京剧为主的唱腔。唱和表演是艺与术的结合，是相辅相成的，要讲究声情并茂。像谭富英先生演出《桑园寄子》中的邓伯道唱："撇下了年幼儿

好不伤情,眼望着孤坟台珠泪难忍。"要唱出两个哭腔。杨宝森先生演出《洪羊洞》中的杨六郎是皱着眉上场。

学习流派一定要多聆听前辈艺术家早期和中期的录音,从中悟出艺术的真谛。于会泳曾说过:"在广场上、在剧场里、在录音棚里的唱法不一样。"我觉得很有道理。京剧中的唱腔最高境界是由喊到唱,最终是说。

封杰:谢谢您,从您的谈话中青年演员会获益深厚。

吉星明亮 艺学毓壑

——京剧名宿马鸣喆访谈录

> 随毛世来先生的和平京剧团落户长春的马鸣喆先生与同仁们共同创立了吉林省京剧团，创造了一时的辉煌。2011年7月16日，我采访了马鸣喆先生。

封杰：马老师，您好！请您谈谈您的家庭。

马鸣喆：我是北京人，祖父专门给王凤卿、俞振庭老先生负责大衣箱。我父亲马文元，继承了我祖父的事业，依然是箱官，他从斌庆社时起就专门给杨宝森先生负责服装，随杨宝森先生到全国各地演出。

我算是京剧世家，但从我们这代起就改成了演员。可我父母刚开始并没有想把我培养成演员，他们把我送到南横街小学上课，学习文化。我念到三年级时，正巧李永利、李万春父子成立鸣春社科班，我父亲便将我送了进去。这是1937年，我刚刚七岁。

我父亲与科班写了字后，科班的师傅先将我原来的名字马仲炎，改成了马鸣喆。由于我比较瘦小，就将我划拨到吴彩云先生身边学习小生，学了《草桥关》中的姚能。

《古城会》马鸣喆饰关羽

不久又把我拨到李春益、宋继亭先生身边学习老生，我跟李春益先生学了《渭水河》《山海关》《百凉楼》。随宋继亭先生学了半出《黄金台》之后，我又被划到了武生组。这样，我就正式开始跟随刘喜益、王德禄先生学起武生，由此奠定了我终生的艺术之路。

封杰：那您的从艺经历如何呢？

马鸣喆：我跟刘喜益先生学的第一出戏是《双盗印》中的贺仁杰。这出戏也就是《淮安府》，还叫《拿蔡天化》或《北极观》。演绎北极观主蔡天化，诨名赛罡风，系飞来禅师之徒，武艺超群，且有一种惊人绝艺，其运用神功，刀枪可以不入。因性喜采花，不守空门戒，为禅师所逐。遂四处作恶，妇女被害者，指不胜屈。及至淮安，盗施公印信，匿居北极观。施公命黄天霸等英雄，切实缉访。蔡党李兴儿，私报消息。贺仁杰跟踪至北极观，探明印信所藏之处，暗地盗回，通知黄天霸、关泰、金大力诸人，并力将蔡天化拿获。同期，我跟王德禄先生学了《金锁阵》《金雁桥》《神州擂》《摩天岭》。

这时，我也开始了演出。是白天演出传统戏，晚上演出连台本戏《济公传》。我们这出《济公传》一本可以演一个月，上座非常火爆。我们曾排演了一出新戏《十八罗汉收大鹏》，是陈喜光先生与李万春先生编写的，剧中的罗汉都具有真实的称谓，是他们找到陶鸣芳的舅舅显一法师根据寺庙中的罗汉设定的，我曾饰演降龙罗汉，也叫诺巨罗。

可惜由于师父李万春遭遇了一场官司，导致他没有工夫顾辖鸣春社科班，我们这些孩子学了几年戏，但也很难维持科班的演出和生存。等到师父回到科班，先在庆乐戏院演了几场戏，看现状实在无法维持便只好宣布报散了。这时，我们师父接到上海方面的邀请赴南方演出，我们这些师兄弟只好提前出科各奔东西，到处去搭班唱戏。

李万春师父到上海演出了两年后，他的妹夫李金鸿找到我，让我去上海傍着我师父演出。这样，我们在无锡演出两个月后奔上海，在上海演完又赴武汉演出三个月，之后再去长沙演出三个月。这期间总是我跟赵德勋先生在前面给李万春师父垫戏，他演大轴。有时，李万春先生演出全本的《马超》，他饰演马超，我饰演马岱。他演出全本的《武松》，我配演西门庆。他演出的所有"老爷戏"必是我配演马童。像《古城会》的马童，从前并不翻跟头，后来为了增加火爆气氛才改成马童翻上。

当我们演至江西时，曾在庆乐戏院做过检票工作，后秘密加入地下党的傅世钧找到李万春师父商洽回北京演出事宜。1951年，我们回到北京，先在民主戏院演出一周后，再轮流到中和戏院、长安大戏院、吉祥戏院、圆恩寺戏院、中山音乐堂、劳动人民文化宫等剧场演出。经过一段时间的演出和观察，事实证明了共产党宽广的胸怀，也打消了我师父心存多年的阴影。这样，我们成立了民营公助的永春京剧团。李万春师父上演了大批剧目，有《野猪林》《戚继光斩子》《歼虎双英》等。

封杰：您是何故离开了您师父李万春先生？

马鸣喆：回北京的几年，我师父创演了几出新戏，像《戚继光斩子》中我师父饰演戚继光，师娘李砚秀饰演戚夫人，师弟李小春饰演戚印。生活中的夫妻、父子在舞台上仍然饰演夫妻、父子，演出非常受欢迎，演出收入相对可观。我在戏中饰演一位日本浪人，身穿和服。还特用牛皮制作了一把双面日本刀，与戚继光开打。之后，李万春师父还创演了一出《鱼腹山》。

可我们师父有个多年养成的习惯，就是我们几个师兄弟都是出自他创办的鸣春社科班，我们师父有时将我们的演出收入扣下一小部分。我们向师父提出可否全部发放给我们，因为我们需要养家生活。

这段时间有的师兄弟便离开了永春京剧团，另行搭班唱戏。1958年，当中国京剧院找到我商议加入事宜时，我找师父说明了情况。在当时要想

加入国营剧团，需由本人所在的剧团开出介绍信才便于接收。不久，我接到中国京剧院副院长、党委书记马少波的来信，上面写着："你师父来信说，你们师徒工资不合，望你解决好后，我们再接收。"在我闲置了一年后，我实在没有办法，只好找到北京市文化局领导张梦庚出面与我师父商定放我出山。可当我拿到介绍信后，再找中国京剧院商议加入时，武生的位置已经有了人选，并开始了演出。

这时，李金声找到我加盟他们的燕声京剧团演出，李洪春先生是我们的艺术顾问。我们在华北戏院演出了《武松》《连环套》和关羽戏。早年，李洪春与李洪福先生有出《战长沙》，李洪福先生有身新做的黄靠，但由于他逝世比较早，没有来得及穿。李金声非常想演，便对我说了他的想法。可是我没有这出戏，他就让我找李洪春先生去学。还有，我们排演《马跳檀溪》《三顾茅庐》《博望坡》等三国戏，我饰演的关羽都是李洪春先生悉心教授。有一次，我跟李金声、王紫苓演出从下午六点钟一直演到十一点，戏还没有结束。前面是我演全本《安天会》中的孙悟空，李金声饰演太上老君。中间是王紫苓的《铁弓缘》。后面是李金声演出全本《走麦城》中的关羽，我饰演关平。李洪春先生气愤地说："有这么唱戏的吗？"

这期间，我由傅德威先生引荐到上海傍着杨宝森先生演了一期。我印象最深的是，第一出由傅德威先生演出《战滁州》，他饰演脱脱，我饰演徐达。第二出是杨宝森先生的《击鼓骂曹》。第三出是谢虹雯演出的《女起解》。大轴是杨宝森先生演出的《洪羊洞》。有一次，杨宝森先生演出全部《杨家将》，他知道我父亲曾是给他负责服装的马文元，有意提携我，特让我饰演《金沙滩》中的杨六郎。可他是大角，我没敢接演。后来，我父亲听说了还骂过我多次。我也为了此事，终生感到遗憾。后来在演出中我不慎把腿摔伤了，只好回北京休养。二十一天后，我又重回李金声的剧团演出。

封杰：我记得在程砚秋先生拍摄的京剧艺术片《荒山泪》中您饰演了

中军。

马鸣喆：这出戏中的三个中军是由侯喜瑞、钱宝森两位先生和我饰演的。在"抢子"一场，我手拿目册对侯喜瑞先生饰演的杨德胜言道："这一户名叫高忠，在深山之内被猛虎吃了，乃是实情。"后面又扮了一个衙役，伺候在贾多才先生饰演的县官胡泰来身旁。当县官摘掉纱帽准备弃官回家时，露出了锃亮的光头。此刻，吴祖光导演连忙喊停，原来是贾先生的光头反光。吴导演赶忙叫来化妆师给贾先生的光头打粉，可是只顾把头前面的粉打均匀，而忽略了头后面的粉。再加上，贾先生有个手摸后脑勺的习惯，使粉全花了。贾先生随口说道："呵，我这好呀，茄子挂霜了！"逗得我们四个衙役忍不住笑出声来。吴祖光导演又喊了声："停！"而且非常生气！

这只是第一步，后来周恩来总理又提议请程砚秋先生联络杨宝森、小翠花、侯喜瑞、孙毓堃、钱宝森、王福山等先生成立一个剧团，到祖国各地巡回演出。不想，由于程先生的不幸早逝，剧团泡汤了。

《荒山泪》是有形的表演，还有一次是无形的表演。孙毓堃先生在《借东风》中饰演赵云，是我提前替孙先生走的位置。岑范导演事先用皮尺量好"赵云"的起霸站位，我表演一遍后，第二天再带着孙先生走位。

封杰：您的武生学自李家，可后来却拜在孙毓堃先生门下。

马鸣喆：我们师父一般不给弟子们说戏，只是有时演完戏之后，他非常高兴才将我们叫到科班对面，他的家中给我们说戏。像他告诉我们，孙悟空的眼睛是鹰眼，脚步是鹤步。有一次，我向师父提出多学戏的要求，他只是微微地点了一下头，没有说话。可过了几天，师父在中和戏院贴出了马鸣喆演出《状元印》的水牌子。这回我懵了，虽然从前学过，也听师父聊过，但总归是没有得到实授。我赶紧找我们科班的大总管陈喜光先生加工。

可巧这天，孙毓堃先生在附近的饭馆吃完涮羊肉之后，看到广告牌便走进了剧场。他看完戏后来到后台，李万春先生忙叫我过来给孙先生行礼，并对孙毓堃先生说："师哥，您看看行吗？"

孙毓堃先生问我："你跟谁学的？"

我回答："我跟王恩元先生学的，您看不对的话，您给我说说！"

李万春先生也赶紧对孙毓堃先生说："师哥，这个孩子归您了！"

孙先生爽快地答道："好吧，明天到家去吧！"当场，我向孙毓堃先生磕了三个头。从此，我正式拜孙毓堃先生为师，学习了《铁笼山》《挑滑车》《艳阳楼》等戏，同时，我也开始傍着孙先生演出。像原定由孙毓堃、小翠花演出《战宛城》，由于小翠花哮喘而改由毛世来饰演邹氏，孙毓堃饰演张绣，毛庆来饰演典韦，我饰演许褚。有一次演出《霸王庄》，孙毓堃先生饰演黄天霸，我饰演于七。当黄天霸用单刀与于七的双刀对打时，只见孙毓堃先生的大刀花从我身边过去，还没容我反应过来，他已经转了回来。从此，我更加佩服这位年长我三十多岁的前辈了。

孙毓堃先生教授的表演讲究人物，他告诉我："演戏别抠胸，别死亮相，对面双脚齐，长身需撤步。"他教授了许多表演口诀，使我由原来的杂派归入了杨派。像老本的《挑滑车》

《挑滑车》马鸣喆饰高宠

中，高宠见到皇上后的表演只能演"半台戏"，起霸与头场边都有严格的分寸、技巧，整出戏演完了还留有三成劲。

封杰：我听说您有出《铁笼山》中姜维的起霸，非常精彩。

马鸣喆：我跟钱宝森先生学习的《铁笼山》中姜维起霸，属于典型的钱（金福）派风格。姜维随着[四击头]出场，但到最后一声时需要铙钹打得比一般官中讲究抻一些，亮相时正好亮在[回头]的第一锣上，以显示人物此刻的威武神情。接着往后看，转身，眼睛略微往下场门里面的地面上看，以表示姜维在沉思之中。一边撤步一边按住宝剑柄转身，迈到第三步时亮相，踮步，上腿，撕靠牌子，非常沉稳地亮住。起钱派云手，必须做到肩、腰、两只胳膊要同时揉。右手托左拳，揉上去分开，揉左肩揉右肩，看虎口，撑膀子。在这一套完整的动作进行之中，姜维时刻是处于沉思，观看星斗表情之内。钱派三倒手推髯口，是姜维带着黑满在[回头]中亮三次相。髯口让出右膀子来别"打烊"再揉回来左手赶紧抓住，往左右斜上方看。三翻后紧接着抬左腿，左手扔满，再划手，左手在前右手在后，左手扶宝剑，右手掌心朝上端平，缓过来拧身，抬腿，两手涮着，左手按住宝剑，弓步亮在[四击头]中。这一些表演动作表明姜维都处于沉思、观星之中。第二番依旧是山膀功和弓箭步，三次推髯口，左手抓住，抬腿，盘腿，眼睛依旧斜视上方。左右两番观星，从九龙口走到台中间，踮步，手放靠牌子，左手扶宝剑，右手捋髯口，小搓黑满。退三步扔黑满，撩靠肚子，朝下场门跨腿，踢腿，放靠肚子，斜身朝上场门的前角看，亮住。再转身抬腿，起右手，朝上场门的上方一指，然后捶手，亮个相，此时的潜台词是："我可怎么办呀？这仗可怎么打？"再扶宝剑，往中场走，转身面朝上场门，揉黑满，迈三步放靠肚子，跨腿，踢腿，往下场门前角看，然后起右手，指下场门的上方的同时转身，捶手，亮相。到中场，出剑配与三锣，箭袍朝前、后、前抖三次。落下脚来，放下宝剑起底鼓，随[四击头]左手扶宝剑，抬起左腿，右手撑掌，转身朝里，起飞脚转灯，盘腿，亮相。

封杰：您觉得在继承流派上应注意什么呢？

马鸣喆：我举个例子，我师父李万春先生演出"红生戏"的关羽，我曾给他来过关平或是马童。他在台上从来不身体颤动，非常有威严，是纯正的杨派。当时的戏迷针对几位饰演关羽的演员，根据他们各自表演风格不同而给予结论：大关羽林树森，疯关羽李洪春，小关羽李万春。

他们虽然表演不同，但都有各自的观众群体。

封杰：简单的事例，却内含深刻的寓意。谢谢您！

碧蓝奇艳 谷秀双云

——京剧名宿毕谷云访谈录

> 1927年，《顺天时报》曾举办评选"五大名伶"的活动，徐碧云先生的一出《绿珠坠楼》轰动菊坛。而他的弟子中唯有毕谷云先生继承了徐派艺术。2011年10月16日，我采访了毕谷云先生。

封杰：毕老师，您好！您是怎么学起京剧的？

毕谷云：我学习京剧实属偶然。当时我的同桌同学的家长是花脸演员，他专心培养自己的儿子学京剧，我出于好奇天天跟着比画，属于"陪读"。

我们几个小孩在一起练功，由于我身体幼小，比较灵活许多动作学得也比较快，每次看功的师傅总让我先走一个给大家"表演"。可是，我的嗓子条件不太理想，教戏的先生为我归行煞费苦心，认为我学老生、武生、丑等行都不合适。最后，决定学了武旦，并拜祁彩芬先生为师练习踩跷。刚开始练跷时每次都哭，练得我大脚趾头盖掉了好几次。祁先生觉得我原来的名字"国荣"用上海话讲，叫"谷云"更好听。

我演出的第一出戏是《白水滩》中的许佩珠，由于嗓子不好，[引子]念不

《玉堂春》毕谷云饰苏三

出来，只能从"望滩"开始演起。即使这样，我接上句"来到白水滩"之后，念到"埋伏了"简单的三个字，也得使大嗓子念。

稍微长大了一点，嗓子才渐渐地有所恢复，小嗓才出来。我所做的这些事情都是瞒着我的父母亲，在家里只字不提我练功、唱戏的事情。我想，如果让他们事先知道了，不但要阻止我学戏，更会为我练功而心疼。直到我十五岁，在上海中国大戏院正式对外演出花旦戏《红娘》，我才请父母亲前去看戏。他们看见我在台上的表演才知道实情，既惊讶又惊喜地说："啊，你还会演戏呀！"

封杰：学戏是要有所花费的，您怎么办？

毕谷云：我们几个小孩学戏的几年里，先后跟林蘋卿、新丽琴、小冯子和先生学习京剧，跟王福卿先生学习梆子，跟方传寅先生学习昆曲，这些老先生都不收我们的学费，是在真心实意地传授艺术，真正地替祖师爷传道。

直到我二十岁那年，与上海戏曲学校"正"字科毕业的程正泰、王正堃等人成立演出小组起，我才开始向他们尽我的孝心。那次，我们到江苏一带演出，观众非常喜欢我们这些血气方刚的青年人。每天演出我们都是演双出，像前面演《打渔杀家》是程正泰饰演萧恩，我饰演萧桂英。后面演《战宛城》是我饰演邹氏，程正泰饰演张绣。

后来，我自己单独成立了毕谷云剧团。

封杰：您跟徐碧云先生是怎样结缘的呢？

毕谷云：有一次，我跟周承志演出《得意缘》，芙蓉草饰演二妈，盖三省饰演丫鬟。徐碧云先生特意到剧场观看，演出中，徐先生非常兴奋，对身边的章佩秋先生说道："哎，这个孩子怎么跟我小时候长得一样。"章先生随口答道："那您就收他做徒弟吧！"这样，我于1949年夏天在新新酒楼，正式给徐碧云先生磕头。

之后,我带着自己的剧团到各地演出,当演到郑州时接到徐先生来信,说他家中有事,但合同已签订,命我带着小生和二旦前去救场。这一期,我们演出了《绿珠坠楼》《大乔小乔》《蝴蝶杯》和前后部《玉堂春》等。这些戏中,有的是我单独演出,有的是我跟徐先生合作演出,像《大乔小乔》是我饰演大乔,他饰演二乔。《白蛇传》是徐先生饰演白素贞,我饰演小青。演出后,徐先生高兴地说:"这孩子真灵呀,学起来跟我一样一样的!"

我们到了兰州,徐先生问到票价卖多少钱一张。当得知是八角钱一张时,徐先生说道:"不行,程砚秋卖一块钱一张,我也得卖一块钱。"可负责文化部门的领导回答:"不成,除了四大名旦都得是八毛。"

徐先生态度非常坚决地说:"我徒弟在郑州就是八毛。"而对方根本就没有听说过曾经有"五大名伶"之说,所以态度也是非常强硬,回答:"您徒弟唱是八毛,您唱也是八毛!"徐先生干脆道:"谷云,你唱吧,我不唱了!"这样,第一天原定是我的《红梅阁》,徐先生的《霸王别姬》。第二天是我的《红娘》,徐先生的戏我忘记了。第三天是全部《玉堂春》,我前面的"嫖院",徐先生后面的"起解""会审""团圆"。这一下,全改成由我一个人演出了。

半个月后,当地文化厅领导出面缓解了情况,再请徐先生单独演出半个月。第二个月,我们师徒合演了一期。这个时期,我除跟徐先生演出之外,更主要是徐先生来给我传授他的表演风格和剧目,像《绿珠坠楼》就是我在这个阶段学会的。

封杰:大家一提到徐派必然会想到《绿珠坠楼》。

毕谷云:《绿珠坠楼》虽然非常有名,但由于"楼阁"的实质性只能在当地演出,而影响了这出戏走出去。这主要是因为这座楼有扇门,绿珠走进门后才能上到二楼。

当年在评选"五大名伶"活动中,有一项就是评新剧。梅兰芳先生是《太真外传》,尚小云先生是《摩登伽女》,荀慧生先生是《丹青引》,程砚秋先

生是《红拂传》,徐碧云先生是《绿珠坠楼》,令观众耳目一新,演出非常轰动。徐先生的这出戏囊括了他所擅长的武旦功夫,加之,绿珠这个人既有青衣的唱,又有花旦的做,还有武旦的翻跌,难度相当高。全剧有二十一场,演绎晋朝散骑常侍石崇出使归来的路上遇到遭抢劫的绿珠母女,救下他们后将绿珠带回府中。潘岳手下孙秀见绿珠貌美而生歹意,潘岳、石崇怒斥,孙秀投靠欲篡位的司马伦。孙秀将潘岳、石崇杀害后,带兵到金谷园搜寻绿珠,绿珠见状坠楼而亡。徐先生饰演的绿珠在唱腔方面,有他的大哥徐兰沅先生辅佐,囊括了[西皮][南梆子][出队子][牧羊关]等板式与曲牌。徐碧云先生与梅兰芳先生的演唱风格有异曲同工之妙,但徐先生的唱腔之中又赋予一种刚脆之劲。

绿珠出场念[引子]:"愁锁眉尖,家贫苦,弱质谁怜?"接念[定场诗]"凄凉身世损华年,门柞衰寒守薄田。萱堂母老年高迈,愁将菽水奉闱前。"接唱[西皮慢板]:"绿珠女生长在合浦县里,难得有开怀事展舒双眉。都只为奉高堂承欢色喜,每日里强欢笑暗地悲啼。怕只怕这青春韶光易去,闲田园叹薄命孤苦无依。"

在石崇、孙秀的酒筵上,观完八名歌女的歌舞后,石崇又命绿珠与鬟凤歌舞一番:"你二人把新习的歌舞,当筵奏来。"绿珠与鬟凤道:"遵命。"唱[牧羊关]:"在这名园里,风儿今日送淑气。一霎时多怀多思,多愁多病尽抛弃。在这名园里,我只得宛转舞回翔,缥渺一似云飞,又好似汉燕翩跹,汉燕翩跹,乱花掠地。我只在这温柔乡里度韶光,纵有神仙眷属都难比。春日凝装伴使君,笙歌缭绕动香尘。今朝遭尽流连意,燕乐嘉宾酩酊笑语深。阶前蝴蝶双双戏,比翼鸳鸯逐水滨。情脉脉,乐沉沉,劝君共醉玉壶春。新我歌来整我舞,新我歌来整我舞,我只望凤友鸾交同欢会。且莫待凤泊鸾飘,怎能够一递一递的歌连臂。只怕那无限春归,忽地花带愁人也憔悴,这情思恹恹怎寄。"是边歌边舞,每次演出剧场效果非常火爆。

"坠楼"一场，要求绿珠从二楼抢背翻下来，后背着地之后，必须立马站起来，而且身上穿的、戴的每一件东西都不许乱。但是，这个动作非常有危险，每次徐碧云先生贴演两天，第二天必回戏。原因就是前一天在演出中摔伤了，第二天他贴着一张膏药走到前台向观众解释，改成演文戏。我在最初学这出戏的这个动作时从一张桌上翻下，不小心将脖子戳了进去，陪我练功的人赶紧将我的脖子拔了出来。

后来，我在演出中也使这个抢背，剧场效果非常好。李万春先生曾建议我是否可以改成吊毛，再在半空中变僵尸落地，更显得像是绿珠拼命后自杀身亡。

封杰：您刚才提到前后部《玉堂春》，那么就请您介绍一下后部《玉堂春》，好吗？

毕谷云：徐碧云先生的编剧速度非常快，有《虞小翠》《薛琼英》《萧观音》《蝴蝶杯》《李香君》《雪艳娘》《蓝桥会》等戏。

《玉堂春》是旦行必演剧目，观众对苏三与王金龙团圆之后的情况非常关心，希望能续写下去。这样，徐先生找到编剧创作了后部《玉堂春》。后来，人们把"嫖院""起解""会审""团圆"称为一至四本《玉堂春》，而续写的从"洞房"演起，由于刘秉义向朝廷参本王金龙娶妓女为妻犯了律法，迫使玉堂春连夜逃回洪洞县，路上遇到了鸨儿、崇公道、金哥。而

《绿珠坠楼》徐碧云饰绿珠

王金龙回到家后，他的父母已经为他找好了门当户对的夫人，逼王金龙成亲，但王金龙一心想着玉堂春。这时番邦前来作乱，玉堂春劝王金龙再次发奋图强，到阵前充当一名参事求取功名。王金龙走后，新娶的夫人联合鸨儿放火想要烧死玉堂春，此时崇公道与金哥赶到，设计救出了玉堂春，并将害人者诱诓进屋里，反烧死了他们自己。王金龙当官后回家路上偶遇刘秉义，并将其带回府衙审问，问明原因后，王金龙原谅了刘秉义。苏三与王金龙也得到了真正的团圆。人们把徐先生的这部充满喜剧色彩的《玉堂春》叫做五至八本《玉堂春》。"送别"一场，苏三对王金龙唱了一段[二六]："郎君立志言辞壮，薄命裙钗喜欲狂。闺中少妇休思想，客路平安到帝邦。万金珍宝皆奇样，密锁锦囊要提防。"王金龙念道："三姐多多保重，我告辞了。"苏三望着出门走远的丈夫，接着唱[摇板]："见三郎跨征程满心欢喜，此一去必定能平步青云。"这时为了表现苏三的喜悦之情，在行弦中走花梆子，并在小锣声中碎步下场。

封杰：您为了"艺不压身"，拜了多位艺术大家为师。

毕谷云：我在拜徐碧云先生为师之后，又相继拜了梅兰芳、荀慧生先生。

《绿珠坠楼》毕谷云饰绿珠

为了开拓戏路，我原定拜小派艺术创始人于连泉先生为师，但我当年所在的剧团领导没有同意。可是，于连泉先生非常喜欢我，给我细致地说了一出《红梅阁》。这出戏在技术上有个绝活，就是检场的人站在守旧旁边，双手拿着两把松香，用力一吹，两团火在半空中缓缓飘落。

徐先生为了将他的表演艺术全部传授给我，很多戏他是边说边示范，我也用录音机全部录了下来。可惜"文革"中，这些都属于"四旧"之物，为了不招惹是非，我用"样板戏"《红灯记》覆录在上面，原想将来可以再甄别分离出来。在传统戏逐渐恢复之后，我曾请高级技师来做这项工作，他告诉我已回天无术！

封杰：我听说您是梅兰芳先生的关门弟子。

毕谷云：是的。我第一次观看梅兰芳先生的演出是在上海的大舞台，那是他为了支援抗美援朝捐献飞机大炮而与盖叫天、张少甫等同仁们演出全部《甘露寺》。当时在上海的王熙春、李玉茹等所有坤角都扮好宫女上台，她们穿着红帔，头戴水钻头面，一对一对地出场，一共上了十六个大美女。台下像炸了锅一样地喊好，可当梅兰芳先生饰演的孙尚香随着［慢板］的节奏刚一出场，我顿时觉得还是梅先生最漂亮。

梅兰芳先生的神韵征服了我，不久，我在中国大戏院演出了《四郎探母》和《打渔杀家》。梅先生特意前来观看，他对同坐在一起的顾森柏先生说："他的条件不错，可以多学学青衣戏嘛！"正是梅兰芳先生的这句话而改变了我的艺术人生。当时的梅府住在马斯南路，我住在长乐路，两家距离非常近。在第一次走进梅府时，梅先生非常和蔼地嘱咐我多来学习。可我那时年龄尚小，对梅兰芳先生总是怀着一种崇敬的心情仰视着他，而不敢过多地前去朝拜。这样一直拖到1961年我才有机会正式拜在梅先生的门下，成为他的弟子。他对我说道："谷云呀，千万要记住咱们要讲究戏德，那比台上都要紧。"更没有想到，在我拜师之后的仅仅三个月时间，梅兰芳先生就撒手

人寰,离开了他所钟爱的京剧,离开了他所难舍的观众。这天,我永远记得——1961年8月8日。

封杰:这样如饥似渴地学习,如此坚持不懈地演出,是否跟您所处的剧团有很大的关系?

毕谷云:那时不管是私营剧社还是民营剧团,首先考虑的是赚钱。只有提高上座率,才能解决全团人员的生活温饱。尤其在演出剧目上,除演出一些大家熟悉的戏之外,更要有只属于自己的剧目,必须演出自己的艺术风格来,观众才会喜欢你,时刻牵挂着你。

封杰:您从挑班起就是主演,深知其中的奥妙。谢谢您!

文武皆杨　正气豪天

——京剧名宿武正豪访谈录

> 上海戏曲学校毕业的武正豪，论唱功和琴艺皆得杨宝森先生亲授，既有杨宝忠先生操琴之韵味，细微之处的琴声又有杨宝森先生的风格。2010年11月20日，我采访了武正豪先生。

封杰：武老师，您好！您是在怎样的情况下从事的京剧事业？

武正豪：我的家庭以做买卖为主，由于不慎发生火灾导致家境每况愈下。由于我母亲是戏迷，她看见报纸上登载上海戏曲学校招生的消息，便让我去应试。我父亲极力反对。但家庭情况实在无奈，只好前去应试。考试当天，我以自拉自唱的形式演唱了《奇冤报》中一段"赵大哥……"，结果以第一名的成绩考入了上海戏曲学校。1941年，我们这批新招来原属于第二科的学生，在后来的学戏和排戏中渐渐地跟上了第一科的学生。所以，我们在以后的演出中都随着第一科的"正"字，老师将我的原名武志良改成武正豪。

《法门寺》武正豪饰赵廉

当时，我的母亲和孙正阳的母亲经常到学校看望我们，大家都很熟识，故而尊称大妈。那时，钱正伦（后来改名钱浩梁）和陈正岩时常在我家居住。在学校学戏的几年里，我跟随陈斌雨、陈秀华、林金培先生学习。我向陈秀华学习《御碑亭》《失·空·斩》和《群·借·华》等戏。我入校学习仅两个月就在天蟾舞台演出了《上天台》，我饰演刘秀，施正泉饰演姚期。我这个"刘秀"由于年幼够不着椅子，当唱完[二黄慢板]后，才由检场的大人把我抱起来"归座"。由于演出效果好，大家送我"假关正明"的称号。1945年，为庆祝抗日战争胜利，梅兰芳先生剃掉胡须在美琪大戏院演出，全部由我们上海戏曲学校的学生作为班底。当时第一科的几位师兄正处于倒仓时期，学校就决定由我每日演出开锣戏《上天台》《战北原》《战蒲关》《马鞍山》《空城计》等。

封杰：那么，您是怎样和杨宝森先生结缘的呢？

武正豪：杨宝森先生待人非常和善，极具书卷气。而我能够得以拜杨宝森先生为师，主要是他看中了我会操琴。刚开始，他教我唱戏，当我倒仓了，他又让我把精力放在京胡上面。

我跟杨宝森先生是在顾正秋师姐家认识的，当时我已经倒仓了。他问我："你除了唱戏，还会什么？"

我回答："我还会拉琴。"

杨先生说："好，你拉给我听听。"这样，我给杨宝森先生吊了《战樊城》中的两段[原板]唱腔。杨先生听后，说："给武正豪买船票，跟我上北京。"在场的李

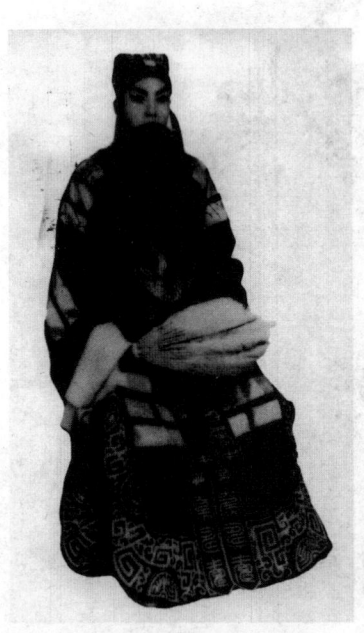

《空城计》武正豪饰诸葛亮

盛泉先生对杨宝森先生讲:"我这个学生错不了,你带回北京好好培养,一定能成才!"我的父亲也很支持我,专门拜见了杨宝森先生。

1948年,我随杨宝森先生到了北京。他说:"你就住在我家里。"这样,我每天跟随杨先生学戏、练字,说京胡的伴奏尺寸。像《桑园寄子》《定军山》《失·空·斩》等戏,杨先生都说得非常细致。杨先生见我喜好京胡,又有发展前途,就建议我拜杨宝忠先生为师。他说:"你拜大爷为师,我来掏钱。"

我说:"我不用您掏钱,我想登台唱戏。"

十七岁,我在北京麻线胡同杨宅正式拜杨宝森先生为师,当天参加拜师会的有徐兰沅、白登云、姜妙香、谭富英等先生。我虽然年龄小,但我却拜师较早,反成了师哥。所以之后再有拜杨宝森先生为师的弟子,就由我来代师传艺了。后来,他曾开玩笑说:"我也跟随陈秀华先生学过戏,咱俩是师兄弟!"

拜师后,我们一同回了上海。杨宝森先生与梅兰芳先生合作演出了《红鬃烈马》《四郎探母》。

1950年,上海红十字会组织义演,请杨宝森先生在天蟾舞台演出《搜孤救孤》,裘盛戎先生饰演屠岸贾,谢虹雯饰演程夫人,烦请周信芳先生陪着演公孙杵臼。演出之前,杨宝忠先生喝醉了,杨宝森先生就让我顶替上场。事前,杨宝森先生特写好"现因杨宝忠有病,由杨宝森先生高足武正豪操琴,请诸君谅解"一块牌子,并说道:"如果你操琴好,这块牌子就不要戳出去。"起初大家都为我捏把汗,可演出进行中杨宝森先生觉得唱得很舒服,他就始终没让后台戳出那张牌子。之后,我跟随杨宝森先生到武汉边学戏边演出。

封杰: 那么,杨宝森先生是怎样教授您琴艺的呢?

武正豪: 杨宝森先生不教我唱戏,他主张我操琴,是有意培养我将来给他伴奏。他在让我给他吊嗓子时,如遇到双方唱与奏不协调,杨宝森先生会让我停下来由他示范,而且是他站着把左腿抬起搭在一个地方拉琴。

杨宝森先生是个非常斯文的人，不过有时他见我实在无法表达出他所需要的那种效果，他会轻轻地敲打我一下。所以，我能拉全出的《搜孤救孤》，在演奏劲头和套路上完全跟杨宝忠先生一样，这些都是杨宝森先生指教和点拨的结果。

我跟杨宝森先生学习的几年里，他一边教我唱戏一边教我拉琴，我每天早晨到陶然亭或中山公园练功，下午三点钟后再到杨宝森先生的房间给他吊嗓子。杨宝森先生见我拉得大汗淋漓才停手，尤其是到了冬天，他让我远离火炉子拉琴，同样要到出汗为止。他教戏是非常精心，我学戏也非常刻苦。那时的杨宝森先生生活非常清贫，即使这样，他仍不舍得典当演出用的十几个戏箱子。杨宝森先生对中医非常信任，就是在我拜师这年，他得了肺炎。我将一位熟识的西医朋友请到家中给他看病，两人事先约定只提是中医大夫。我们刚进门，杨宝森先生就问是中医还是西医？我只好随声道："是中医。"那时，链霉素药水需要一两金子才能换一瓶。我们换了两瓶，韩大夫说："三爷，您可别动，我给您打得可是金针！"多年后，杨宝森先生还是因为肺病而逝世，可惜他只活了四十九岁。

后来，杨宝森先生到上海演出，他让我来给他操琴。我说："我不能拉，如果这样，随同您来的黄金陆这趟不就白来了。"杨宝森先生狠狠地骂了我一顿。

封杰："四大须生"的关系非常融洽，尤其是谭富英与杨宝森先生更是密切。

武正豪："四大须生"中论唱腔，马连良先生是帅，谭富英先生是脆，奚啸伯先生是花，杨宝森先生是情。

杨宝森先生有次演出《定军山》，马连良、谭富英先生都在场，谭富英先生对我讲："你师父的这出戏比我强。"在表演方面，杨宝森先生以余叔岩先生为标准。他青年时期同样唱武戏，非常讲究，曾演过《翠屏山》的石秀，并留有"石三郎进门来"唱片留世。后来,杨宝森先生因为身体的原因就把武戏收了,只演文戏。而像他演出《打棍出箱》中范仲禹的出箱仍然很溜。他的艺术只有懂得他的人才能够明白,他非常讲究字眼儿。他在上海人民大舞台演出《洪羊洞》,之前他告诉我说:"你到前台注意我第二场的戏有什么不同的地方。"看完戏后,我回话说:"您唱'再与老军说从头'的'头'字您没有唱,而唱得是'斗'。为什么?"

杨先生说:"这个'斗'字是'头'字的喷口。"

有一次,谭元寿带我到家里给谭富英先生吊嗓子。谭富英先生唱的是正宗的余派,我说:"您的余派唱得这么好,为什么在台上不这么唱呀?"谭富英先生说:"我不这么唱,我就不是谭富英了!"接着,谭先生说道:"你回去对你师父讲,我这出《鼎盛春秋》不唱了,他的《伍子胥》比我的好!"回到家,我将谭富英先生的话原本转告了杨宝森先生。杨先生勃然大怒,对我骂道:"你混蛋,混蛋。这种话你也能带!"这时在一旁的赵师娘解劝道:"这是谭先生的话,他怎敢不带,不要怪正豪。"赵师娘连忙给谭富英先生挂电话,说:"谭先生,我们老三从来不骂人的,这次正豪带话,挨骂了。"谭先生让我师父接电话,道:"三弟,你不要怪正豪,这是我让他带的话,他不能贪污。我这个'伍子胥'不如你,今后我不贴了!"从中也可看出谭富英先生的大度和高明。

封杰:杨派的唱腔非常讲究字眼,您能举例说说吗?

武正豪:现在的青年演员对于杨派艺术

《辕门斩子》武正豪饰杨延昭

的研究不够深入。杨宝森先生在唱《斩马谡》中"火在心头难消恨"一句不唱高腔的"消恨",因为这种唱法容易使诸葛亮显得年轻,缺乏厚重感。但他唱《伍子胥》中的"恨平王无道乱楚宫"就使用了高腔,因为这时人物的义愤情绪已达到了高潮。平时,他总在家的大客厅反复聆听余叔岩先生和言菊朋先生的唱片,研究他们的字和腔。像杨宝森先生在《文昭关》中尝试着以跳板跳眼的形式演唱"心中",后来就收了。他很喜欢言派,并让我好好保存这些唱片。

杨宝森先生演出《桑园寄子》中的邓伯道,面对坟台哭诉:"伯俭,兄弟,唉,难得见的兄弟呀!"他利用他独特的嗓音韵味表达人物心中的悲痛之情。

他在演出《击鼓骂曹》时与琴师伴奏[夜深沉]的节奏相当和谐,表演的鼓套子非常俏皮。他发挥自身宽厚的嗓音条件,将唱腔表达得尽善尽美。所以说,他的鼓套子有他自己的风格,堪称第一。

封杰:您虽然没有拜师杨宝忠先生,我想他一定给予您许多指点。

武正豪:我虽然学自杨宝森先生,但我操琴的风格却是忠实于杨宝忠先生。

一次,杨宝森先生到青岛演出全部《杨家将》,杨宝忠先生在拉到[导板]时手里有些"拌蒜",杨宝森先生发现杨大爷又喝酒了,忙让管事张伯泉到戏园子里找我。当"伍子胥"唱到[快三眼]时,杨宝忠先生虽然还能拉,但手音已有些不稳。下一场《碰碑》杨宝森先生唱[反二黄慢板]"叹杨家秉忠心大宋辅保"之前,杨宝忠先生将京胡递给我说:"你来!"就到后面休息去了。当演至《清官册》,杨宝忠先生又接过京胡,对我说:"正豪,完戏你别走,我请你吃消夜!"我们边吃消夜边聊戏。杨宝忠先生说:"正豪,你把刚才的[反二黄]念念我听听。"他在听完我念的拉花过门时,他又说道:"你在拉花过门之前就已然起范儿,这样改动好,你提前调动了观众注意力。"其实我这些演奏方法都是杨宝森先生教授和示范的结果。作为青年演员应该学会拉京胡，这样可以帮助你深入理解唱腔的内涵，有助于对人物思想的理解。

封杰：您有多次机会可以傍上大角，可都因为您坚持传统思想而错失良机。

武正豪：的确。杨宝森先生对我的培养终生不忘。他原想让我接替杨宝忠先生，但我不可能这么做事。不想，他却早几年比杨宝忠先生仙逝了。还有一次，李慕良与马连良先生在中国大戏院演出期间发生争执，经理石德康先生找到我说："救场如救火！"建议我改拉马连良先生。我说："这样的话，我既对不起杨宝森先生，又对李慕良不利。"几十年来，黄金陆和李慕良对我非常感激。我这样做完全是受了传统道德的教育，唱戏要有戏德，做人要遵道德。

"文革"后，我在湖北省京剧院任艺术指导相继恢复排演了《红鬃烈马》《四郎探母》《法门寺》等十一出大戏。在回顾杨宝森先生的演唱艺术时，我觉得他在继承余叔岩先生演唱艺术上有他独特的风格。我们在聆听、研究余叔岩先生和杨宝森先生的录音时发现，如果把余叔岩先生的唱片放慢速度，它就是杨宝森先生的韵味。如果把杨宝森先生的唱片放快速度，它就是余叔岩先生的风格。

封杰：杨派艺术的构成是杨宝森先生跟杨宝忠先生的唱与琴的水乳交融。谢谢您给我上了一课！

习梅吟张 艺兰双秋

——京剧名宿吴吟秋访谈录

京剧名家吴吟秋先生在继承张派艺术方面采取了活学活用的方法，将张派艺术的真谛化为己身，最终赢得"小张君秋"的美誉。2010年11月16日，我采访了吴吟秋先生。

封杰：吴老师，您好！您从艺已有七十年，那当初您是怎么走入京剧大门的呢？

《吕布与貂蝉》吴吟秋饰貂蝉

吴吟秋：我们家其实跟京剧一点不着边，我父亲是名医，母亲从事教育，他们对我非常宠爱，起名吴云。然而，没有几年家庭发生了变故，我随母亲生活，而我喜欢上京剧跟我舅舅有很大的关系，他是杭嘉湖一带有名的琴师，名叫杨友范。又因为我舅舅在喜临堂戏班教戏，我顺其自然也跟着进去练功、学戏。那时，我才八九岁。

几年后，我舅舅把我带到了上海，在上海实验剧校继续学习，可我总觉得他们学的是话剧。一次，校长熊佛西先生来检查练功，他看我练得与别人不同，就问我情况。我回答说是京剧功。以后，熊校长决定只有文化课叫我参加，其他课就不用参加了。十五六岁时，我演出《贺后骂殿》，当唱到[二黄快三眼]，突然嗓子不出声了。熊校长观察我一段时间后，对我说："你在这个学校恐怕会耽误你前程，我带你去见个人，好吗？"

我忙问道："谁呀？"

熊校长轻轻地说："梅兰芳。"

当时我听到梅兰芳的名字，简直不敢相信。那可是我们这代人心目中仰慕的偶像。

封杰：与梅兰芳先生的初次见面，一定使您刻骨铭心。

吴吟秋：那是一天的下午，熊校长把我带进了位于上海马斯南路的梅宅。梅兰芳先生非常和蔼、亲切，他对我说："不要影响学业，有时间就来。"这样，我从1947年到1949年间，就时常在下午到梅宅去学戏。

那时的梅葆玖正在震旦学校读书，梅兰芳先生特请王幼卿先生给他开蒙。遇到梅兰芳先生演出，梅葆玖必守候在身边。有时，梅兰芳先生也对梅葆玖进行细微的点拨。这种待遇我也曾得到过，至今令我难忘。当时，他们正在说腔，中间稍事休息。梅兰芳先生说："小吴，你来唱一段。"我也是初生牛犊，斗胆唱了一段《打渔杀家》中萧桂英唱的[原板]"老爹爹清晨起前去出首"之后，梅先生又让我唱了一段[二黄]。我唱的是《生死恨》中的"耳边厢又听得初更鼓响"，梅兰芳先生听完后，说："这孩子的嗓子还不错。"

后来，我曾问过梅先生什么是梅派？梅兰芳先生说道："你在台上大大方方演唱，私下认认真真做个好孩子，那我就承认你是梅派。"

封杰：既然梅兰芳先生已经承认你是梅派，您为何没有磕头呢？

吴吟秋：这一方面原因是熊佛西先生主持的是新派教育，不主张磕头，

另一方面是我年幼无知不懂得这些传统礼数，最终失却了拜入梅门的大好时机，只能抱恨终生。

我第一次看见金条就是在梅兰芳先生演出后，别人送上的包银。这些钱有很大一部分，梅先生都用来周济那些当年曾帮衬过他的老艺人，就是不才的我也曾得到过梅兰芳先生的恩泽。一天，梅兰芳先生把我叫到身边，说："天快凉了，拿着这个回去添点衣服。"当时，我连声谢谢的话都没有说。接过小包回到学校宿舍后，我打开一看竟是十块银圆。这样，我添置了过冬的衣物，梳理一番，穿着崭新的布鞋、人字呢外衣，剃了光头，一派少公子的样子。我再次到梅宅时，连家里的总管王舅爷都笑说："哈，这是哪来的少爷呀！"梅兰芳先生看见我这身打扮，也笑着说："你看，多漂亮的小孩儿！"随后，梅先生又说："来来，你唱一段。"

有时，梅先生的老朋友冯耿光、李释戡、姚玉芙、郭效青聚会梅宅共商艺术，宛若文化沙龙，大家坐在一起吃饭，听他们说话都是学习。时间太晚了，梅先生就让我到二楼与梅葆玖共居一室，躺在沙发上真是比我学校的木板床舒服多了。

因与梅家熟悉了，感情也日益加深。尤其是跟年龄相仿的梅葆玖更是亲如兄弟，每天陪他学戏。为锻炼他的演出实践，有时安排他演日场，奚啸伯先生曾陪梅葆玖演过《三娘教子》《宝莲灯》《大·探·二》。有一次，梅葆玖在中国大戏院演出《玉堂春》。之前，梅葆玖让我去买包糖炒栗子。买回来后，我们俩吃了起来。我是上场门、下场门、台下边看戏边吃。这时，梅葆玖吃糖炒栗子被香妈发现了，也就是梅葆玖的妈妈。忙将他拦住了，怕糖糊住了嗓子会影响到演出效果。我这个"侍从"知道犯了错误，吓得一连几天不敢登梅宅。

封杰：您在梅宅最受益的是什么？

吴吟秋：梅兰芳先生让我唱时，我就铆上使劲唱。梅先生就会在个别

习梅吟张　艺兰双秋

地方对我进行纠正，尤其是拐弯处说得更是细腻，同时在表演方面给予传授。令我最受益的是，梅兰芳先生的弟子们登府求教，他从来不避讳我，反而让我在旁边听。言慧珠要演出《洛神》前来请益，梅先生说："你要演出洛神的仙气来，不要演成我梅兰芳。"这句话无形中对我今后的艺术道路产生了极大的启迪。

然而，我有件事觉得对梅兰芳先生感到非常愧疚。那是1953年年底，我搭宋德珠先生的颖光剧团在新声剧院演出。之前为购买头饰走到王府井的东安市场，听到后面有人叫我："小吴，小吴。"待我回头一看，是梅先生。他接着问我："你是什么时候来的北京呀？明天葆玖在吉祥演出《祭塔》，你来呀！"可我由于第二天有演出没能到吉祥戏院。再者，我当时也没有问梅兰芳先生的住处在哪儿？可当年在上海，梅兰芳先生为了培养我还把我介绍到王幼卿、朱传铭等老师处练功、学戏。尤其是上海临解放前夕，时局非常乱，梅先生问我："小吴，你有什么打算呀？"

我回答："我也不知道。"

梅先生说："我给你写封介绍信，到南京找夏声剧校吧。"

这样，我怀揣着梅兰芳先生亲笔信到了南京，将装在牛皮纸里的信件递给了刘仲秋先生。从此，我加入了第三野战军政治部文工三团，成为一名文工团员。

《武家坡》吴吟秋饰王宝钏

封杰：这么说，您成了革命文艺战士，今后的京剧道路应该是前途无量。

吴吟秋：先说这个剧团的成员，他们都是些十几岁的小演员，人称"娃娃剧团"。这时，我的嗓子也倒了过来，参加了剧团安排的不少传统戏和新编戏的演出。1951年，我们划归到地方，大家心里非常难过。我们回到上海演出了《大名府》，我饰演贾氏，齐英才饰演卢俊义。有一天，刘仲秋先生找我谈话，说："我们打算培养你当干部，但是，你在台上要淡出。"

我一听这话急忙回答："干部我不当，我只想当好演员。"因为，我刚刚尝到当角儿的滋味。不承想，第二天剧团领导宣布支援广西人民京剧团的名单，第一个宣读的名字就是我。

在广西演出的一年多时间，我脑子里总想着唱京朝派，我就提出离开广西。领导说："党培养你多年，你不能走！"无奈，我只好提出辞职。这时正好有剧团邀演员到河南的洛阳、开封等地流动演出，我搭入了这个散班，一路上演出了许多梅派戏。也是凑巧，我有位朋友宋又声邀我到天津，参加建新京剧团在新中央剧场演出。

在天津演出期间，赵松樵先生派人找我商议到东北演出。赵松樵先生见到我说："你的唱腔里不仅有梅先生的东西，还有张君秋的。"赵先生一语道破，这源于我在上海中国大戏院看过马连良、张君秋先生的演出，感觉张君秋先生的嗓音非常甜美圆润。赵先生说："大家都说你像张君秋，不过你的名字不合适，不如改一改。"我说道："那就请您改吧。"这样，赵先生想了想把我在夏声剧校使用过的吴蔚云改做吴吟秋。

封杰：那您是什么时候结识张君秋先生的？

吴吟秋：我随赵松樵先生到东北演出时，就开始使新的艺名吴吟秋。在东北的几个月，我常陪着赵松樵先生的义女唐啸东演出生旦对儿戏《武家坡》《桑园会》《三娘教子》《汾河湾》等。由于演出效果不错，到佳木斯时，我被邀请加入哈尔滨京剧团，与梁一鸣先生合作。在哈尔滨演出的一年里，观众送我"小张君秋"之称。

　　1954年的夏秋之交，张君秋先生率北京市京剧三团到哈尔滨演出，组织上安排由我照顾张先生的生活。我们从火车站接来张先生送他入住马迭尔饭店，以后的每天我都不离张先生身边。

　　张君秋先生在南岗区劳动人民文化宫演出《起解·会审》《金·断·雷》《凤还巢》《刘兰芝》《红鬃烈马》等戏，他让我去看戏。这二十多天，只要我没有演出总是跟着张先生，如遇到我有演出，剧团必是将我戏码往前安排，演出完我就急忙赶到劳动人民文化宫看张先生演出，真是获益颇丰。剧团临离开哈尔滨之前，张君秋先生以为我是北京的孩子，对我说："你怎么漂到了哈尔滨，还是回北京吧！"

　　我回答道："我到了北京找谁呀？"

　　张先生说："你找我去呀！你是我的徒弟了！"他还说："你在这个地方，看没地方看，学没地方学，还是回北京好。"

　　回到剧团，我就向领导做了汇报，领导决定举办简单的拜师仪式。

　　封杰：北京是您多年向往的地方，唱"京朝派"戏是您多年的梦想。

　　吴吟秋：1955年，我向剧团领导提出辞职，带着琴师、鼓师一路演出往北京靠拢。这时我接到张君秋先生写来的信，他让我尽快到北京，说梁益鸣正缺旦角。后来，我才知道国家已经出台了演员不许再流动，由当地剧团收编的规定。

　　到了北京，我参加了由梁益鸣、张宝华组织的鸣华京剧团。我不仅陪张宝华演出《长坂坡》的糜夫人等配角，还演一些主演剧目，有时一天要连演三场，频繁的演出也奠定我在北京的知名度。

　　当时的鸣华京剧团一般都是连贴几天的演出海报，其中一天，是我和梁益鸣先生在长安大戏院演出《苏武牧羊》。我演出之前到张君秋先生家请教，进了家门先到师奶奶房间聊天等张先生午睡醒来。张先生将胡阿云的台词、脚步、位置、唱腔进行了精心的传授。演出当天,家住西单的马连良先生遛弯打此经过,进来看了我们的演出。演出之后,看门的师傅告诉说:"刚才马团长来看戏了,说你嗓子亮。"

由于我是带艺拜师,张君秋先生在给我说戏的时候,就针对我的具体情况进行指正。像我习惯了唱梅派唱腔中的落音,他就给我分析道:"这种情况,一种是情绪所为,一种是气息衬托。"后来,我唱得多了,才感觉张先生的落音是糅进了音乐之中,显得缠绵,余味无穷。

张君秋先生的唱腔是与时俱进,他常在细微之处进行加工变化。张先生虽然不识曲谱,但他设计出来的唱腔悦耳耐听。像排《望江亭》他无时无刻不在想着唱腔,就是理发、洗澡的时候都曲不离口,回到家他立刻用荷兰飞利浦录音机将想出来的唱腔录好,再反复聆听琢磨。"只说是杨衙内又来搅乱"的[南梆子]唱腔是张先生活用荀派《红娘》中"一封书"的典范。他还将《击鼓骂曹》中祢衡唱"呵呵笑"的下场腔化用到《诗文会》中车静芳的下场唱腔中。他不仅有上百出戏的唱腔基础,而且他还吸收地方戏的艺术元素。像《诗文会》中的车静芳有个特定的曲调,是张君秋先生在中和戏院看鲜樱桃演出山东五音联弹剧团的老腔中衍化而成。张先生操得一手好京胡,有时他叫我唱一段《二进宫》中的"自那日与徐杨决裂以后"。他唱的"日"字上口很重,而且是将"后"字唱成"后"与"号"之间的音。

《宇宙锋》吴吟秋饰赵艳容

张君秋先生有条天赋极好的嗓子，加之后天的磨砺，才使得它常年不衰。他每天要吊两个钟头的嗓子，一个钟头的[西皮]和一个钟头的[二黄]。所以，他的嗓子即使到了晚年仍然甜美响亮。

张先生看过我演的《游龙戏凤》，对我唱得[四平调]不甚满意，便将自己早期演出的《怜香伴》中的[四平调]传授给我。

张君秋先生从来不称自己是张派，而称"咱们的"。很多演员在演出中都吸收了张先生唱腔的韵味和风格，就是歌剧演员都来找张先生学习他的演唱技巧。张先生不仅在传统戏中有所改良，就是现代戏中也有创新。如《沙家浜》《年年有余》《秋瑾》《红灯记》和《红色娘子军》等戏都可显见张先生的艺术创作思想。

封杰：您认为，京剧是听戏还是看戏？

吴吟秋：京剧前辈都是在演人物，都是在发展，如果不这样，梅兰芳就是陈德霖，张君秋就是梅兰芳。我有实例说明问题，张君秋先生演出《审头刺汤》中的雪艳，在最后刺死汤勤预备自杀时，唱完[扑灯蛾]后，观众准备起堂，张先生一句"也罢"就能让观众安安稳稳地坐回原处。其实后面只是"待我自刎了吧"几个字，可见张先生的艺术功力多么高深。

听戏与看戏，是两个完全统一的整体，缺一不可。

封杰：一个小小实例已经说明了问题的实质，这对于青年演员大有启迪。谢谢您！

艺松常青 安生平和

——京剧名宿关松安访谈录

> 久闻上海的关松安先生教学传艺有方,对老生行当颇有研究。而其身藏的一出《太白醉写》表演风格今日已濒临失传。2010年11月20日,我采访了关松安先生。

封杰:关老师,您好!很久前就想结识您,好向您请教。请您先谈谈是怎样进入京剧圈的?

关松安:我们中华国剧学校成立之前,上海已经有了"正"字科的上海戏曲学校,但由于内部教育思想和方式的不统一导致老师离开了学校。

《打渔杀家》关松安饰萧恩、陈朝红饰萧桂英

这样，像罗文奎、韩德林、王益芳等先生就想找人出资另起炉灶。后来他们找到做煤炭生意的"煤炭大王"李松林先生，请求他做件善事投资成立戏校，培养京剧后人。

我是 1941 年入的中华国剧学校，按"松柏长青"字排名，改关宝庆为关松安。我由张荣奎、产保福、王盛海先生教授文武老生。产保福先生教授我"三斩一碰"，张荣奎先生教授我靠把戏。出科后，我拜了宋继亭先生为师。我跟随宋先生学习了一段时间戏后，他对我说："你很聪明，你要再学，应该跟我舅舅学。"那时，我根本不敢问宋先生的舅舅是谁？后来，我才得知宋先生的舅舅是陈秀华老先生。他是与余叔岩先生同时代的演员，对余派艺术深有研究，连孟小冬、李少春到北京都要请陈老先生赐教。陈秀华先生除给我所学的戏进行择毛外，他还传授我《太白醉写》和《金马门》。

封杰：昆曲有出《太白醉写》，京剧与之有什么异同？

关松安：京剧的这出《太白醉写》与大家熟悉的昆曲《太白醉写》有很大不同。它是京剧前辈时慧宝先生得意之作，剧中李白唱[娃娃调]。陈秀华先生学成后，又根据个人条件和见解进行了加工、丰富。他将孙菊仙老先生的唱腔特色融入了谭、余派的唱腔韵味，如《金马门》李白骂安禄山的唱段最为突出。

《太白醉写》演绎李白入都应试，因不肯贿赂主试官杨国忠及高力士，被黜。后渤海国以蛮文上表唐玄宗李隆基，满朝无识者，贺知章荐李白，李白至，宣读蛮书，一字不讹。唐玄宗又命其草诏以宣国威，李白乃请旨命杨国忠磨墨，高力士脱靴，以泄被屈抑之愤。李白唱的这段[娃娃调]非常好听，虽为小生常用腔调，但此刻是用老生的韵味来演唱。李白幕后唱[导板]"杏花村好一似琼林赴宴"，转[三眼慢板]："勒住了龙驹马醉眼斜观，唐天子因甚事将我召宣？高力士、杨国忠可在殿前？非是我埋名姓懒把君见，万岁爷得一梦三生有缘，眼望着金銮殿离此不远。"转[西皮散板]："李太白今日里跨马朝天。"李白摇马鞭，醉醺醺出场，但很潇洒。当皇上让他抬起头来，李白答道："不敢仰面视君。"

皇上回道："恕你无罪。"

李白答道："谢万岁！"这时，李白有一个脸朝外的跷腿压腹醉相。

当皇上命李白读蛮诗时，李白有个踮腿、弹髯的小屁股座子坐在椅子上。唱[快板]："醉眼蒙眬仔细观，渤海国把宝献，进蛮文诗一篇，天朝有人来读念，年年进贡伴君前，若是无人来读念，以小犯上起狼烟，看完蛮诗诗字笺，可有一字不周全，来来来，随我上金殿。"皇上见李白读懂蛮诗，保住了皇家的威严，下令道："在金殿摆宴，孤与卿贺功。"李白见皇上退朝，转过身来对高力士言道："高公爷，你来看呀！"指着朝靴哈哈大笑，预示高力士为李白脱靴，以示嘲笑。

《金马门》是演李白草诏后，名动京都，唐玄宗深加敬礼，李白仍终日徜徉酒楼。一日与贺知章同游金马门，遇杨贵妃义儿安禄山，招摇过门；李白乃佯醉加以痛骂、羞辱一番，安禄山避道而行。

李白唱[西皮慢板]转[二六]转[流水]："一言怒恼李青莲，酒醉叫骂安禄山，渤海国曾把蛮诗献，我主爷在金殿坐不安，传旨就把下官宣，学生酒醉把君参，我也曾斗酒诗百篇，我也曾斗酒写黑蛮，若不是醉写的功劳显，尔的性命丧黄泉。"最后的落腔很别致、俏皮。

"万岁爱你玉粉面，不过是爱你的身子圆，那下国无宝将你献，万岁将你藏在了内边，虽然未曾封宫院，迷乱了圣心伴君眠。"暗示安禄山与皇上的关系。

京剧中表演李白故事的戏，只有这么两出，表演非常风趣，而且剧情紧凑，人物分配合理。像《太白醉写》李白是老生，杨国忠是花脸，高力士是丑行，只有皇上有些特别，他是由昆曲演变而来。昆曲是老生扮相，唱小嗓。京剧是小生应工，挂髯口，唱大嗓。当年陈秀华先生非常喜爱，花费了很大的心血。

封杰：您讲到了几位先生给您说过戏，请简单谈谈他们。

关松安：我最初跟陈秀华先生学会《太白醉写》《金马门》后，又经王盛海先生加工。这位王先生坐科北京富连成科班，是"盛"字科的大师兄，肚囊非常宽敞。可惜，王盛海先生在回北京的路上病逝了。

张荣奎先生来自北京，与余叔岩先生同时代。张先生的性格非常耿直，有出《武昭关》最精。余叔岩先生曾讲，张荣奎这出戏最好，以后我不唱了。张先生不但教我们靠把戏，还能教我们花脸和武生戏。有一次，王盛海先生给我们排全部《甘露寺》，对张荣奎先生说道："乔玄、刘备的活我都教了，您来什么？"张先生回答："我教《张飞听琴》和《芦花荡》。"

瑞德宝先生曾想将谭鑫培老先生的《雄州关》教授与我，可惜后来他到了福建，此戏我也没学成。听说，这出戏谭鑫培与王愣仙老先生演过，余叔岩先生学成后和程继先先生合演过。1986年，我到北京请教了京剧研究家刘曾复先生。他讲，韩世忠穿红靠，带黑三，唱[西皮慢板]："为金兵急得我心神不定，盼救兵望眼穿昼夜不宁。陆元帅尽了忠自刎丧命，只一子失陷在万马军营。好叫我止不住腮边泪滚。"转[二六]："可叹他夫妻们饮恨幽冥。急公文求圣上遣将助阵，因何故十数日杳无回音。在二堂思无计心中忧闷，我自知心恐怕难退雄兵。"这出戏主要是演派头。韩彦直穿绿箭衣，当韩世忠道"接嘴巴"时扔锤，韩彦直接锤的时候走抢背。这个动作比较难，是早年王愣仙先生创演的一个绝活。

钱宝森先生给我们教授"辘轳椅子"，也就是钱派身段谱。当时，我们都年幼无法理解，现在回忆起来觉得他的这些身段其实就是各部位关节的锻炼。"辘轳椅子"是将一个演员框住，在左、中、右范围内使其动作达到规范，形似太极拳。它可以让演员在任何一个地方表演，动作都是圆的，观众身处在哪个角落看都是美的。练到一定程度，这套身段谱心里就有了，

怎么运用都在一个画面里。钱宝森先生讲:"头不要动,是腰带身,身带颈。只有不断地练习才会达到三形六劲心意八。"

我学的《失·空·斩》和《洪羊洞》先后得到过陈秀华、陈大濩、宋继亭先生的传授。由于他们对人物、剧情的理解不同,所学流派风格不同,所以,我每学习一次就提高一回。我曾听这位人称"杭州余叔岩"的陈大濩先生讲,他为了跟余叔岩先生学戏,带上六万银圆到北京,一心想拜余先生为师。有人说:"你是大学生,干什么不好,可以在银行当副经理。"陈大濩先生回答:"我就迷余叔岩!"

封杰:您出科后的艺术道路又是怎样的呢?

关松安:我出科后,主要是帮着陈秀华、陈大濩先生做助教。直到1956年,我入常州京剧团。我和陶素娟结婚后,我改行工文武小生,拜杨小佩先生为师,这样便于傍着我爱人演戏。后来,陈秀华先生说:"你别唱戏了,到戏校教学吧。"1963年,我正在办理转行从教的手续,不想有文件规定"只出不进"。从此,我被关在了门外。直到"文革"结束后,当时任苏昆剧团的书记吴石坚先生把我找回来,张文娟又将我借用到上海戏曲学校,才使我重新点燃了京剧之火。

封杰:我知道,您和您的爱人都曾是京剧演员,后来因故脱离了京剧舞台。

关松安:是的。我爱人陶素娟七岁开始练功,她的父母亲是滑稽演员。父亲艺名笑无能,操得一手好京胡。母亲小叫天,学麒麟童最好。他们常年在大兴公司演出,她们姐妹受熏陶也喜欢上京剧。这样她们父母请来京剧教师教《坐宫》,这年我爱人七岁,她姐姐陶文娟九岁。

他们家的兄弟姊妹七个,个个可以上台。她父母就带着他们组织成"小京班"到大世界演出。后来,我们学校和"正"字科学校毕业的学生李松泉、武正霜、刘松鹏、王正屏都找到她父母希望搭班。这样人越聚越多,她们姐妹的年龄也越来越大，就向父母亲提出成立演出小组到外地巡演。这年我爱人刚刚十三岁。

十六岁我爱人与李仲林、王正屏、赵松樵、白玉艳、陶文娟合演了许多戏。像她陪着赵松樵先生演出《探阴山》中的柳金蝉都是"钻锅"演出。后来，她又与张二鹏、李如春、李砚萍合作，上座相当高。有时遇到艺术水准高的前辈演出，她就停演一段时间。如马连良先生演出二十天，她就每天到剧场去看戏，《四进士》《苏武牧羊》《串龙珠》《春秋笔》《三娘教子》《桑园会》等，戏码从不翻头。看马连良先生的表演非常提精神，他每天都要检查"三白"。我爱人一家通过观赏马先生的戏，从中吸收养分，以此来提高自己的艺术素养。

《坐宫》陶素娟饰铁镜公主

刚才我讲过，1955年，我们夫妻加入了常州京剧团。八年后，有人商量着调我们回上海。不想，各种运动接连不断，从此再没有人管我们的事情。这样就将我们关在了艺术的大门之外。直到吴石坚先生见到我后，非常赏识我，才将我借调到苏州。而我爱人却成了一名工人，可惜她从赵桐珊、小百岁、阎世喜等先生处学来的一身艺术就这样荒废了。

封杰：您作为一名京剧艺术的传承者、教育家，对现今的教学持怎样的看法？

关松安：戏校不要让学生刚开始就学流派，这样容易将孩子框住，这段时间应尽可能地让学生学习演人物、演感情。待有一定基础后，再根据学生的具体情况往流派上靠，但不要死学。像谭富英、杨宝森、孟小冬、陈大濩都学余叔岩先生，可他们并没有死学，而是结合自身的情况加以变化，唱出了自己的风格，甚至形成了新的流派。

京剧不要分南北派，我们都是一个老祖宗。只是大家分散到各地，逐渐形成各自的表演特色。

封杰：我想您的这番话一定会引起大家的深思。谢谢您！

茹家风范 文武全能

——京剧名宿茹绍荃访谈录

> 京剧艺术流派众多，只小生行中就分为多家，但提起茹派表演艺术，行内没有不称赞的，而且别的行当同样从中受益。2008年1月25日，我采访了茹绍荃先生。

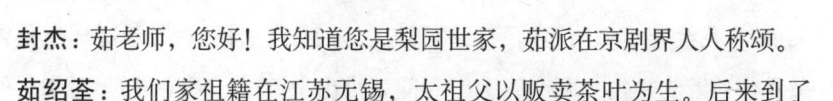

封杰： 茹老师，您好！我知道您是梨园世家，茹派在京剧界人人称颂。

茹绍荃： 我们家祖籍在江苏无锡，太祖父以贩卖茶叶为生。后来到了北京，在前门鲜鱼口内的华乐园旁边的店铺租了一个柜台专门卖从无锡运过来的茶叶。由于我们家在华乐园附近，我曾祖父茹莱卿每日到剧场内看戏，被杨隆寿先生看中招到家中做手把徒弟。后来，我曾祖父与其他几个师兄弟掌握了一些京剧的基本功，可以演出了。在此基础上，杨隆寿先生才成立了小荣椿科班，陆续招来了杨小楼、程继先、叶春善、郭春山等先生。

说到茹派，就始自我

《白门楼》茹绍荃饰吕布

曾祖父茹莱卿,那时叫作"茹家门的艺术"。他是武生演员,常演《八大锤》《雅观楼》《探庄》《战濮阳》等剧目。他给梅兰芳先生演出《霸王别姬》设计编创了一套舞剑。还为《木兰从军》中梅兰芳先生表演花木兰从军路上唱[新水令][鹧鸪令]而为马鞭、枪编创设计了一套舞蹈动作。我曾祖父还拉得一手好京胡,姜妙香先生唱旦角戏时特请我曾祖父伴奏。梅雨田看到他的琴艺后,请他为梅兰芳教刀枪把子同时兼操琴。1913年,王凤卿带着年轻的梅兰芳到上海演出。三天后,王凤卿先生为了捧梅兰芳说:"让畹华唱大轴,我唱倒第二。"中国大戏院的老板说:"大家想看梅兰芳演武的戏。"我曾祖父说:"我给排《穆柯寨》。"王凤卿先生说:"我来杨六郎。"这样,我曾祖父和梅兰芳先生用了两个晚上的时间就排出上演了《穆柯寨》。后来,他们觉得旦行唱腔只有一把京胡显得单调,就在去日本演出之前和吹笛子的陈嘉梁先生商议把二胡加进了京剧乐队之中,而且在日本演出中运用了京二胡。在徐兰沅先生操琴技艺成熟后,我曾祖父提出由他替换自己,专门给梅兰芳操琴。

我爷爷茹锡九演出的《摩天岭》最为精彩,他饰演化装成小商人的薛仁贵,推着小车上山斗敌寇,一路上边推车边观察山寇动静,只这虚的表演就能得到喝彩。他演出的《盘肠战》站在桌子上,是十个小翻加一个锞子。还有,我爷爷演出《艳阳楼》里花逢春的上场旋子是左脚落右脚轻轻一点就立刻起来,非常轻巧,彩声不绝。当时,我爷爷的武功在上海是无人能比。所以,他在上海一待就是十六年。

我父亲属于带艺入科,进富连成科班不久就开始演出了,并将家名"子丰"改为"富兰"。有一次,程连喜病得很重,导致无人能够接演《群英会》中的周瑜。萧长华先生看见我父亲非常用功,就与叶春善先生商议由我父亲接演。萧老问我父亲可会周瑜,我父亲回答:"师哥演出时,我已经学会八成了!"萧老听说非常高兴拍着我父亲的肩膀说:"回家后,跟你父亲把这个舞剑学瓷实了！"周瑜在酒席宴上的舞剑，徐小香先生演出时有时舞单剑，有时舞双剑。到了王愣仙先生只舞双剑，一直传到如今。而我父亲却将这两种表演方法全都学会了。由于我父亲学戏刻苦，很快就出了名，我爷爷就渐渐地脱离了舞台。我大哥茹元俊在富连成科班主攻武生。我最早也入富连成科班取名韵瑛，后来我父亲说："你还是叫家名绍荃，好。"我弟弟茹绍奎学武丑，拜叶盛章先生为师。

封杰：您父亲茹富兰先生教学一生，可谓桃李满园。

茹绍荃：作为教师，我父亲有丰富的教学经验。他常讲，老师在教授学生的时候，要把学生当作观众来看待。而他对我们的要求更是严格，他说："你们从练功开始，就要带着感情。"像《雅观楼》中的李存孝一个山膀，一个抬腿，他都要求眼睛要有所配合。

1951年，我父亲被邀请到中国戏曲学校任教，王瑶卿先生曾请他登台演出为学生示范。但我父亲讲，自己年老了不再适合登台。其实，我父亲当时的身体情况和艺术功底仍然可以上台演出。那时，我父亲从学校回到家常说的一句话是："今天我给他们'唱'了四出半。"这所谓的四出半大戏是他老人家执功执令地把全剧每个场次不落地教授给学生。

我自小跟我父亲学《岳家庄》《探庄》《飞虎山》等戏。他告诉我："每个人物都要讲究人物的身份，一定要让观众看出人物的年龄。尤其是老先生的精华艺术一点都不许动，但是，从剧本到人物表演你必须'吃透'了，你才可以根据社会的发展适当地加以调整。"

我跟我父亲学《八大锤》是属于旁听，当时他正给周维俊说这出戏。我父亲很喜欢周维俊，他是金仲仁先生的弟子，为了学《八大锤》特意从上海到北京找我父亲，进门就跪地磕头。可惜，他三十岁时就英年早逝。我之所以学小生，是我父亲看出我有小生嗓子。加之，我的胯骨不大，站出来犹如一根棍，笔直好看。对于形象，我父亲首先强调人物的内心和年龄。

如果外形掌握不了,基本功的套路就无法将人物的内心表露出来。京剧的四功五法是为演人物内心服务的。武生或武小生的武戏首先要看他的文场戏,最能表现他的人物。一个演员别管他是文还是武,小锣打上也好,还是[四击头]打上,出场三步的整冠、捋穗再走,唱[点绛唇]还是唱[粉蝶儿]曲牌,再往后走落座,就得让观众看出你饰演的什么人物。像《八大锤》中的陆文龙,他出场的脚步是背手,迈一步、两步,水袖落下,再迈第三步。完全是一个十六岁的充满朝气武艺高强的少王爷做派。所以,这里陆文龙的走跟吕布、周瑜的脚步要有本质的不同。

另外,武生跟武小生演出《八大锤》的表现形式截然不同。首先是大、小嗓子的区别。[引子]:"胸藏虎豹韬,英名几时标。(念)中原成逐鹿,山河风雨飘,金戈征尘滚,壮志吞南朝。"这两个行当饰演陆文龙最大的不同点是气质上,武生要演出人物的成熟,武小生要演出人物的稚气。关于打,第一是见岳飞的四门斗,岳飞战败,竟然把岳飞打乐了。精彩之处是,陆文龙给岳飞一个削头,枪头要紧从岳飞的靠旗上打过,这时的岳飞一定要大低头。然后,亮住相,竖起大拇指。岳飞从内心佩服陆登元帅的后人武艺如此高超,内心想的是一定要将陆文龙收回本国,认祖归宗。由于我父亲和叶盛兰四舅的视力都不好,他们在演出过程中都不带扔枪的表演。

《挑滑车》茹富兰饰高宠

我父亲特别强调脸上要有戏。

陆文龙在与第一个人交手之后，知道了岳家军四员大将的锤技战法，只是与他们"玩"了起来。可到了关键时刻照样是该踢则踢，该削头则削头。这时的乐队要配合严谨，要讲究轻重疾徐打出情节、人物和气氛。我青年时期曾在中国京剧院演过这出《八大锤》，有位打铙钹的崇恩山先生对我讲："当年，我们给你父亲打这出戏觉得特别过瘾！"

还有，《雅观楼》是出全面考量武小生技艺的戏。为了跟我父亲学这出戏，我们爷俩是整整在一起练了两个冬季，冻得我两只手都僵了。我父亲说："《雅观楼》分南北两种演法，南方的演法带耍旗等技巧，不简单，而北方的更讲究表演。"

封杰：京剧中的各个行当都有其自己的"五子"要求，您来介绍一下。

茹绍荃：是的，每个行当都有"五子"要求。我们小生包括嗓子、翎子、靴子、扇子、把子。而像花脸是嗓子、笔杆子、胡子、靠旗子、把子。老生是嗓子、曲子、胡子、把子、靴子。丑行是嗓子、矮子、桌子、把子、嘴皮子。旦行是嗓子、线尾子、把子、曲子、褶子。

说到打把子，我想起《群英会》中诸葛亮在借东风之后有场演周瑜"大战"的戏，是徐小香、王楞仙先生的演法。后来不唱了，直接演《华容道》。这场戏周瑜的打全在戏里，非常讲究。当他幕后念"众将官，弃舟登岸"，随之出场，再念道："黄老将军，一同出战！"竟然令站在下场门的曹八将闻声丧胆，仓皇逃窜。

封杰：《镇潭州》与《九龙山》有何区别？

茹绍荃：听我父亲讲这两出戏，当年程长庚大老板演出时叫《镇潭州》，表示以老生为主。待徐小香先生演出时又称《九龙山》，表示以小生为主。其实在剧情上是一样的，只是在表演风格上有所不同。

起霸，是要根据人物的不同而区别对待，表演的程式是截然不同的。如，罗成、赵云、高嗣继等人的起霸各有不同的方式。其中有个蝴蝶霸。

封杰：刚才，您讲到舞台上表演虚和实非常重要。

茹绍荃：我父亲在教我戏时常讲："越是虚的表演越要让观众看的是真实的表演。"像《奇双会》赵宠的出门上轿应是迈左脚跨轿杆，轿夫掀轿帘，赵宠再迈右脚转脚，左脚跟上，身体半蹲进轿子，轿夫放轿帘，赵宠起身。另像上马动作是先勒缰绳看马头，左脚任镫跨马举马鞭。下马是右手小转马鞭，右脚摘镫，右脚落在左脚后面。这里的马鞭是实的，马是虚的，但两者必须结合好，让观众看出真实感。而拿马鞭也是有讲究的。当年我父亲说："拿马鞭的形式要像诸葛亮拿扇子那种的劲头。"

封杰：我常听说，茹和叶是一家。

茹绍荃：这是说，我们两家不仅是亲戚血脉相连，主要是指我们两家在艺术上息息相关。我四舅叶盛兰在科班时就常向我父亲学戏，就是在唱大轴戏之后，还是非常谦虚地向我父亲问艺。而且，我四舅每次来家学戏，总是毕恭毕敬地站在一旁，我父亲说："四弟，你坐。"即使到了全国大唱现代戏时期，他还找我父亲问传统戏的演法。

四舅问："姐夫，您说《马上缘》怎么能演出俏头来？"

我父亲说："当樊梨花将'你'吊起来了，这里的四句唱你可以得两个好！"

我四舅说："这[散板]怎么得好呀？姐夫，您给唱唱！"

我父亲示范道："樊梨花将我吊起，丁山此时好着急，我叫，叫一声，樊，樊，我那樊老太太呀！"这时的薛丁山唱"我那樊老太太"是在无京胡伴奏的情况下采用了半京白的唱法，而当唱"呀"字拖腔时胡琴跟上。这种演唱方式是我父亲的创作，改变了旧的唱法。

我父亲教授了许多学生，但真正能将他全部艺术继承好的是我四舅叶盛兰和小"富"字的杜富隆先生。我父亲对我四舅是倾囊相授，我四舅又在我们茹家的基础上有所发展，创立了叶派。所以说，我们茹、叶是一家。

封杰：学习流派应该怎样才是最好的方法。

茹绍荃：我父亲说过这样一句话："如果一个演员没有嗓子，你就不必上台了，如果只凭功夫那是受累的武（小）生。"

一个演员学习流派，在向老师学习时没能发展就不是一个好学生。而最好的"学生"当属杨宝森先生，他在学习汪桂芬的代表作《文昭关》后，将汪先生唱正宫半调的调门唱成了自己特色的趴字调，唱出了人物的情感和思想，韵味极浓，大家很欢迎，最后变成了杨派剧目。

封杰：那么，您的从艺之路是怎样的呢？

茹绍荃：我入富连成科班学的是老生，可我父亲觉得我的条件适合学小生，就让我在家跟随他学习小生行当。当时我大舅叶龙章已经继任富连

《打金枝》杨菊芬饰皇帝、茹绍荃饰郭暧、张雯英饰公主、雪艳琴饰皇后

成科班班主,他对我父亲说:"他随时可以来科班学戏。"我十五岁出科后,就随着我父亲到上海兰心剧场演出。这一待就是六年,这其中剧场老板为了生意,也为了捧我特意安排演出《群英会》,我饰演周瑜,由我父亲饰演蒋干。

1951年,我们回到北京。我老叔茹富华在荀慧生先生的留香社演出,他介绍我参加了进去应工小生。一年后,江世玉先生离开了中国京剧团,孙盛武、李世霖先生找我父亲要我参加中国京剧团。我父亲说:"他参加可以,但你们还是要把江世玉团结回来!"考核当天,我前面演出《辕门射戟》,雪艳琴后面演出《玉堂春》。

1955年,我跟王泉奎、李慧芳合演了一出《秦香莲》。当时的剧院有个创作组,经过他们的研究认为秦香莲与陈世美在年龄上应该是"老妻少夫"。所以,由我来饰演小生应工的陈世美。我在中国京剧院工作的几年里,剧院对待艺术非常严格,所上演剧目必须要经过审查。像我演出《战濮阳》之前,李少春先生曾到现场观看。演完之后,我征求李先生的意见。他说:"你父亲教的没错,就是你在掏完翎子,再放手的时候,翎子上有个手印。"不仅如此,就是我们这批青年演员一个抖袖没有抖平,艺术检查组的人都会找我们谈话。

1963年8月1日,我跟王泉奎、李慧芳、李宗义等人从中国京剧院调到梅兰芳京剧团。从此也使私人剧团性质的梅兰芳京剧团改为国营制。

封杰:谢谢您谈了许多茹派艺术的表演真谛。

近兰芳香　艺宗王梅

——京剧名宿杜近芳访谈录

> 1955年中国京剧院的成立标志着京剧进入了一个崭新的历史画面,以李少春、袁世海、叶盛兰、杜近芳为代表的演剧风格,彰显了新中国的艺术方向,而且创立出了新的表演流派。2012年2月7日,我采访了杜近芳先生。

封杰:杜老师,您好!您唱戏与家庭有关吧?

杜近芳:陈家视我为掌上明珠,父亲陈喜光给我取名陈玉华。他和叔叔陈喜兴都是喜(富)连成科班早期弟子。

三岁起,我就开始背《三字经》《百家姓》等书。稍微长大一点,我就每天到私塾先拜孔圣人,再叩老师学习文化。有时,我遇到背不下来的时候,就把戒方顶到头上,跪在老师面前请其责罚;有时,我坐在课堂上发愣,老师就找到我父亲说:"别让她念书了,否则会生病的!"其实,这时我在背我父亲在我牙牙学语时,常常哄我唱的"老王不幸把命丧""自那日与徐杨决裂后"

《桃花扇》杜近芳饰李香君

和"忽听得唤苏三"等唱词。不想在我上学的三年时光里,把《贺后骂殿》《二进宫》和《女起解》的全部戏词背会了。

我叔叔不仅拉得一手好京胡,而且西洋的小号也吹得很棒。我父亲就让他给我吊嗓子,有时到了春节大家就让我表演几段助兴。不过,由于陈家老少都有一些文化,我父亲还是觉得我上学比较好,就把我送进了洋学堂。可我穿上竹布上衣、蓝裙子、白袜子,背上书包上学还是不成,每天还是发愁,满脑子仍然想着戏词。

封杰:请您简单介绍陈喜光和陈喜兴先生。

杜近芳:我父亲十一岁时,是以"四书五经"的水平进入的科班,而我叔叔又是以《论语》的底子进的科班。

我父亲在科班时,白天练功、学戏外,手中总拿着一本书。有时晚上演出回来,他又趁着月光读书。读完后,再由家人把一本新书放到科班的门房将旧书换走。后来,萧长华先生发现了他的这个喜好,特意到家进行了走访,了解了实情后,有意安排我父亲做他的助教。像萧长华先生为科班"连"字辈排演全部《三国演义》就是我父亲抱的总讲。这个总讲包括戏词、公尺谱和身段谱。所以,萧长华先生说我父亲是富连成科班的秀才。

我父亲出科后,曾到东北一带演出,非常受戏迷欢迎。当地有苏联人也喜欢听京剧,他们觉得我父亲虽然身材消瘦高挑,但发出的声音却可以称为黄钟大吕。他们就把我父亲介绍到立陶宛、海参崴演出,虽然挣回了大量的钱。但却把嗓子累坏了。后来,他帮助周信芳和梁益鸣等人抱本子和写剧本。再后来,我父亲又帮助李万春组建鸣春社科班。李万春演出的《十八罗汉收大鹏》中的十八罗汉是我父亲从西山罗汉堂一百零八个中挑选出来的,每个名字都是真实的。我父亲还让我拿着小人头慢慢地"放大样"。

我父亲特疼我,抗美援朝时期,我们到朝鲜慰问志愿军演出,我都没敢跟我父亲讲。因为他太疼我了,我怕他受不了。后来,报纸上登出了我们到朝鲜慰问演出的消息后，他才得知。

我的叔叔陈喜兴出科后，演戏精湛，梅兰芳先生到美国演出之前曾找到我叔叔说："你能否将嗜好戒掉，咱们一同去美国。"我叔叔回答："恐怕不成，我把我徒弟王少亭介绍给你。"从此，王少亭跟随梅先生演戏一生。不久，荀慧生先生找到我叔叔说："我不出国演出，可我必须从梆子改成京戏，您得帮我。"这样，我叔叔帮衬荀先生终生，直到他逝世。

所以说，我们这个家庭虽然是从事京剧行业的，但具有相当高的文化水平。我生活、成长在这样家庭里，自然就会被书香所包围熏陶。

封杰：那么，您是坐科还是手把徒弟？

杜近芳：那时的我就是喜欢学戏，练功。把一根又长又密的大辫子一剪子就给剪断了，留着小分头到鸣春社科班上学。我属于免费生，那里的先生都是我的老师。我每天练习拿顶、下腰、踩跷、朝天蹬等基本功。我最想唱的戏是《泗州城》，可当我一练旱水，胳膊就变畸形，师傅一脚就把我踹了下来，说："你胳膊太软，条件不行。"有时练功，师傅会点上一只熏蚊香，我看着蚊香一点一点地燃着，冒着青烟，心想："它可真慢哎，怎么不刮点风？嗨！"我的眼泪直流下来。可等我练完功，又跟师傅开起了玩笑。

我的开蒙老师是律佩芳先生，他艺宗梅派。我学戏都是跟王少卿、陈世鼐、周长泰、杨宝忠这些梅派、荀派、杨派声腔创始人学习。直到我进入王瑶卿先生的家，使我的艺术观点宛若升入金殿。

封杰：您十二岁拜师王瑶卿先生，应该是最小的弟子。

杜近芳：我是1945年拜师王瑶卿先生，成为他的关山门弟子。师父特别喜欢我，总喜欢叫我"怪鸟"。像他问我："你是想当好角，还是成好角？"我回答道："没有一个演员不想当好角的，问题是当的了当不了，那是两码事！"我接着说："要想当好角，那得修行！"我师父一听，说："嗨，这儿鸟怪哎！"

我师父知道我是门里出身，就是王少卿先生对我也是比较偏爱。他说道："这小子有哏，大哥教你几出戏，好不好？我大爷的徒弟轻易不让别人教。"说着又转过身来对我师父说："大爷，这个怎么着？"

王瑶卿先生连忙说道："好好，这个归你！"

此刻，我又对王先生说："您教不教我，你们俩到底谁教我？"我师父笑着说："你看，这怪鸟，挺节儿的时候她说话。"

我接着说道："您教我，大哥也教我！"我师父仍然笑着说："所以，你来着了！"这样，我进入王家后，一边跟我师父学王派戏，一边随王少卿先生学昆曲和梅派戏。

《贵妃醉酒》杜近芳饰杨玉环、孙盛武饰高力士

封杰：1950年，您又拜了梅兰芳先生为师。

杜近芳：当时许多青年演员都以拜师梅兰芳先生为荣。可我却在当初王瑶卿先生让我到上海拜梅先生为师时，还大哭特哭很不理解。说："您不教了，为什么让我拜别人？"我是怕回到北京后王先生不再教我。我任凭王先生劝说就是不答应，后来非让王先生"立字为凭"方才罢休。王瑶卿先生说："我这辈子都是别人给我写字据，你这可太厉害了！"

封杰：杜近芳这个名字红了半个多世纪，可是您怎么到的杜家呢？

杜近芳：上海大亨黄金荣手下有个杜菊初，主要负责邀北京的好演员到上海演出的接洽事宜，但不负责演员的钱。只是演期结束后，老板会单汇给他一笔钱款以示奖励。这也避免了经励科的人从中克扣，与今天的经纪人不同。后来黄金荣势力减弱，他又转身投向杜月笙谋事。

我初次亮相是在1945年，随着票友组台在开明戏院演出，我单挑一出《贺后骂殿》。这时候，他就认定我是可塑之材，便多次找到我父亲商议培养我、打造我的事情。原来商定我们两家是四六分账，可等到具体签订协约时，却发现已经改成了"卖身契"。凭着我父亲在京剧界和社会上的声望和威力实在无法与杜菊初相比，我父亲实在是无法在关书上签字，就由他人代笔了。最后，我父亲含着泪水摁下了手印。为了这份"卖身契"新中国成立之初，梅兰芳先生曾秘密飞往武汉与杜菊初"谈判"解除协约。可是直到1951年，我参加了中国实验剧团后才由马少波、王瑶卿、梅兰芳先生监督，在王瑶卿先生的家中，用王先生的铜盆烧毁了这份剥削了我多年的"卖身契"。

我到了杜家后，改名杜近芳。我跟谭元寿、孙荣蕙演出《红鬃烈马》后，谭富英先生见我比较瘦小，就对杜菊初说："你别老给孩子吃窝头。"并且陪着我演出了《二进宫》，名次排序是谭富英、杜近芳、裘盛戎。裘先生笑着说："小子，叔捧你，你要是忘了，叔打你！"

我在上海演出时，周信芳先生说："娃娃，你上北京学完戏回来，老伯陪你唱戏好不好？"

我回答："不介，我才十六岁，大家给我叫好，这是偶然的，我现在要回北京'抢'老师去，以后他们老了，我上哪学去呀？"

周先生很惊喜地说："哎呀！这个娃娃可不简单，难怪王大爷、梅大爷这么喜欢你！"

封杰：我听说您在杜家有位大姐给予梅先生很大的帮助。

杜近芳：我这位大姐叫杜丽云，她十八岁到北京大马神庙向王瑶卿先生学习王派戏，与章遏云、王玉蓉、新艳秋并称"四大坤伶"。她这位"京剧皇后"为了避免因与梅兰芳先生的演出打对台产生的误会，特意到梅府登门致歉，并且设宴拜师梅兰芳先生。像你所说的，她的确做了几件事很值得颂扬。像国民党在撤离大陆时曾派人找梅兰芳先生商量让其到台湾定居。梅先生对我大姐说："大小姐，我上孤岛干什么去？"我大姐安慰道："您别着急，不过您得生病！"并对来人讲明待梅先生身体康复后随最后一批人赴台。这样，他们又如法炮制了当年梅先生躲避给日本人演戏而上演的一场"苦肉计"。

封杰：梅先生给予您哪些方面的教诲？

杜近芳：梅兰芳先生的一生始终贯穿着两个字：虚心。他在六十多岁的时候，还每天坚持早晨六点钟起床练功，待吃完早餐后坐下来读《红旗》杂志。

梅兰芳先生一生都在创作之中，加之，在他周围聚集着冯耿光、齐如山、许姬传、徐兰沅、王少卿等一批金融家、剧作家、音乐家为他出谋划策。正因为有他们的帮衬才使其最终成就了梅派艺术，令世人敬仰。他对我的成长非常关心，不时给我的表演加以指点。1958年年底，一个星期天的早晨，我们正在排演《白蛇传》，房间没有暖气，窗户开着。梅兰芳先生走进来，见我在练"金山寺"一场的开打，他便脱掉皮大衣，摘掉水獭帽子亲自示范起来。说道："你不能这样打，后面加一点出手，但不要演成杂技。"他还针对我的亮相说:"此时的白素贞只希望许仙能够回到自己的身边,不想恋战,所以武器应该背在身后,而不是前胸。"看到梅先生汗流浃背,穿得又非常单薄,我连忙递上一条干毛巾。梅先生接过毛巾边拭汗边对许姬传说:"回去就说开会啊!"梅兰芳先生一生生活在他的京剧之中,在田汉先生给我写出《谢瑶环》的剧本之后,他还在关心我的排演情况。可惜,由于我的情况,一直到梅先生逝世两年后这戏才演出来。

梅先生热爱祖国的传统文化,并孕育到京剧中。他几次在最危险的关头都做出了正确的抉择。所以说,我们在继承梅派表演风格的同时,更要秉承他的品行与德操。

封杰:李、袁、叶、杜奠定了中国京剧院的演剧风格,许多戏传唱至今。

杜近芳:我跟李少春、袁世海、叶盛兰先生合作演出期间,经常在一起研究剧本的修改。我们不但要抓演出质量和场次,关键是我们还承担着出国演出的重任。每次出国演出之前,组织上都要求我们写决心书,表示"我们到国际上去演出是无上的荣光,有可能遇到困难。一旦遇到不测请家属不要向领导提出任何条件。"但是,文字上又不能写上自己到哪个国家去演出。

周恩来总理时刻关心着剧院的建设和演剧风格的确立。

《谢瑶环》杜近芳饰谢瑶环

像他建议我演出《金钵记》，我说："我不唱，那是小科班。"在田汉先生为我量身定做出《白蛇传》之后的一次排练中，周总理又建议道："许仙是解之，小青是杀之，白蛇是说之，这里应该有个异峰突起。"我为了解决这个"异峰突起"，急忙找到王瑶卿先生说明情况。王先生说："嘎调！如果哪天我驾鹤西行了，你找谁去呀！"

我说："您上哪去呀？"

王先生笑着说："你又不懂了吧！我把功底教给你了，你得学会运用！"

随后，我又找到梅兰芳先生请教。梅先生问明原委，说道："你像《霸王别姬》那样，虞姬念'妾妃献丑了'，你念多高就唱多高，白蛇先念'青妹慢举'后再唱'龙泉宝剑'，这叫台上叫板！这时随着锣鼓亮住相再起唱 [嘎调]。"

我又问道："那我这个 [嘎调] 怎么唱？"

梅先生说："我这一生只是王春娥的'见灵堂不由人珠泪难忍'唱 [嘎调]。"并示范地唱了这句。我听完后，兴奋地说："师父，太好了！"

纵观梅派剧目丰富多彩，可是只要掌握住了《太真外传》中的所有唱腔，对于西皮、二黄的板式就会运用自如。另外，我通过向前辈大家的学习和自己几十年的演出经验总结出了一套表演理论："神要静，仙要飘，鬼要僵，人要活。"

封杰：新一代演员正在秉承着传统，传承着国家级剧院的演剧风格。

杜近芳：如今，将京剧流派的传承提到日程上来，按照王瑶卿先生当年教导我时提出的"因材施教因人制宜"的原则来育人。在学习方面，青年演员应该掌握五音四呼十三辙的传统艺术规则，只有运用好才能使嗓子更耐用和长久。而且，青年演员要牢记"学源不学流"。这句话的意思是说，学习流派是手段，学源是根本。关键是在学习流派的基础上，再追溯源泉。青年演员们要做到根深叶茂，开花结果。使它们能够为我所用，在保持自己风格的基础上再来提高自己的表演艺术。

还有，青年演员要尊重咱们的"审官"——戏迷、票友，就如同天上的一杆秤。他们在我几十年的演艺生涯中始终在支持着我。他们是咱们的知音知己，是咱们的良师益友，是咱们的传播媒介，是咱们的社会基础。

封杰：您勾画的蓝图，定会使他们在艺术上有所提高。尤其是您提出的十二个字的表演理论值得深入理解，并体现于舞台。好，谢谢您接受采访。

尊"麒"不拘泥"麒"

——京剧名宿赵麟童访谈录

> 京剧形成的近二百年间，始终处于继承与发展之中。京剧名家赵麟童先生将麒派艺术进行了梳理和重兴，正如理论家刘厚生先生所道："赵麟童是学麒派，但不拘泥于麒派。"2008年5月24日，我与赵先生进行了长谈。

封杰：赵老师，您好！您的家庭是从事京剧艺术的吗？

赵麟童：我父亲不是京剧演员，他是从事滑稽艺术的。父亲在南方非常有名，拍摄过好几部无声电影。不想在三十六岁的时候，父亲不幸中风，导致他过早地离开了舞台。我是因受他的影响喜欢上了表演。由于父亲出名早，创下的家业还算不错，与同行业的人来比算是丰厚。加之我是家中男孩子中的老大，父母比较疼爱我，不忍心将我送入科班学戏，就请来师父教我。所以，我应该算是手把徒弟。

我九岁起跟随黄胜芳先生学习《游龙戏凤》《武家坡》《空城计》等老生戏，可惜这些戏好像跟我无缘一样，我就是学不进去。我这位黄师父是满族人，那时称旗人。听我师父讲，当年清朝灭亡后，旗人的生活相当艰苦，很多人落得一无所有，

《秦香莲》赵麟童饰王延龄

只剩下了一条命。这时有位遗老见小孩子们非常可怜，就出资办起了科班请来好教师。只可惜这个科班的名字我已然忘记了，只记得他们每个人的名字都带有"芳"字。如杨慧芳、王泉芳、双桂芳、沈飘芳等。他们出科后，有的改了名字，如双桂芳改称白叔安。我师父在科班时非常全才，生旦净丑样样精通，不但会每个行当的主要角色，还会全本，并且对场面的乐器也是六场通透。

早年间的上海，演京剧的就有大舞台、共舞台、天蟾舞台、黄金大戏院、中国大戏院、更新舞台等一流的剧场十几家。另外，大世界、小世界、永安公司、大兴公司等各家公司都有京剧演出团。所以说，那时的京剧异常火爆。我们戏看得多，获得的营养也多，而且剧场演出的时间都在六个钟头以上。像我们看盖叫天和叶盛章先生演出的《三岔口》是在晚上十一点钟之后，二位先生才上的场。四层楼高的天蟾舞台坐得密密麻麻，内行人就来了不少。

封杰：那么，您是怎么喜欢上的京剧，并学起了麒派戏的呢？

赵麟童：有一次，黄师父带我去看麒麟童演出的《追韩信》。从前我看像《四郎探母》这样的戏总是睡觉，可我看周信芳先生的戏却非常兴奋。也许我和麒派有缘，散戏回家路上我就开始模仿周信芳先生的表演动作，就连上台阶我都学"萧何"的身段。从此后我就像着了魔似地模仿周信芳先生，生活中同样使麒派的身段。用黄师父的话讲："这孩子简直是疯了！"后来，黄师父对我父亲讲："这孩子可能对这路子的戏感兴趣，别的戏就不要学了，今后我往这方面带带他。"这样，我从九岁起就开始学习《平贵别窑》《追韩信》等麒派戏。

封杰：一出《追韩信》使您"追"了将近七十年，那么这出戏哪儿最吸引您？

赵麟童：吸引我的最大地方是周信芳先生的舞蹈性强，就是他在唱腔

进行之中也是有表演的。还有就是这出戏的矛盾比较尖锐，不是那种"闲暇无事到大街之上逛逛"的感觉。这也符合了人遭遇极度冲突时，大脑和身体才会急速反应的生理特征。起初的一段时期，我主要是仿照周信芳先生的表演方式来表演，属于描红。经过一段时间的演出，积累了一些经验才感悟出表演中的问题，这属于第二阶段。这之后，我也明白了表演的内涵，对戏的理解也清晰了许多。首先，我感到周信芳先生的嗓子是一种缺陷。对于周信芳先生来讲，更是一种遗憾。而我有条比较好的嗓子，就要尽量发挥出来。我只是在技巧和劲头上是麒派，但在表演上不追求过分，否则容易脱离人物。像《追韩信》有两三个圆场和髯口、厚底功卖出也就够了，何必绕七八个圆场，甚至已经有了掌声，演员还在跑就不应该了。

我十七岁离开师父，开始到北方演出。有位北方师父对我言道："你要做到'水过地皮湿'。"

封杰：什么是"水过地皮湿"？

赵麟童：那时我有个决心，在三十岁之前我要让北方的观众都知道我赵麟童。三十五岁之后再回到南方。说我是雄心也好，说我是野心也罢？哪个演员不想出人头地，否则费了这么多的心血学戏干什么？

像我到济南唱三四个月，青岛唱一个月，潍坊唱上一个月，这就算我到过山东了。像南京、蚌埠、徐州唱上几期，就算我到过江苏了。这就叫"水过地皮湿"。其实，我到北方唱戏就是为了多学戏和多交朋友，投师访友。还有，我们南方讲究一个演员如果没有到北方挂过号，唱过戏，就不算好角。1952年，我到天津和刘汉臣、小盛春先生合作。之后，我和赵松樵先生合作到了东北。演过一期后，我们带着长春京剧团到了北京。这是我第一次到北京唱戏，时间是1953年。

由于没有固定的剧场让我们演出。所以，我们是先在民主剧场演出了一天，第二天再转战中和戏院。我们实在受不了频繁转移，就向剧场提出，

尊"麒"不拘泥"麒"

你们必须给我们一期。这时我二十多岁,赵松樵先生已经五十七岁。我演出了《六国封相》《岳飞之死》等戏。赵松樵先生演出了《逍遥津》《斩颜良》等剧目。我们还创演了一出《还我台湾》的新戏。之后,我又带上琴师、鼓师、青衣、二旦、花旦、里子老生、丑等十几个傍我的演员开始了河北、山西、河南、西安等地的巡演。

由于我们这些流动演出小组不参加政治学习,收入又高,很容易动摇国营剧团演职员的军心。而且,像我们这样的演员走了以后,留下的那些基本演员还是照样无法正常演出。因为我们人走了戏也就带走了,所以他们称我们是"飞机演员"。1956年国家出台了新的规定,流动剧团必须归入固定剧团。由于我的演出质量高,人缘又好,地方剧团的领导都希望我能够把家安在他们那里。我回答他们:"我到北方来就是为了学习和交朋友。加之我父母生活在南方,所以我必须回去。"不过,我从哈尔滨唱到长春时,当地剧团领导找到我要帮助唱几期。这样我留在了长春一段时间后,才于1958年年底回到了南方,参加了杭州京剧团。

之后,我参加了许多次为毛主席、朱德委员长等中央领导安排的演出活动。可那时我人在杭州,户口却在东北。我就向领导提出了这个问题,领导很爽快地回答:"那个不要了,你可以重新报一个上来。"

封杰:电影版的《宋士杰》比舞台版的要精练、紧凑,许多支脉的剪辑突出了主人公。您在演出的

《疯僧扫秦》赵麟童饰疯僧

麒派剧目中都对其给予了"戏改",是出于怎样的考虑。

赵麟童:前辈艺术家们创立的众多表演程式,花费了很大的心血,对京剧的贡献相当大。然而,随着时代的前进,人的思维发生变化。像八员大将轮番起霸,再自报家门之后,又是一对一对地站门,主演出场又是定场诗。如此这般,大量时间流逝掉了,今天的观众就会觉得京剧显得有些拖沓、烦琐。后来,领导提出了戏曲要改革的口号,这点提醒了我的艺术发展道路。

有些老艺术家因为经过几十年的演艺生涯形成了比较固执的保守思想,对一些略有改革式的表演持否定态度。可是现在有些青年演员的思想比老艺术家的思想还要保守、封闭、固执。如果将他本身会的一两出戏进行改动的话,他就什么也不会了。一个演员要想成为艺术家就要心存百万"兵"。而我在演出中时刻关注着观众的动静,如若表演过程中有观众交谈或打瞌睡,我就检查自己这个地方是否有些软和拖。后来通过学习和研究麒派,我总结出麒派要传承下去,就要对有些不合情理的地方进行改动,只有这样我觉得才对得起周信芳先生。

我学习了一辈子麒派,唱了一辈子麒派,对麒派有了很深的感情。我也希望麒派能够永远地传承下去。我所演出的麒派戏都进行过"手术",像1985年,我到上海演出《楚汉相争》。其中的《追韩信》中有场夏侯婴四个龙套出场、定场诗、话白,萧何再上场又是定场诗、引子、自报家门,待

《打銮驾》赵麟童饰包拯

刘邦上场又是引子、自报家门，如此重复的话白所讲说的内容却都是楚汉相争的事情，以今天的导演角度来审视，三个出场的形式是过于陈旧。但对于周信芳先生生活的那个年代却是最进步、最先进、最简练的。当我在麒派的大本营展示我改动过的这出戏时，许多对麒派怀有深厚情感的老艺术家和同行亲自来到剧场，"审查"我这个萧何怎样重新演绎他们心中的"萧何"。演出后，我们组织了座谈会。有位张奎芳先生讲道："我是憋着劲来看戏的，我就是要看看赵麟童将第一场的定场诗、引子、话白都没有了，萧何怎么出场？不想他改得好！"

我经过多年的研究，最终确定了萧何踩着［长锤］心思愁虑出场，这主要是因为当年的战局紧迫，萧何切盼有位将军统领军队重振雄风，打败楚军。当然这种改动，我是要担风险的，也就是会招来一片骂声。周信芳先生还有出二十世纪三四十年代根据昆曲《铁冠图》改编的《明末遗恨》，需要演出四五个小时，而且在观众中的口碑很好，只要周先生一贴出来剧场准满堂。首先，我将前场的李自成和吴三桂的戏移植到后场，直接与观众见面的只有崇祯，突出"腐败要亡国"的戏。经过剪接我由早先的六十场戏改为七场戏，许多重要场次、唱腔得到了保留。不过我加了一场"杀宫"，在原念白之后，我增加了一段［二黄碰板］唱腔："我恨哪，悔哪，我的梦方醒。"以表明崇祯对亡国的触惊和悔恨。

封杰：我听说，您演出《未央宫》之前还发生了小的波折。

赵麟童：1984年，上海纪念周信芳先生举办演出，有人提出"不是周信芳先生的弟子，不许参加演出"。这是有所指的。后来是德高望重的刘厚生先生说道："这样不好，能够得周院长艺术真传的人已经不多了。如果有更多的人来展示麒派艺术不是更好！"上海派人到杭州找到我，看了我为了纪念周信芳先生演出的全部《楚汉相争》，认为很好。经过商量，最后确定我参加演出，但又有人提出："我们先出戏码，让他最后出！"麒派艺术也就是《宋士杰》《追韩信》《平贵别窑》《徐策跑城》《清风亭》《坐楼杀惜》《斩经堂》有限的几出戏。无奈，我只得等他们定好戏码后，我才确定了失传多年经过我改动的《未央宫》。同时，我也提出了：一是戏的排序无所谓；二是时间的安排均可以；三是我这折戏和谁拼成一台晚会没意见。没承想，上海的意见又来了。说道："周信芳先生没有演过这出戏，不行。"后来有持不同意见的人说："虽然周先生没有演过，但能够丰富麒派剧目不是好事嘛！"最终确定了由我在天蟾舞台演出两场《未央宫》。上海很多麒派的顾曲家们亲临剧场，大家觉得这出充满戏剧矛盾的麒派《未央宫》效果很好。我最初看这出戏是刘汉臣饰演的韩信，他连打带唱很受欢迎，他演的是小杨月楼的路子。之后是唐韵笙先生。而我这出《未央宫》是在三位前辈的基础上将原先要演出三个多钟头的戏糅合成四十五分钟的戏。表演上我继承刘汉臣先生的精脆劲比较多，尤其是小节骨眼他非常讲究。唱腔上我学习唐韵笙先生的多，比如"比古"一段。

演出后，大家纷纷到后台向我祝贺。周信芳先生的后裔周少麟、周采芹也来到后台并对大家讲："我们看了许多麒派戏，只有赵麟童在舞台上的风采最像我父亲。"一句话平息了争持许久的风波。同时，这也是他们对我学习麒派、研究麒派和演出麒派的鼓励与肯定，但我是既像麒派又不像麒派。

我虽然学的是麒派，演的是麒派，可我并没有拜周信芳先生为师。这主要是新中国成立前由于经济状况不允许，没有更多的钱来"递帖"。新中国成立后，我当上了京剧团的团长，每年要演出四百五十多场戏，实在没有更多的时间做这件事。加之，那时的我对麒派剧目有一些感悟，认为应该动一动。如果拜了师，我的理想就要有所限制。像最明显的是周信芳先生根据评弹改编的《义责王魁》，有些地方比较松懈，感染力不够深，尤其是唱腔不够丰富，无法突出人物的内心。经过一年的深思熟虑我先在唱腔上做了修改。

封杰：您九岁开始学麒派戏应该算特例，青年演员应学习麒派哪些表演特色呢？

赵麟童：周信芳先生创立的麒派艺术是南方京剧的重要代表，主要流派。如今却成了只有两三个继承者的弱势群体，前景不容乐观。

前几年也曾出现过继承者为了学习麒派艺术，明明是一条清亮的嗓子却非要憋成沙哑，认为只有这样才像麒麟童，观众也认同一个"像"，其实大可不必。现在观众和内行也改变了这种思想和观点，我们麒派也可以凭着一副好嗓子唱麒派了。所以，我奉劝学习麒派的年轻演员，继承麒派不是学习周信芳先生的唱腔就可以了，主要是掌握他对人物内心的演绎。

演员在学习流派的最初阶段其实学的是毛病，因为容易学得像。戏校不是绝对不可教麒派戏，但要看师资的水平高低，千万不要给学生教出一身毛病。学生可以学习麒派艺术对于人物的深刻理解和富有思想的舞蹈性表演。

封杰：好，谢谢您！祝您健康长寿！

一曲咏歌　青春常在

——京剧名宿曲咏春访谈录

> 中国戏曲学院的曲咏春教授，是新中国培养出来的第一代京剧优秀教师。他早年出科东北詠讽京剧社历经学徒、演员、教师生涯，在继承、传授武生艺术方面颇有造诣。2012年1月9日，我采访了曲咏春先生。

封杰：曲老师，您好！您是出身京剧家庭吗？

曲咏春：我家祖居山东文登，世代以务农为主。日军侵占中国，我父母带着我哥哥、姐姐逃荒到了丹东。

1946年，东北解放了。我哥哥参加了八路军，入学军事学院。内战发生后，八路军撤出了丹东。国民党军队为了与八路军打仗，强征青少年去充当炮灰。我父亲说："你不能参加国民党军队，你们哥俩对打哪成？这样吧，你别念书了，学学戏吧！"这样，已然念到中学的我遵从父命，也避免哥俩发生战争，参加了詠讽京剧社。

那时的丹东有个安成舞台，主演是白玉昆、邢威明、雯蕴彧

《艳阳楼》曲咏春饰高登

先生，挑班的是艺名小白牡丹的马宗慧老先生。随班的有几个小孩跟着学戏，班主刘兆琪先生觉得演出不齐整，便决定再招些孩子成立个小班社，出科富连成社的徐盛达先生担任我们科班的总教习，兼教铜锤和架子花脸。这时仇戴天、崔碧云先生来到班社帮助经营，等到全国解放后我们才知道他们是中共地下党员。

封杰：学戏后，您主攻的是哪个行当？

曲咏春：我来到詠讽社之后，首先将原来的名字曲永和按班社的排名改为曲詠叙。班主定我学武生，开蒙的师傅是出科北京斌庆社的杜斌信先生。他先教了我一出《连环套》，不过我没有演出。我入科班半年后就上台演出了，首次登台唱戏是《神亭岭》，饰演太史慈，王詠良师哥饰演的孙策。同是斌庆社弟子的耿庆武先生教了我几出戏，有《战马超》中的马超，《白水滩》中的穆玉矶，《翠屏山》中的石秀。之后，班社为了锻炼我们，又带着我们到农村演出，休息时大家就睡在草地上。

有时我们还要赶包，这场刚演完来不及卸装就又赶往下一个剧场演出。有一次，我在北市场舞台开场演出《怀都关》。这出戏亦名《回头关》或《收子都》，属于海派戏，现在已然失传了。刚演完，我简单地卸下装就带着行头坐上"叮当车"赶往南市场美琪剧院演出大轴。为了等我，压轴戏就得稍微地"马后"，剧场管事让垫戏的演员自由发挥，随意打[引子]，念[定场诗]再接唱[原板]。可演员根本没有具体词，只好胡乱编。只见演员张嘴发音，却听不见他念得是什么词。这下坐在台下的观众可不答应了，一听只是"有味没字"，倒好声就上来了。

那年，我只有十五岁。繁重的演出体力有些吃不消，再加上伙食又比较差，有时我就"偷"点豆饼。这种豆饼其实是喂马的饲料。王詠良师哥见我练功、演出实在太辛苦，又吃不饱就给我出主意。让我打个飞脚后倒地趁势把那个豆饼装兜里，休息时烤烤再吃。而且，叮嘱我千万别让师父

发现。

封杰：看来，学戏、练功对您这个门外汉很是辛苦。

曲咏春：我进詠讽社时，我的几个师哥已经掌握了拿顶、下腰、旋子、虎跳和快枪、大五套、小五套等基本功。而我只是一个"白丁"，连收功都不知道什么意思。

王詠良师哥私下里常常教我练习基本功，每天打把子。当杜斌信先生教我们排演《艳阳楼》，原定是由王詠良饰演高登，张詠昆饰演花逢春，我饰演呼延豹。经过一段时间的排练后，杜先生对大家说："让曲詠叙来演花逢春，这孩子将来有出息，是个角儿！"

后来，我们到辽阳演出，王詠良师哥得了病。耿庆武先生连夜给我说《艳阳楼》中的高登。第二天日场就上演了这出"新戏"，效果很好。之后我又接演了《四杰村》《战马超》《翠屏山》等戏。这时，丹东第二次被解放军解放，仇戴天先生决定排演《三打祝家庄》和《九件衣》等具有革命演剧风格的新编京剧。

封杰：您从科班弟子转入学校成为一名学生，情况发生了变化？

曲咏春：1950年，我们詠讽社并入东北戏曲学校，校长是赵慧琛先生。戏校相继请来了王连平、邱富棠、沈富贵、王盛如、孙盛文、孙盛云等先生传授技艺。由于抗美援朝的战事越来越紧张，上级要求我们从沈阳撤到哈尔滨。这年，由耿庆武先生带着王詠良、孔雁、刘琪等九名同学跨过鸭绿江到朝鲜慰问中国人民志愿军。由于我大哥所在的巡逻舰与美国舰相撞，他为国捐躯，组织上考虑我的家庭情况找我谈话，说："你大哥已牺牲，你父母非常难过，这次你就先不要参加抗美援朝慰问演出了。"

这时，正巧张世麟先生到此地演出。他教授了我一出《挑滑车》。高宠的出场，张先生采用[四击头]转[三锁钹]接[回头]打上。这时的高宠迈着矫健的步伐，快步小圆场到九龙口，抖靠旗，变脸，亮相。这是张先生独有的表演特色。之后，我又每天下午占用张世麟先生休息的时间，跟随他学习半个钟头的戏。这样，我只用了七天就学会了一出《诈历城》。张先生见我学得很快，非常高兴地说："你很聪明，一个礼拜就把我的《诈历城》拿走了！"

李少春、袁世海、叶盛章先生带着新中国实验剧团到沈阳演出。李少春、叶盛章先生先演《三岔口》，后演《法门寺》，李少春先生饰演赵廉，袁世海先生饰演刘瑾，叶盛章先生饰演贾桂。演出之余，李少春先生给沈阳京剧院的青年演员说《三岔口》中一段"摸黑"表演，我站在旁边"看戏"。我边看边动，觉得李先生是打中带寻，寻中带打。李先生看见我模仿得非常认真，一个回首望月的身段做得非常准确，忙问道："这孩子是谁？"

张世麟先生答道："他是东北戏校的学生，我教过他。"

李先生指着我说："你来来，我瞧瞧！"

我随着李少春先生念的锣经走身段，李先生比较满意地点点头说："来，我给你说说！"通过跟随李少春先生的短暂学习，我觉得他的表演是"走情"，不是简单的武打，而是表演的武打。第二天早晨，我来到李少春先生下榻的宾馆。李先生问我："你把《夜奔》给我来来！"当我走了一遍后，李先生问我是跟谁说的？我回答："是王连平先生。"他连忙说："没错，的确是富连成科班派！"

《挑滑车》曲咏春饰高宠

封杰：我听说，您有出新《钟馗嫁妹》很具光彩。

曲咏春：我最初演出的《钟馗嫁妹》是跟王连平先生学会的。当1952年，学校请来孙盛文先生后，王连平先生对孙先生说："以后'钟馗'就你教了！"

当时的社会环境已经不允许再演鬼神戏，但为了保留住戏中的技巧，赵慧琛校长提议将原来恐怖的成分修改成喜剧。首先，孙盛文和袁世海先生共同将原来的脸谱重新设计为喜兴的谱式。在念唱方面也将原来的"众鬼卒"改为"侍从们"，将"误入在鬼窟途径"改成"误入在深山途径"。钟馗、五鬼的脸谱、服装、动作也都遵从喜剧风格来表演和设计。

《钟馗嫁妹》演完后，赵桐珊先生对孙盛文先生说："盛文，詠叙呀，可是个大武生，你得好好培养他！"之后，我又跟沈富贵先生学习了《长坂坡》《盘肠战》《火烧博望坡》《借赵云》《战冀州》《战渭南》。跟王连平先生学习了《蜈蚣岭》《安天会》《太湖山》《盗甲》《武松打虎》等戏。

封杰：那么，您是怎么进的北京呢？

曲咏春：1953年，我们学校按行当、文化和年龄划拨到北京中国戏曲学校，年龄稍长的归入"中戏"实习京剧团，后改为实验京剧团。

我当时正处于倒仓阶段，九年时间没有完全变过声来，嗓子很难发音，平日只好演一些《钟馗嫁妹》《八大锤》《雁荡山》《夜奔》《挑滑车》等武戏。后来，领导找我谈话，让我从事教育工作。为了能够成为一名既能唱又能武的武生演员，我每天早晨四点多钟起床喊嗓子、练功。王鹤文操琴给我吊《文昭关》《失·空·斩》《搜孤救孤》《乌盆记》等戏中的唱段。经过三年的时间努力，"老天爷赏饭"，我的嗓子终于吊出来了。

封杰：您的名字是从何时改成的"咏春"？

曲咏春：1962年，我决定到青海京剧团工作。刘仲秋校长非常关心我的艺术发展，当得知我准备调往青海时，问道："工作联系好了吗？如果不行，我把你安排到武汉京剧团，接高盛麟的班。"

临行之前，叶庆荣对我说："你的名字叫着不响亮，是否改改？"我想许多前辈大家都有一个非常不凡的称号，尤其是武生演员全喜好在名字之中带个"春"字，如李万春、李少春、李大春、李元春、李小春、尚长春，我不如借个"春"，将大家不易认识的"詠"改为"咏"。我决定后，定为"咏春"，取其"一曲咏歌春常在"之意。

到了青海后，剧团领导首先考核我和李鸣岩的艺术实力，安排我们演出。第一天是李鸣岩的《钓金龟》，我的《挑滑车》。第二天是我的《长坂坡·汉津口》。第三天是李鸣岩的《失·空·斩》，我的《夜奔》。我还演出了《恶虎村》《钟馗嫁妹》等戏。费世威师兄看完我的戏后，说："咱们让茹富兰先生的艺术在西北开花！"在生活方面，领导给了我们很高的待遇。可惜，由于李鸣岩的身体无法适应当地的气候，半年后，剧团领导开出证明同意我们调离。

不过，这时的社会环境已然紧张起来。锦州京剧团的范鸣焕请我去演出，我提出几个条件，其中一条是双方要"双赢"。我和李鸣岩的打炮戏是，第一天我的《观阵》，李鸣岩的《钓金龟》，大轴我的《艳阳楼》。第二天是我的《长坂坡·汉津口》。第三天是我的全部《八大锤》，我前饰演陆文龙，后饰演王佐。可是由于有人从中作梗，无奈我们离开了锦州。这时，新疆建

设兵团京剧团又有人来找我商议去演出的事宜。兵团政委会唱老生，他考完我全部《战太平》后，说："工资你跟爱人各二百元。"这一下就解决了我近几个月生活拮据的状况。到了新疆后，还没容我演出，北京的《戏剧报》上就刊登出了《曲咏春走资本主义道路》的批判文章。可新疆的张竭诚司令员却安排我和李鸣岩演出，是李鸣岩和于鸣奎的《赤桑镇》，我的《挑滑车》。演出后，司令员对我的待遇问题，问道："你是大会评，小会评，还是你自己要？"

我回答："我不要，由你们来定！"可我心里明白开小会对我有好处，但我也想你们就是给我一千元我也敢拿，因为这是你们开会决定的事情。后来，他们经过商议将我们的工资定在了九级。

封杰：对于您从教师到演员的变化，别人持怎样的看法？

曲咏春：1962年，我决定从教师改为演员，茹富兰先生很兴奋。在我临离开北京之前准备演出《艳阳楼》时，茹先生对我说："来，我把《艳阳楼》的唱念给你说一说。"像"我父高俅，宋室驾前为臣，官居太尉。所生某一人，自幼懒读诗书，爱喜拳棒"的念白，茹先生要求我的"臣"字和"尉"字讲究标准的武生念法。"懒读诗书"必须念出情绪。他要求高登手拿扇子要撑起来。下马时，身体要趁一趁，人物才显得威严、跋扈。许多表演动作，茹先生都讲究"形肩跟背"。哪怕是起霸中一个小小的亮相，他也要求用腰劲来趁，而千万不要往下坐。

等到我正式演出时，茹先生又亲自为我把场。第二天，我到茹先生家请他指正。他说道："詠叙，你不但是一个好老师，还是一个好演员。你是我的学生，我不能鼓励你犯错误，可你有嗓，有腿，有神，还是应该当演员！"

之后，茹先生又给我说了《八大锤》《麒麟阁》《战濮阳》《铁笼山》等戏。茹派讲究剧情和人物的关系，不同剧情，不同人物都有不同的念法、唱法和演法。它是武生或武小生演员作为打基础最好的流派，它是高超的艺术。

茹先生对不同学生有不同的教学方法，讲究因材施教。由此总结出，这就如同在舞台上表演一样，讲究的是同一个剧目由谁来演，质量才高，观众才欢迎。同样，在讲台上教学讲究的是同一个剧目由谁来教，品质才精，学生才受益。

封杰：演员在学习艺术之初，能够得到明师的教授对今后的发展至关重要。

曲咏春：教与学，学与演是密切联系而不可分的。教育学生，老师要把真实的东西教授出来，让学生了解每一个动作所表达的内涵。学生要找到真正的明师学习艺术，这样才能学到真本事。学成之后，一定要"见台毯"上舞台表演。从中找出问题，加以弥补，使其固定。王连平先生曾说过："演员要有舞台上的感觉。"

每一个行当的表演动作都有其细腻的语汇，关于武打动作的语汇，它不是简单的表演程式，而是一种富有丰富语言的表演，它是生活的提高，夸张的艺术。就好比李少春先生的表演艺术，袁世海先生曾有一句话最为精辟："李少春的艺术看似简单，实际不简单，不信你来来看！"

艺术讲究的是百花齐放，争奇斗艳，只有这样，艺术之花才能姹紫嫣红。像前辈的武生名家，各人有各人的绝活和表演风格，张世麟讲究脆横，李少春讲究美帅，厉慧良讲究儒雅。他们都是博采众家之长而融于一身，正像厉慧良所言："我虽然没有直接从茹富兰先生学艺，但我看过他的演出，我是夸大的茹派！"

武生演员不在身材的高低，在于根据人物情绪念唱，掌握剧情设定的节奏，演出人物的气势和神韵。像高盛麟先生就是根据自身的条件，既学杨小楼，又学盖叫天，最终形成了自己的表演风格。所以说，好的艺术家无论是一举一动，还是一字一句，既有京剧的程式，又有人物的感觉，更有京剧的神韵，这才是京剧的伟大之处，魅力所在。

京剧是咱们的前人历尽艰辛形成的艺术门类，是中国几千年古老文化的结晶，不可能消亡。如果是人为地加以毁坏，那他就是千古罪人。

封杰：京剧是瑰宝，大家一定会珍惜。谢谢您接受采访。

济世程韵　唐李新声

——京剧名宿李世济访谈录

> 程砚秋先生创立的程派艺术历久弥新，代代传唱。然而为了程派更具有时代气息，身为程先生的学生唐在炘和李世济续写出了一段段新声。2012年2月14日，我采访了李世济先生。

封杰：李老师，您好！我知道您是出身大家庭，与京剧无关。

李世济：我们家是一个大家族，祖父母、叔伯和各家孩子们生活在一起。虽然说生活不是太富有，但我们这些兄弟姐妹们却每日乐享快活。由于我父亲在一家银行做襄理工作，薪水颇丰，便帮助其他各家的生活。再者是因为我父亲喜好京剧，而影响到了我。

我出生在苏州，后来到的上海。我小时候经常跟姑母和姨母一起生活。四岁那年，经常票戏的姨母请来一位教戏的老先生教她唱《女起解》。他们在堂屋上课，我搬来一把小板凳坐在红木桌子底下当"旁听生"。老

《文姬归汉》李世济饰蔡文姬

先生教了几次后,我却先于姨母学会了。我姨母很高兴,每次参加票房活动便带上我去"票戏",而且逢人便说:"我这个外甥女会唱戏!"大家觉得小孩子唱戏好玩就逗着我唱,我的胆子也很大,张口便唱:"苏三离了洪洞县……"

后来,大人们组织了一场演出,还特意为我安排了一出《女起解》,并且找来一位比我大四岁的小女孩饰演崇公道。我化好装后,由大人把我抱上了台。我们这出《女起解》是简约版,只是从"苏三离了洪洞县"开始,再唱[慢板][原板],不唱[反二黄]。我们在大家的一片掌声和笑声之中,演完这出《女起解》。所以说,《女起解》不仅是我初登舞台的开始,更是我从事京剧事业的开端。

封杰:您是怎样与程砚秋先生结缘的呢?

李世济:我长大后,认识了一位常常来我家打牌的许伯明先生。他也非常喜好京剧,随同他来我家的有位唱程派的雅号"重庆程砚秋"的赵荣琛,教了我一段《大登殿》中王宝钏的唱腔。

许伯明先生家离我家很近。有一次,我跟着我父亲到许先生家去玩,正巧赶上程砚秋先生在许先生家做客。当时,屋子里坐了许多人,大家谈笑风生很是热闹。程先生看见我,拉住我露出很喜欢的样子,许先生见状说道:"这个孩子跟你长得很像,比你自己的女儿还像,不如就认作干女儿吧。"大家随声附和,程先生笑了笑。

不想,第二天我放学刚进家门,我看见我父母显出既紧张又兴奋的样子对我说:"快快,程先生来家了!"进了屋,我就给程先生磕头。程先生把我扶起来后,送上了认亲的见面礼——两个银碗、两双银筷子和一对金镯子。程先生说:"这是我打听好了收干闺女所讲究的,是入乡随俗!"第二天,我母亲也打听北京所讲究的礼数,急忙到霞飞路上的店铺买回来上等的布料。等我放学后,我父母带着我到程先生的住处还礼。

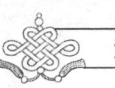

这年我将将十二岁。我与程砚秋先生的这段"父女情缘"奠定了我一生的艺术道路。

封杰：程砚秋先生是怎样给您开的蒙呢？

李世济：自从我认程先生为干爹后，程先生每天待我放学后就来我家教我学戏。他坐在沙发上，我坐在小板凳上跟程先生学唱《贺后骂殿》，程先生从吐字、归音、气口教起，说得非常细致。他为了锻炼我的念白，在墙上粘好一张宣纸，要求我每天对着念《玉堂春》中苏三在公堂上念的"启禀都天大人，犯妇有话未曾回明……"反复念这大段白，直到宣纸全湿方可停止。他说："一千多人的剧场里，你要把声音打到最后一排就要靠嘴上的功力，吐字、归音很严格。音弱的时候，剧场里掉了一根针都能听到，才行！"程先生特意给我"量身定做"了一个水坛子和一个架子，放到卫生间。他要求我每天对着水坛子喊十三辙和练念白。在走廊里，程先生示范着教我走脚步。他要求道："脚尖往上勾，脚跟压着脚尖走，走半步再压着另一只脚跟。"练功时间不久，我的布鞋就穿露了。程先生逢人就说："我这个干女儿非常用功，一个星期就穿坏了一双鞋，我让她干妈做好给寄新鞋来！"他让我两个膝盖之间夹住一张纸练习，一定基础后再夹住一本书。之后是先将一只空碗顶在头上练习平衡，再注满水跑圆场。在教授唱腔时，程先生不许我跟着他拍板。像《六月雪》中窦娥和《朱痕记》中赵锦棠唱的[二黄滚板]相当难，极具程派唱腔的原理。

程先生来我家教戏，吃晚饭时，我看见他吃下一个肘子和十个鸡蛋。我很惊讶，他对我说："唱戏需要用气，必须要吃饱了！"

程先生见我学得很快，非常高兴。不过，有时程先生看我学得不对就动用戒尺。他把我的手背对着桌子角，戒尺打手掌心时，手背碰着桌子角很疼，但那是仅有的几次。总的来说，程砚秋先生为我专攻程派艺术奠定了扎实的基础。而且，他为了培养我能够全面发展，还特意请朱传茗先生教我昆曲。另外，还让我跟赵桐珊、王幼卿、李金鸿先生学习。

封杰：唐在炘、熊承旭、闵兆华先生傍您一生，可以说成就了您的表演艺术。

李世济：是的。当程先生教完我《贺后骂殿》后，说道："我给你介绍三个朋友吧。其中有一个是大学生唐在炘，他在音乐上的天才我从来没有见过，我很欣赏他。"之后，打电话给唐在炘等人，约定第二天下午五六点钟来我家给我吊嗓子。

第二天下午，程先生、熊承旭和闵兆华早早地来到我家，唯有唐在炘迟迟未到。急得熊承旭直趴窗户往外张望，程先生也坐在屋里埋怨唐在炘。我们一直挨到八点多钟唐在炘才风风火火地赶来。他给我的第一印象就是此人身上充满了傲气！

大家见过礼后，程先生指着我对唐在炘说："小唐，你给她拉一段《贺后骂殿》吧！"

唐在炘拉完后说道："您说得很细致！"并表扬了我一番。程先生接着说："我希望你能常来，因为我马上就要回北京了！"不久，湖社票房组织了一场演出。程砚秋先生在给我排《贺后骂殿》时，赵荣琛、王吟秋师哥也在一旁学习。演出时，赵光义的饰演者是唱言派的李家载。我饰演的贺后身穿黄帔。由于我长得很像程砚秋先生，加之又是程先生亲授，演出效果非常好，大家就送给我一个美誉"小程砚秋"。而此时的程先生已然回北京了。不过，程先生对我的生活和学习很是关心，每次书信来往，程先生开文必是"世济吾儿"，这些信件我一直保留到"文革"。

我视这"三剑客"为良师益友。程先生在临离开上海将我托付给了唐在炘，请他来给我吊嗓子、说戏。我跟随着唐在炘学习了《武家坡》《四郎探母》等戏。

封杰：我见过一张是您跟程先生在青龙桥农作时的合影照片。

李世济：我利用寒暑假到北京跟程砚秋先生学戏。待我学成回到上海后，急忙转告唐在炘。他又立刻传授给赵荣琛。

我在北京学戏的日子里，干爹、干妈很喜欢我，曾想让我到贝满女中上学。可我父母没有同意，程先生表示非常惋惜。后来，程先生、钟世章、王吟秋和我住到了青龙桥的董四慕村。每天，我们除了在小亭子吊嗓子之外，就是由程先生带着我们去刨地或摘玉米。程先生见我非常能吃苦，笑着说："她身上没有娇气！"而且，每星期程先生都带着我们去为解放军清唱。那时的程先生最爱唱的是全部《文姬归汉》的唱腔。有时他略有变化，就会考我哪里有些不同。有一次，有棵树上长了一个红彤彤的大苹果，他亲自摘了下来送给我吃。可我如视珍宝带回来供在八仙桌上的瓷瓶上面，程先生见状问我为什么不吃？我说："这样大家都能看见，比吃了好！"之后的连续几天我是天天看着，直到苹果蔫了为止。

李世济、唐在炘切磋唱腔

封杰：20世纪80年代，由您领衔的剧团到香港演出，被赞为"皇家交响乐团"。我想，这里面唐在炘老师起到了决定性作用。

李世济：唐在炘在操琴时最懂得声、琴、情融合在一起的道理，他设计出来的唱腔既传统又赋予新韵，音乐感极强，但又不离京剧的本体元素。像他给张君秋、裘盛戎、赵燕侠设计的唱腔既符合他们的演唱风格，又令听者觉得老中有新，新旧结合耐人寻味，把剧情规定的环境、感情表现得淋漓尽致。尤其是他在操琴过程中从来是背朝观众，始终关注着演员的表演和乐队人员的演奏。只要是他的目光注视到哪位演奏员，暗示他需演奏轻或重，对方都能够理解。因为他们属于"单兵训练"，双方是心领神会。像《梅妃》中主人公刚刚出场前的大段演奏，既优美又诱人，营造出的音乐感染力不仅把演员引领到梅妃满心幽怨的情绪之中，而且可以立刻将听众吸引到剧情之中。

唐在炘与熊承旭从十几岁相识，一把京胡和一把京二胡合作了将近七十年，直到人生终结。这在京剧界是不多的现象，是一段佳话。他们水乳交融的默契，也使我们的合作达到了天衣无缝。唐在炘是六场通透，我觉得他在程派艺术上具有三大贡献。第一是丰满完善了唱腔且具有创作性。他非常强调演人物。像《文姬归汉》集中了[西皮原板]和[西皮慢板]、[二黄慢板]、[反二黄慢板]，程砚秋先生是每年才上

《梅妃》李世济饰江采芹、谭元寿饰李隆基

演一次，并将所有收入用来周济同行业的贫困艺人。我们为了保留住这出程派戏，只好迎合当时的环境而做了适当的调整，虚构了一场"左贤王探望蔡文姬"的戏，并增加了一段蔡文姬倾诉心情的[反西皮]唱腔。这段唱腔也使压抑多时的听者得到了宣泄，获得了欢迎。第二是在发展程派音乐方面具有创新性，他创作的《陈三两爬堂》《南方来信》《芦荡火种》《刘三姐》等新戏，很能突出人物的心理世界。像风靡全国的歌剧《刘三姐》，我们就琢磨着把它移植过来。首先在人物安排上是我饰演刘三姐，谭元寿饰演李小牛，马盛龙饰演刘二，慈少泉饰演王媒婆，周和桐饰演莫怀仁，张韵斌饰演渔翁，蒋元荣、何盛清、朱锦华分饰三个秀才。刘三姐出场唱[西皮导板]转[二六]："山歌一唱起春光，唱的云开日头红。笑二哥只愁唱歌是非多，唱歌唱出穷人志，唱倒乾坤旧山河。三姐不爱人夸奖，花言巧语莫来谈。"第三是乐队的改造、统领。由于他跟徐兰沅、杭子和、白登云等先生学习，掌握了很深的功底，他又多次向交响乐专家进行短期学习，使两者融合互补。他在合乐之前总是先将京二胡、月琴、三弦、鼓进行"单兵训练"，之后再合起来排练。总之，老唐使程派音乐丰富了，他在伴奏的过程中始终引领着乐队的每一个演奏员，拉"人"拉"情"，使听者在音乐声中得到心灵的震撼。

封杰：唐在炘老师不是简单的京胡演奏员而是一位京剧音乐家。您跟唐老师生长在上海，一定对梅、程"打擂"记忆犹新。

李世济：程砚秋先生十六岁拜梅兰芳先生为师，对梅先生非常尊敬。抗日战争胜利后，梅先生复出。在一次演出中，梅先生与程先生的演出档期发生冲突，这主要是经励科为挣钱造成的，而事先程先生却丝毫不知。

到了上海，程先生让人找来梅先生演出的时间和剧目。在他看完之后对经励科的人说："咱们合同先签订的，但我有个条件，演出十七场《荒山泪》。"天天演《荒山泪》导致剧场的上座率每日俱下。程先生的这种作为

实质上是在为梅兰芳先生让台。还有一次，两位先生又撞到了一起。程先生又提出演出二十场《英台抗婚》。

对于有意"让台"，程先生从来没有说过，但他的这种艺德的确值得我们后人学习。这些大师级的艺术家不仅追求舞台上的完美，更注重人品。

封杰：那么您怎么"下海"唱起了京剧呢？

李世济：1953年，我组织起了李世济京剧团。这主要是因为我不慎将腿骨摔断了，在家休学一段时间。关键是程先生经常在信笺中鼓励我道："传我衣钵者，世济女也！"。

我到北京征求程先生的意见，他说道："你玩玩票还可以，戏班犹如大染缸！"

我回答："莲花出污泥而不染！"由于我视京剧为生命，在唐在炘、熊承旭等人的帮衬下成立了剧团。而且是越来越执着。像我在北京演出就是由陈喜兴、于永利、白登云、赵桐珊等先生帮助筹备，演出两场后，我们又到其他地域演出。由于我身单势微，每次演出都要赔钱，后来实在无法坚持就宣布解散了。不久，我参加了北京京剧团。

封杰：您刚才提到，您曾得到其他老师的教授。

李世济：我的表演得到了赵桐珊、白登云、梅兰芳、马连良等先生的指导和教诲。像赵桐珊先生教戏非常严厉，他见我的表演中缺乏羞涩的表情，就当着言慧珠、童芷苓、李玉茹等师姐的面说："你连害臊都不会，我真想一脚把你踹出去！"当时我想，如果地上有个缝的话我非钻进去。

回到家，我整宿没有睡觉，对着镜子反复练习。第二天我又练了一天，终于找到了感觉。第三天我来到赵先生家，赵先生看我兴高采烈的样子说："你这么高兴，想必有新的体会？"

我回答："是的。"

赵先生说："看得出来，你下了一番私功！"

另外，梅兰芳先生在教授我《霸王别姬》时，说道："你要将你老师的唱和我的表演融合在一起，一定会更好！"马连良先生在排练《审头刺汤》时对我饰演的雪艳给予了很大的帮助。我在节奏把握上得益于白登云先生，他给我下了很大功夫。把子由陶玉芝先生教授。身段上，程先生让李金鸿教授我武旦戏。为了练习鹞子翻身，由于我缺乏幼功，筋骨又比较硬，翻得不够低。我就拿着马鞭对李金鸿说："你用鞭子打吧！"起初，李金鸿不忍心动手。后来还是打了我几下。

封杰：您对当今的程派继承者有哪些寄语？

李世济：我们的前辈艺术家和与我同辈的好友有些已然辞世了。我不愿老下去，但又无法违背人生的规律。现在，我只能寄望于程派艺术的第三代或第四代传人。像现在舞台上经常演出的《锁麟囊》，主人公薛湘灵由于剧情的推进，她有三个阶段——嫁奁、遇难、团圆。演员要善于表现自己，不能只是通过声音来表现人物，声音是来表达人物情感的。

周恩来总理曾讲过："艺术一定要跟时代合拍！"我与唐在炘在延续程派艺术精髓的道路上，遵循了周总理的话在创作上紧跟时代，赋予它新的血液，但不离京剧之魂。

封杰：是的。艺术必须与时俱进，掌握时代的脉搏。

秉承先贤　谦尚为本

——京剧名宿朱秉谦访谈录

> 京剧老生名家朱秉谦先生谦虚道："我拜师马连良先生是入门晚，根底浅。"然而，他的《赵氏孤儿》《淮河营》却得到了马先生的真传，继承了马派的艺术思想。2009年11月12日，我冒雪到府上就《赵氏孤儿》中程婴的八个出场向朱秉谦先生请教。

封杰：朱老师，您好！您虽然道自己是入门晚，但您却学到了马派的艺术真谛。

朱秉谦：马连良先生的艺术风格最讲究情、技、理，也就是以情动人，以技惊人，以理服人。

我从学戏开始，就跟随着萧长华、雷喜福、贯大元等先生，正是因为这几位老先生当年曾教授过马连良先生，所以我的戏路子比较接近马派风格。

1962年9月17日，我有幸在前门饭店拜马连良先生为师。马先生对我说："1952年，我到中国戏曲学校参观，王瑶卿先生对我言，我们学校有个学生特像你，今后你要好好教导教导。"看来，我们爷儿俩非常有缘。

《赵氏孤儿》朱秉谦饰程婴

封杰：马连良先生的《赵氏孤儿》可谓马派艺术集大成剧目，这出戏您得到了马先生的悉心指教。

朱秉谦：《赵氏孤儿》是马连良先生晚年创演的新编历史戏，凝聚了马先生毕生的心血。今天，咱们仅就戏中程婴的八个出场分析马派的艺术风格，以及马先生的艺术思想。

程婴的每一次出场都有不同的表演。马连良先生说，程婴的第一次出场是一蹉步、两蹉步，再往前有个栽跟头的动作。这些表演动作都是马连良先生从生活中借鉴、变化而来，但它又是高于生活的艺术美。

程婴头次出场唱［西皮导板］"昏王他把旨传下"的时候有两个滑步，绊个跟头，水袖往下一耷，站起来翻水袖的同时往后走，再唱［散板］："要把赵氏满门杀，急急告知赵驸马，此时无暇把话答。"再翻水袖时注意观察周围的动静。这一连串的动作设计得非常巧妙，表演得非常潇洒。

程婴二次出场的"盗孤"。一声"领旨"只见程婴背着药箱随着［二黄小拉子］背身上场。这是马连良先生从《一捧雪》中戚继光唤莫怀古到二堂答话时，莫怀古背身上场对雪艳道"夫人且莫高声"时的身段借鉴、化用过来的。而此时的程婴背身出场走反太极圈，回身一望猛然转过身来，一定要表现出他的悲伤、焦虑和急切的心情。舞台上最忌讳将后背"呈现"给观众，实为不雅观。

封杰：那么，马连良先生是怎样设计的呢？

朱秉谦：马连良先生是将一条小窄的大带后背系花，即美观又新颖。这也是老艺术家们高明的地方，是情、技、理的高度体现。

程婴第三次出场时，守将韩厥和四位校尉在［急急风］中上场，已经制造了紧张气氛。待程婴伴随着［水底鱼］匆遽而上猛见门将守住大门，心里高度紧张，右脚尚未站稳，音乐也由［水底鱼］转换为［五锤］，程婴忙转身，做惊愕状，左手扶住药箱，将髯口甩到右手上，而程婴的表情和动作却是

从容镇定。在［五锤］末锣声中，程婴的左脚尚未站稳，而右耳"递给"韩厥。韩厥也在同一节奏中念道："转来！"程婴接着一个捣步。在韩厥盘问过程中，程婴始终谨慎答对。当年在香港演出《赵氏孤儿》时，马连良先生演到此必是阵阵得彩。

程婴与公孙杵臼的"定计"是第四次。程婴在［快纽丝］中匆忙上唱［西皮散板］："一路行来暗盘算，不觉来到首阳山，急急忙忙把公孙兄唤。"马连良先生设计成走小圆场非常合理。因为来的路上程婴始终在思考如何向公孙兄说明自己舍命后，由公孙抚养孤儿的问题，而此刻不知不觉已经到了公孙杵臼的住所。

封杰：看似简单的小圆场，设计得非常巧妙，其中却隐含着一个大问题。

朱秉谦："大堂"是程婴的第五次出场，［纽丝］上来后程婴先观察周围的环境，亮第一个相，唱［二黄散板］："大堂好似鬼门关，暂忍怒容换笑脸。"这里又是一个小动作体现着大问题。因为程婴心里明白一旦事情暴露，将会导致三条人命甚至是全国的孩童都要无故丧命。这场戏不能演得过于潇洒，要演出人物此刻内心极度的悲痛、愤恨，但又不能跃于脸上。

"打婴"一场，马连良先生首先将程婴设计成戴透空的员外巾、白发髮。他说道："这时的程婴要随着［五锤］走出十五年来的忍辱负重，一腔的悲愤与无奈，同时更要走出希望。"程婴念："见魏绛我且用言语试探，但愿他是忠良好报仇冤。"这时的程婴是攥着拳头，但不要武，是有力而不定型，以显示他的决心。当魏绛不明真相鞭打了程婴后，程婴念道："嘿嘿，大将军，恕我程婴，老迈昏庸！"这句中的四个字"老迈昏庸"，实质上程婴是指骂魏绛。马连良先生要求此时的"打婴"，第一打要打出好来，第二打要挺胸含着"眼泪"，然后，屁股座子。此刻的程婴甩过髯口，从内心发出"哈哈"大笑，而观众却是满含热泪。

程婴先唱［西皮散板］："拨开云雾见青天，十五载未把愁眉展，满腹的心事我对谁言。"时面对观众双手展开，倾诉心中怨愤而引起共鸣。再接唱"将军的皮鞭"，后改成念白："打得好！"这种艺术设计和处理是情、技、理的高度结合。

封杰：现在经常把"说破"作为单场戏来演，看来马连良先生花费了很大工夫，使其成为经典之作。

朱秉谦："说破"又是全剧的一个高潮，既是马连良先生塑造人物的高峰，又是他集舞台实践、经验、技术之大成，更是他艺术思想的完美体现。

这场戏有《断臂说书》的影子，马连良先生进行了巧妙的变化。他先将程婴的出场设计得精心独特，在非常凝重的[反二黄八岔]曲牌声中，只见程婴右手抱着一本画册出场，先给观众留下悬念，即这本画册是否画就。程婴回头观望，踮步，要演出人物此刻的沉重感，千万不要演成飘逸。这段出场必须带着戏，以与程婴"打婴"时随口念的"说明孤儿，喏喏喏，包在我的身上呃"相连贯呼应，为后面的唱腔做好铺垫。

我非常佩服马连良先生的艺术积累，他唱道："画就了雪冤图以为凭证，以为凭证！"时赵武门外叩门道："开门来！"程婴有个甩髯口、转身扶桌子、存身的一功范儿的表演动作，好似程婴要瘫了一般。马先生在设计这个动作时非常兴奋，说道："这个身段我想了几十年，一直没有机会表现，今天可算将贾洪林先生教我的身段用上了！"

程婴开门，赵武的一声："爹爹！"程婴是浑身发抖。这里设计发抖是有内涵的。马先生讲道，因为程婴刚刚哭完自己的亲生儿子，是撕心裂肺。可眼前的"儿子"实际上是"赵家后代根"，怎能不伤心欲绝呢？接着程婴对赵武关切地问话，当得知他遇到了庄姬公主后，身体略微往前倾点，而赵武说出被轰了出来，马先生又是一个哆嗦，以显示程婴知道庄姬公主对自己的刻骨之恨，同时也激发了程婴道出事件真相的信心，让年少的孤儿理解。

封杰：第八个出场，程婴的心理应该是非常欢喜，一个完美的大团圆结尾。

朱秉谦：最后一个出场绝不能演成过场戏，程婴还应该带着戏上，演出他心中虽有喜悦，但对局势又不可掉以轻心。时刻保持着"小出场,大问题"的艺术思想。

马连良先生是在[汉东山]的曲牌声中由下场门上，到了寿堂先一望二望以观察周围的环境是否安全。当看见赵武欲拔剑连忙遮掩。这场戏原来剧情安排成程婴死去，后来改成程婴狠狠地踹屠岸贾三脚后连笑三声，全剧结束。

封杰：《赵氏孤儿》是对《搜孤救孤》的"老戏新演"，是成功的典范。

朱秉谦：我听贯大元先生讲，当初，余叔岩先生受天津的邀请演出《搜孤救孤》。之前他找到贯先生请其教授此戏，说道："大元，你走走。"待贯先生走完后，余叔岩先生道："等我从天津回来，咱们把这出戏的细节好好整整。"不想，余先生在天津演出《搜孤救孤》红了。

马连良先生演《赵氏孤儿》虽然剧情相同，但在艺术处理上已经完全是马派风格了。

封杰：目前的青年演员在继承流派时，常常以像为标准。对此现状您是持怎样的看法？

朱秉谦：我那时跟随十三位老师，学戏多，加之看戏多，唱戏也多。尤其是跟随马连良先生后，艺术上又有所提高。有时他的一句话就会使我顿开茅塞。现在的表演都流行于形式，而没有追求深邃的内心世界。

过去有句戏谚："演谁像谁，谁演谁，谁就是谁。看我非我，我看我，我亦非我。"马先生在舞台上的松弛，是他几十年的积累，所有艺术技巧已被他运用自如，完全达到了自由王国的境界。我真心希望马连良先生创立的马派艺术能够将真谛和艺术思想传承下去，还原正本，一切从人物出发。如果，现在只是一味地偏离原创者的艺术内涵，演成模仿秀，就会失却艺术的生命力。

封杰：谢谢您，此次采访我觉得自己宛如上了一堂马派艺术研究课，获益颇丰。

京剧舞台上第一位李奶奶

——京剧名宿赵鸣华访谈录

> 李多奎先生在继承龚云甫老先生艺术风格的基础上丰富发展了老旦表演艺术,被尊称为李派。黑龙江省哈尔滨市京剧团的李派老旦名家赵鸣华老师在继承恩师艺术的同时,在创演现代戏方面又有所提升。2008年7月29日,我采访了赵鸣华先生。

封杰:赵老师,您好!当年若不是您敲开了"李门",许多女弟子将无缘列入门墙。

赵鸣华:李多奎先生的艺术和人品的确令我辈崇敬,他老人家之所以在早年只收男弟子,主要考虑的是他们的生理条件更符合李派艺术表演需要。但当时有许多女演员、女票友和戏校的女学生追求李先生的艺术,李先生只好将他们收为义女。

封杰:那么,您是何时开始学京剧的呢?

赵鸣华:我母亲是曲艺艺人,那时家中经常播放马连良、谭富英、李多奎先生的唱片,不过我的最爱还是李多奎先生的《钓金

《四郎探母》赵鸣华饰佘太君

龟》中"叫张义"唱段。记得我八岁时,有一位京剧界昆乱不挡的老先生,叫马乐山,在东北组建一个小科班,于是,我姥爷就把我送进这个乐山小科班学艺,写给马师父五年。最初我学的是老生行,可有个学老旦的小师妹由于学得不扎实,经常遭到老师的训教和打骂,就找到我帮她记记唱腔和身段。一来二去我也跟着学会了,这对我后来从事老旦行当奠定了基础。不想两年后,马师父和师娘相继辞世。我和姥爷只好从沈阳来到天津投亲,并投师问艺,当时我们爷俩贫困交加,投师无门。

封杰:听说您从事京剧事业和京胡大家汪本贞先生有着很深的渊源。

赵鸣华:那时,我们两家是前后楼的邻居。一天我听到后楼三层有胡琴的声响,顺着声音我就到了三层,一看房间里是高朋满座。接连几天我都到那去听他们演唱,这些票友都是来找汪先生吊嗓子的社会名流。

可巧,一天王泉奎先生造访。我刚掀开门帘只听:"小姑娘,你天天来这看,看什么呐?"汪先生一问,我忙答道:"听他们吊嗓子!"这时的汪先生听我答得挺在行,又说道:"你会是怎么着?"

"我会唱'三斩一碰'!"

"哈,那你进来。唱哪段?"

"我听您的!"

"那你唱《斩子》吧!"汪先生和王泉奎先生都笑了。汪先生操琴给我吊了一段,接着,我又唱了《钓金龟》和《逍遥津》唱段。汪先生很高兴,并让我每天到他家去吊嗓子。

这次的无知、无礼又无畏的会面,却使我有缘结识了汪本贞先生。之后,我天天必到汪先生家去吊嗓子,而且和他当时只有六岁的女儿汪锦生非常要好,汪师娘也特别喜欢我。

几个月后,汪先生叫我把姥爷请上楼来对他讲道:"这孩子是个唱戏的材料,天生一副好嗓子,非常聪明,不过学老生不合适,我建议她改学老

旦吧！"姥爷忧虑家中掏不起学费，于是提出把我写给汪先生，汪先生却回答说："您要放心就把孩子交给我，一切全由我来为她安排。"姥爷一听感动得"扑通"一声跪在了地上。姥爷欣然同意全权将我托付于汪先生，并叫我跪下认义父、义母。

汪先生为我的成长费尽心血，他给我找的第一位老师在教授半年后对汪先生言道："本贞呐，您这闺女我可真教不了，她怎么这么灵啊？我这刚教她，她就会了，而且还找不出她的差错。"其实这是因为当年我在小科班时学得比较扎实，还有就是汪先生给我在劲头和气口方面都纠正过。

不久，我就掌握了不少老旦的开蒙戏。由于汪先生的为人和技艺在天津内外行中有一定的声望，很多名角和票友请他说戏吊嗓，像言慧珠、徐东明、王泉奎是常客。如果有几天没事情，他就带我到周边四郊五县的小戏班"演练"踩踩台板，使学过的戏能够一一实践。甭管演出多晚，我们都要赶回来，有时实在太晚了，师娘就说："这么晚了就别回来了。"汪先生回答："这是个姑娘，我带回来叫人家家里放心。"稍微有了些基础，汪先生才带我在天津市里的小剧场唱戏，每场能挣几块钱，养家糊口。

1950年，裘盛戎先生的太平班社来天津演出，汪先生对我讲："你的好运来了。"

"什么好运呀？"

"李多爷也来了，我叫他收你。"

"人家能收吗？"

"有我呢！"

一连几天我都磨着汪先生问："爹，您说了吗？"李多奎先生喜欢听小彩舞的京韵大鼓，一天约请汪先生同去。不巧，这天小彩舞没有演出，汪先生有意将李多奎先生引到新中央剧场听戏。那天是我演《行路训子》的康氏，李先生正赶上听我唱"夜黄昏"的[导板]，就对汪先生说："这小小子不错，小嗓子跟小铜钟似的。"汪先生立马答道："不错啊，您收了吧。"第二天，汪先生又到李先生住的饭店"泡"，让李先生同意收我。转过天的中午，我收拾干净跟随汪先生来到李先生住的房间，一进门汪先生："二叔，我把孩子领来了！"

"好哇，快进来！"这时的李先生正背冲着汪先生盛饭，刚转过身猛然看见我是个女孩，洪亮地说道："嗨，这不是小闺女吗？你不是说把那天唱戏的小小子带来吗？"

"就是她，要不我给她吊两段，您听听！"

"不用，我来。你会唱什么呀？"

"您说我唱哪段？"此时的我心"扑扑"直跳。

"好吧，你唱段《钓金龟》的[三眼]吧。"唱完后，李先生说："是她，难得这么一副好嗓子。"

汪先生抓紧时机再次提出："您收了吧！"但李先生回答："你知道我是不收女孩子的。"汪先生见李先生面带难色只好说："明天我再来，我们先回去啦。"不想，临出门李先生却说："你明天再把她也带来。"

封杰：没想到您是"出师未捷"，后来李多奎先生又怎么答应收您为徒的呢？

赵鸣华：第二天，汪先生接着找李多奎先生谈我的事情。回来时就带来了喜讯——李先生同意收我为徒了！1950年10月的一天，我在天津的回民饭馆惠宾楼举行了拜师仪式。京津两地的名角谭富英、裘盛戎、马富禄、梁小鸾、李世琦等先生都到场了，是由侯喜瑞先生举的香。记得当时给这些前辈们磕头把我的头都磕晕了。

李先生对我非常负责，在征得我姥爷和干爹汪先生的同意后，把我带到了北京，拜见了师娘，并住在老师家里，每天由他老人家说戏吊嗓。在第一次给我说戏前，老师说出了他不收女弟子的原因，他言道："女孩子的

气脉短，咱们的东西都是一口气，一般的女孩子达不到。不是一口气就不是玩意儿了，必须是一口气。"

"师父，我一定努力练好。"

"我觉得你这个小铜钟的嗓子能达到。"之后，李先生给我上了第一堂课。他讲了许多京剧讲究的礼数和戏理。韵味上要符合老旦的特色，千万不能唱出"大嫂子"味来。女孩子演唱要避开自身有的雌音。李先生指出像他唱[三眼]有几句是旦角腔，但要用真嗓唱，不能有旦角的柔媚。

封杰：李派唱腔融各行当特色之大成，既有尚派的刚硬，也有梅派的甜美，更有汪派的挺拔和高派的高亢。然而，他的高腔都是用真声演唱。

赵鸣华：是的。李先生在《行路》和《哭灵》中的[导板]都有嘎调，李老师就要求我用真声，他把这叫作"旱地拔葱"。教唱中，李老师先示范，再让我唱，叮嘱我节奏不要"懒"，必须一环套一环。如果不合格李老师就停下琴，跺着脚说："不行，从头再来！"他还说："咱们演唱时要绷着点，不能唱得太面了，这样观众就睡着了。你想，唱老旦的都是清水脸再挂根棍，随小锣打上，咱们就指着这把子劲唱呢，如果唱不出劲头和味来，观众怎么能认可你呢！"

封杰：李派唱腔中有许多的抖音和擞音。

赵鸣华：像您提的抖音，擞音，还有苍音是老旦演员必须具有的声音，李先生讲，这是仿效老年妇女的一种声音，只是把它美化了。

封杰：那您是怎么到新疆京剧团的呢？再后来，您又到了东北，您与云燕鸣、梁一鸣合演的现代京剧《革命自有后来人》，推动了京剧现代戏的发展。

赵鸣华：拜师后，我边演出边学戏。1952年就先后与奚啸伯、丁至云、林玉梅、赵慧秋、王则昭、王紫玲等人，在全国各地巡回演出。1955年，我参加了西北军区京剧团，1957年改为新疆京剧团，主演有马最良、梁小鸾、蓝月春、于鸣奎等人。我就是梁小鸾的保荐。后来我觉得部队的剧团环境好就决定留下了。

1963年，我被调到了哈尔滨市京剧团工作。团领导知道我在新疆时曾排演过《苦菜花》和《奶头山》等现代戏，便找到我说："《革命自有后来人》临近'下地'了，现在决定由你来演剧中的李奶奶。"剧中有场向李铁梅痛述家史的大段[二黄三眼]转[原板]成套唱腔，为了表现李奶奶悲愤交加的感情，我在运用李派唱腔特色的基础上，突破了老旦传统的唱法，大胆吸收了老生、花脸的演唱，充分表现人物雄壮豪迈的英雄气概。当时这段唱腔得到戏曲音乐家徐兰沅的高度评价和广大观众的赞赏。1964年，全国现代戏汇演期间，我师父在北京人民剧场看了我们剧团演出的《革命自有后来人》。结束后，他老人家走到后台看望大家并祝演出成功，临走时对我说："明天一早你到家来。"

《革命自有后来人》赵鸣华饰李奶奶

第二天我一进师父家门，他老人家兴奋地说："嗨！太好了！你把咱们的东西糅进去了，我听出来了。"

"这是我有意将您的艺术加进去的。"

"咱们的东西唱革命的老妈妈太合适了，我在底下看着太高兴了。你唱两遍我学学。"随手抄起身边的京胡拉了起来，同时对我演唱中有的字进行了点拨。像"可恨日本鬼子没人性，挥战刀、射机枪屠杀工人"一句中的"杀"字师父要求要先出气，再出字。"射机枪"的抖音，"工人"的擞音，师父给予了肯定。后来，再有新学生到师父家学习时，他老人家总讲："老戏不

能学了,我教你们学这段吧。"

封杰:听说,"文革"后李多奎先生曾经穿过的戏装给了您。

赵鸣华:新中国成立后,我师父加入国营剧团制作了新的戏装,属于个人的老戏服就装在一个旧铁皮箱子里了。直到1982年,剧团清理库房时才发现这些我师父早年穿过的戏装。可巧我们剧团到北京演出,师娘带着全家六人来看戏。演出后,李世英师妹到后台说:"我娘看你演的《钓金龟》忍不住哭了,说太像爸了。"卸装后,我连忙赶到师娘的座椅前,蹲着说:"师娘,您哪里不舒服?"

"不是。我看你演出想起了你师父,你的转身都像啊!嗓子还像小时候那么冲,你没有走样。"

"娘,咱回家吧。"

后来,我师父的长子李宗华师哥来信,道:"你师娘回到家就决定将这

《钓金龟》赵鸣华饰康氏、张世年饰张义

些东西，共计三十四件全都传给你这个'胖闺女'。"这是师父、师娘对我的爱称，师娘是希望我能够将李派艺术弘扬开来。

去年纪念恩师诞辰一百一十周年，我在天津中国大戏院演出《赤桑镇》，再次穿了我师父当年与裘盛戎先生演出《赤桑镇》时穿过的那件帔，上场就有碰头好。我觉得这个"好"是观众送给李多奎先生的，是对两位艺术大师最好的缅怀。老人家创立的李派艺术是久演不衰的。

封杰：您在学习李派艺术时有哪些感悟？您心目中李多奎先生是位怎样的艺术家？

赵鸣华：刚才提到师父要求演唱要达到"一口气"，有次他老人家教我《哭灵》时，当我唱"伴儿尸灵"没能一口气下来，惹得师父摔了京胡不再说话。但师父对待艺术不保守，始终在进行着创新。

封杰：您作为李派衣钵的继承人，我想请您对新一代李派后继者谈一些希望！

赵鸣华：近几年，京剧舞台上涌现出了许多李派艺术的继承者，很受观众欢迎！由此可以说明，李多奎先生创立的李派艺术，今天仍有众多的戏迷和年轻演员欣赏和学习，足见其艺术生命力之强大。我希望新一代继承者，在仿效他的风格时应尽量听他早年的录音，达到他中年时期的标准，能够完美地再现他"中锋嗓子亮膛音，蜂蜜滋味秋凉韵"的境界。

封杰：最后，感谢您接受采访。祝您健康！

荀艺新生　慧敏长荣

——京剧名宿宋长荣访谈录

2010年是著名京剧艺术家宋长荣先生从艺六十周年，他继承了荀派精于表演，运腔圆润，凝重深邃的艺术特色。1月4日，我采访了宋长荣先生。

封杰：宋老师，您好！您是怎么从一个农村娃喜爱上京剧艺术的呢？

宋长荣：我出生在江苏省沭阳地区一个村落里，是个农民的孩子。我家里很穷，真是上无片瓦，下无地垄，只有靠租地主的四五亩地维持生活，但这些只够交地主的租子。我父亲每天挑着菜筐到集市上卖菜来养活一家人。我很小的时候就在每天清晨，挎着小筐到处拾粪。我五六岁那年，我们村里常有戏曲演出，这时我就跟着大人看戏。对舞台上的花脸、武生、小生，尤其是旦角穿的花花绿绿的服装非常喜欢。长大点，大人们就叫我在集会上表演的跑旱船中饰演个小孩子。后来，大人看我比较喜欢戏，就让我

《白蛇传》宋长荣饰白素贞

去学大戏，也就是京剧。

  我被送进戏班时，别的小孩已经学习了半年多，能够演戏了。我被分到旦行组，每天随着他们一起练功，像翻跟头、旋子。起初，我父母并不同意我学戏。他们认为我在家可以当个劳力，做些事贴补家用。还有他们觉得学戏属于不务正业，虽然新中国已经成立了，但他们还是不愿儿子去当"戏花子"。为了帮助家里，我只好白天做点副业挣点钱交给家里，到了晚上，我再去学戏。我们在地主家用石头子铺的地面上练习翻跟头，摔得鼻青脸肿，都毫无怨言。谁让咱"误入歧途、走火入魔"呢！

  封杰：您学戏是人的科班还是剧团？

  宋长荣：我们"长"字班剧团属于以团带生，是由工会出资成立，包管我们的食宿，无非是面条、稀粥。老师有富连成出科的蔡连卿先生，他的京白非常好听，可惜我们入学不久这位老师就过世了。还有一些跑单帮的演员落到剧团做起了老师，培养出了李长安、张长富等各行当的演员。起初，我只是在师哥、师姐演出中跑跑龙套，或充当个小角色。后来，领导看我长得像个小姑娘，虽然有点黝黑，但化好装挺秀气，而且练功又很认真就有意培养我。像我们连演七天《贺后骂殿》，前六天分别由我的六位师姐饰演贺后。第七天，老师提出让我来演，考考我的能力，同时测试演出效果。那时的剧团非常困难，我这个"贺后"连头面都没有，只好带个凤冠，身上穿着一件大花布制作的帔，在台上唱着、表演着。这些村民觉得我好玩，使劲给我鼓掌、喊好。没承想，我第一次唱大戏居然一炮打响。

  从此，老师对我进行重点培养，相继教授我《赶三关》《铁弓缘》《武家坡》《起解·会审》等戏。那些年我们一直活跃在农村，所到之处京剧非常受欢迎。

  封杰："以农村包围城市"可以说是您的艺术发展道路，跑码头又奠定了您的艺术根基。

  宋长荣：你说得太好了，我正是朝着这个方向努力的。后来，我们逐渐演到淮安、扬州、苏北等大城市，经常演出"四大名旦"的剧目。如梅派的《贵妃醉酒》《宇宙锋》《生死恨》《凤还巢》。当地观众非常喜欢《霸王别姬》，因为我们这里就是虞姬与项羽的家乡，还留有虞姬沟和霸王庙的古迹。

我的这些梅派戏最早是由王慧君老师教授的，后来经过魏莲芳和言慧珠老师的点拨。再者，我还得到素有"重庆梅兰芳"之称的醉丽君先生的传授。由于我常年演出梅派戏，自然对梅派艺术产生了感情。1961年，梅兰芳先生到南京演出，领导有意安排我拜在梅兰芳先生门下潜心学习梅派艺术。梅兰芳先生听说后非常高兴，表示再来南京时举办拜师仪式。不承想，他老人家回到北京不到两个月就辞世了。

领导知道我曾跟随新艳秋先生学习并演出过《锁麟囊》等程派戏，又建议我拜新艳秋为师。可我的表演风格比较火爆、明快，不适合程派艺术表演风格。这时，有人提议我专攻荀派。好在我幼年间曾跟老师学习、演出过《红娘》《尤三姐》《花田错》《金玉奴》，有一定的荀派表演基础。我想，这也许是因为我出身农村，演出这些小人物比较生活、亲切。虽然我也曾演出过杨贵妃，但无法塑造出人物的深度和厚重感。

1962年，荀慧生先生到南京演出期间，看了我们演出的《红娘》并到后台看望了大家。他对我说："小子，我很早就听说过你，唱念做不错，好好学，以后错不了！"省委领导见荀慧生先生比较喜欢我，就与

《金玉奴》宋长荣饰金玉奴

荀先生商议同时收我、董金凤、胡慧兰为弟子。荀先生除了给我们说了《红娘》《尤三姐》等戏外，还让我们在他演出的《金玉奴》中饰演丫鬟。由于荀慧生先生的演出和公务比较繁忙，有时我们就找同荀先生合作了几十年，对荀派艺术了如指掌的丑行名家朱斌仙先生和荀先生的早年弟子费文芝先生请教，请他们给我们讲讲荀派艺术的表演特色和荀先生的人品风格。后来，荀先生为了培养我们传播荀派艺术，特意将女儿荀令莱留在江苏省京剧团，给我们说了《花田错》《红娘》《香罗带》《勘玉钏》并同台演出。

那时，我为了学唱荀慧生先生的唱腔，在工资紧张的情况下省吃俭用，存钱购买了一部手摇唱机，反复聆听荀派唱腔独特的韵味和技巧。

拜师后，我利用演出淡季到北京请荀慧生先生进行点化、提高。荀先生家住宣武区山西街，四合院里种着枣树、柿子树。为了便于学戏，我住在荀先生家的南屋。他住东屋，西北屋是他的书房。那时，我曾经看见荀先生的早期弟子童芷苓、李玉茹等人到家里学戏、请教。她们虽然学自荀慧生先生，但她们并不拘泥于荀派，而是丰富、净化、完善了荀派艺术。

封杰：1986年，您的"荀八出"唱响了香港、北京和天津，请您对这几出戏简要地分析下表演特色。

宋长荣：我第一次进北京只演了一出《红娘》，所以大家就说："宋长荣只会一出戏。"其实不然。1986年，我再来北京时，除演出《红娘》外，又连演了《香罗带》《鱼藻宫》《金玉奴》《花田错》《红楼二尤》《勘玉钏》《霍小玉》，人送"荀八出"。

我的这些荀派戏是在继承的基础上，掌握了荀先生的表演法则后经多位荀派专家的传授与点拨而成功的。像为了恢复《香罗带》《鱼藻宫》《霍小玉》，我特意将荀慧生先生的儿子荀令香先生请到我团教授，他非常鼓励我对荀派艺术进行再创作。其中的《霍小玉》，我又请荀先生多年的合作者沈曼华先生在细微之处进行点拨。

以两个剧目为例，一出是反映宫廷内部的欺诈、嫉恨和权力之争的悲剧《鱼藻宫》，一出是富有浓浓生活气息、新颖别致的喜剧《香罗带》。《鱼藻宫》中戚姬头场唱[西皮慢板]："身入宫闱十数秋，朝朝暮暮乐无忧，六宫粉黛无颜色，万国衣冠拜冕旒。"身穿凤冠霞帔，疾步出场以显示她娇贵的身份。可到了戚姬沦为阶下囚的唱腔，无论是大段的[二黄慢板]转[快三眼]，还是[反西皮散板]都要唱出人物此时此刻的内心状态，她是用心在诉说、在哭泣，绝不可一味地追求演唱的圆韵悦耳动听。而《香罗带》中的林慧娘是个严守传统道德的妇人，在丈夫威逼下叩响家庭教师的门环，也就是"释疑"一场。此时的林慧娘有段躲闪的表演，眼睛中充满了乞求的神情，头微微摇动，手连连摆动，一双水袖随着快如飞的脚步飘飞。这里讲究戏中有技，技不离戏。演员在演出中要真正达到快而不乱，繁中见稳。

封杰：由于您精湛的演技，使尘封多年的荀派艺术重新绽放新生，也由于您精彩的表演使《红娘》深入人心，观众赞誉您是"活红娘"是有一定道理的。

宋长荣："活红娘"是观众对我的褒奖，真正的"活红娘"应该是我的师父荀慧生先生，是他演活了这个人物，为我们后学者奠定了基调。

这出戏是荀慧生先生在二十世纪三四十年代创演的剧目。出身相府的"红娘"，敢恨敢做，伶俐爽快，非常受老百姓的欢喜。荀先生曾讲，这出戏既可以演得火爆一点，也可以演得温一些。

《香罗带》宋长荣饰林慧娘

因为《红娘》属于载歌载舞的戏,只要做到"动中取胜,静中取胜"就可以了。如果能够达到动静结合就更好了。荀慧生先生的出场是大步量,以此突出红娘洒脱的性格,非常漂亮。"春色撩人自消遣,深闺喜得就片时闲,香尘芳径过庭院,呖呖鹦鹉巧效言。"这里表明的是红娘与莺莺小姐来到花园看见美丽的景色,这时的演员眼中仿佛有"亭子、金鱼、花草"的景物,红娘的掐花让小姐闻和捉蝴蝶的表演动作,要有种真实感传递给观众。

五六十年代,我们演出时鉴于我身体非常瘦弱,就做了适当的修改,使其更加完美。如将荀先生的大步量出场改成大小步结合的形式。红娘时而快步,时而慢步,一种新的意境油然而生。"棋盘舞"荀慧生先生借用了刀马旦中的大刀花的表演程式,在快节奏中走两三次,可见荀先生脚底功夫。我在演出时就遵循了荀先生的表演规律,再结合自身的条件来丰富它。荀先生早期唱:"叫张生隐藏在棋盘之下,我步步行来你步步爬,放大胆忍气吞声莫害怕,只当是亲生子跟定你的亲妈。"新中国成立后,荀先生把最后一句改为"这件事倒叫我心乱如麻"。八十年代,我到北京演出,荀令香先生提议改为"跟随我小红娘就能见着她"就更贴切了。"拷红"一场,红娘念:"我小姐与张生姻缘成就,但愿得他二人偕老白头。"而从前是"怕的是到不了偕老白头"。在老妇人再三逼问下,红娘唱"他们木已成舟",就比原词"好不害羞"更能准确地突出人物的性格。

我的这些改动都是遵从了荀慧生先生讲的话:"你们是可以改的,当初我是踩着跷演红娘,以后改成了大脚。"通过这句话,我们也可以从中领悟出为什么荀先生演出的大步量有种风摆柳的感觉。他的每一个动作看似随意性较大,但都充满内涵,使人物内心的"话语"表达得淋漓尽致。

封杰:戏只有通过不断的磨砺才能达到精炼,您在多年的演出中一定有许多宝贵的经验。

宋长荣:京剧中无处不充满了美。所以,作为一名演员要懂得一些美学。

学生学习荀派艺术之初一定要规规矩矩，在具有一定基础之后再来灵活运用。荀派艺术的发展历经几代传人的继承、传播，始终处于修改和完善之中。例如，红娘念道："我就没有看过你唩儿，这么笨的蛋！"和[流水]："这兄妹本是夫人话，只是张生一念差，说什么待月西厢下，果然是色胆比天大。"这里面的"蛋"与"色"并不适合红娘这个十几岁小姑娘的言语。

演员还要学会掌握多种表演方式。在北京演出《红娘》就要求稳住、大气，而到了山东，"红娘"就必须是火爆、洒得开。只要演员掌握了人物演出的标准，观众就会喜欢。荀慧生先生为红娘设计的许多水袖都会"说话"。像崔老夫人悔婚，红娘站在她身后的摔水袖，其潜台词是"这个老不死的"，但水袖不可滥用，要恰到好处。

学习流派应活学活用，不要受约束。青年演员应该像赵燕侠、童芷苓、吴素秋等老师学习，她们是荀派艺术的完善者。她们根据各自的条件，继承着荀派艺术，丰富着荀派艺术，提高着荀派艺术。像童芷苓饰演的人物显得更高贵、素雅。赵燕侠的唱念更加口语化，使观众能够听得清楚。吴素秋的表演逼真、活泼。

梅兰芳、程砚秋、尚小云先生都演出过《起解·会审》，只有荀慧生先生上演全部《玉堂春》。荀慧生先生的这出戏从"嫖院"演至"团圆"，中间的"起解"一场，荀先生是不唱的，只是由崇公道表露而过，后面紧跟着唱"会审"。

后来是继承荀派艺术的演员按照荀派艺术的表演风格和方式创造演出了《女起解》，属于荀派艺术的"再创造"！

封杰：您认为青年演员应怎样继承好荀派的艺术真谛？

宋长荣：荀派艺术的表演非常讲究生活化、个性化和趣味化。荀慧生先生演出来的人物都非常大方，但只这简单的"大方"两个字却需要演员用心体验和感悟。但他饰演的小姑娘娇嗔媚憨非常讲究，也更难学好。

我们在继承荀派艺术法则、达到它的"三化"的基础上，要使人物的表演素质更加突出、高雅，还要争取达到"时代感、真实感、幽默感"。

封杰：谢谢您！祝您艺术青春永驻，为荀派艺术培养更多的人才。

王派艺术的传道者

——京剧名宿刘秀荣访谈录

2007年7月1日,全国政协京昆室举办了一场王派艺术专场,使多年未见舞台的剧目得以重现。演出后,我特意采访了为传播王派艺术而奔波的刘秀荣老师,就王派艺术特色和她本人从艺经历进行了访谈。

封杰:刘老师,您好!这次演出王派剧目让观众感到新奇,这主要是由于多年来京剧舞台上很少见到它的缘故。

刘秀荣:是的,在演出过程中,不时有戏迷问我这些剧目的情况,以及有关王派艺术的特征。

我的老师王瑶卿先生创立的王派表演艺术,在很大程度上提高了旦行的艺术地位,对京剧艺术的贡献是功勋卓著的。现在,由于传承、宣传等缘故,致使许多的戏迷,尤其是青年戏迷对王派艺术的表演风格知道的可能就更少了,而青年京剧演员对王派艺术的了解也是知之甚少。所以,当今的首要任务是做好宣传工作,让更多的人感到学习王派艺术表演的重要性——王派如

《孔雀东南飞》刘秀荣饰刘兰芝

同建筑高楼的根基，更是为今后通往其他旦行流派铺垫的金光大道。

封杰：既然，您提到王派是"通往其他旦行流派的一条金光大道"，那么，咱们就先从王派艺术特色谈起吧！

刘秀荣：说到王派的艺术特色，我想结合几出戏来谈谈。首先是具有独特风格的《珍珠烈火旗》，王先生塑造的双阳公主是位少数民族，着重刻画她勇敢、豪放、矫健和天真、爽朗的个性，所以在表现人物的艺术处理上，王先生采用了脱俗的手段。例如，双阳公主第一次出场就与众不同：在追赶猎物时，双阳公主左手持弓，右手拿马鞭，一下从后台冲到舞台中间，目光找寻目标，使观众眼前为之一亮；而下场又一反传统演法，双阳公主是面对后台亮相，因为她是在追赶猎物，不是为了亮相而亮相。只这么一个简单的"趟马"表演就已经吸引住了观众。

这出戏没有大段的唱腔，但"行围"的［西皮流水］、"金殿"的［二六］、"追夫"的［南梆子］，哪怕是［摇板］［散板］，也非常讲究字儿、劲儿、味儿。例如，"金殿"一场，王先生就要求这段"父王母后容儿禀"的唱法、表演不能与《大登殿》《玉堂春》的［二六］相同。这是因为不同的人物要不同的表现，双阳公主在向父母禀告看上狄青，重点突出"为首之人叫狄青"这句，唱时需要提神、提音，既不能让父母看出自己的心思，但又要引起他们对狄青的注意。声音不高，但要让观众听得清清楚楚，小疙瘩腔还要唱得舒展、俏皮。

还有，就是这出戏的念白特别多，既有韵白，又有京白，再者就是王先生独创的"风搅雪"的念白。这种"风搅雪"式的念法利用在双阳公主和狄青之间的对话中，极其切合人物的身份、性格，同时，又符合夫妻在此刻的心境。

开打也是《珍珠烈火旗》的一大亮点，戏中双阳公主与海飞云的双"勾刀"，与番将的五把大刀的"档子"，都非常精彩。最吃功夫的是与海飞云的"扎

九枪",过去都用于武生和武花脸,两个旦角从未用过。这套"扎九枪"必须掌握住稳、准、狠的要领,表演时要像真的一样。

通过学习这出戏,改变了我过去重文轻武的戏路,演出后,观众非常欢迎,王先生也挺满意。所以,这出凝聚着王派艺术特色,又是正面描绘少数民族的剧目,我会传下去。

封杰:看来,您对这出戏很有感情。那么之后您又学了哪些戏呢?

刘秀荣:王先生为了让我在唱念做打方面进步提高,多掌握些演技和刻画人物的本领,又教授了我一出王派早期剧目——《貂蝉》。

王先生说:"这出戏有唱,有舞,更多的是表演。既要有大青衣的端庄,又要有花旦的灵活,是出极需功力的戏。"他教了这出戏的"全堂",除了我的貂蝉外,还有张春孝的吕布、王荣增的王允、杨启顺的董卓等人物,而且每个行当,每个角色都有绝活。

之后,我相继跟随王先生学演了《十三妹》《武家坡》《棋盘山》《汾河湾》《得意缘》《三娘教子》《桑园会》《宝莲灯》《樊江关》等一批王派代表剧目。还有一出是王先生为了配合新《婚姻法》给我说的《孔雀东南飞》,关键是通过此戏使我从中得到很大启迪,真是受益匪浅。

封杰:大家都知道,《孔雀东南飞》是中华戏曲学校独有的一出程派剧目。至于王派风格的《孔雀东南飞》,可能戏迷们就了解得比较少了。

刘秀荣:《孔雀东南飞》是王先生为我今后艺术道路指明的发展方向——走"青衣花衫"的戏路。

戏中的刘兰芝属正工青衣,迈台步时脚底需压着,慢慢地稳着点一步一步迈,既不要紧步、快步,也不要直、横,更不许迈大步,而是要一步一步地交叉着往前走,好像孔雀开屏走路一般,所以青衣的台步也叫"孔雀步"。鉴此,王先生还讲了其他旦角的几种台步:花旦所表现的青春少女、侍女,这种台步叫"鸡步",给人一种轻盈、充满活力的感觉。旗装戏中的人物因为脚下穿的是花盆鞋，走路应稳健、庄重，这种轻抬慢落的台步叫"鹅步"，既要有男性之气魄，又要有女性之美丽。对于泼辣旦、彩旦的台步要夸张，走路要稍大些，形同"鸭步"。所以，王先生强调"唱腔不能一道汤，台步也不能一道汤，一定要有区别"。

对于演唱方面，王先生更是非常讲究。他对发音、归韵、落音，及板眼、尺寸、气口等都有严格要求，尤其是在演唱[摇板] [快板]技法上堪称一绝。《孔雀东南飞》中的[摇板] [快板]和"机房"一场的[二黄慢板]转[快三眼]核心唱段，王先生都要求以字带情，声情并茂。

封杰：这些非常形象的比喻不但让您受益，就是现今的青年演员也会得到启迪。我想，一出戏同样会使您在今后创造新剧目、塑造新的艺术形象时有所启发。《白蛇传》可谓给您带来了机遇和一生的荣耀。

刘秀荣：1952年，北京举办第一届全国性戏曲观摩演出大会，京剧界的许多艺术家及越剧、豫剧、川剧、汉剧、桂剧名家们都拿出各自的佳剧参加演出。为了展示新中国成立后党培养出来的年轻艺术接班人，文化部决定我们戏曲实验学校参与演出，这也是这场声势浩大的会演活动中唯一的以学生身份演出的艺术团体。戏校领导极其重视，商议讨论决定以田汉的《白蛇传》为参演剧目，这是田汉老根据老戏《金钵记》修改加工而另起炉灶的新戏。王先生亲自任艺术指导兼唱腔设计，李紫贵老师任导演，史若虚校长统筹全局并参与唱腔设计，同时，全校的许多老师都参与到这出戏的编排、创作之中，有阎宝泉、荀令香、赵荣欣、梁连柱、汪荣汉等人。

接受演出《白蛇传》的任务后，我是加倍练功。在排练的过程中，我感到我一天学到的东西比十年学到的还要多。这出戏也是王先生晚年的精心之作，他为全剧的唱腔设计付出了全部的心血。其中"断桥"一场，原来白素贞见到许仙后只简单地唱一段[散板]，王老就建议田汉老在此处加一段能够表现白素贞对许仙的怨恨、怒气、爱怜的心情。田汉老就在排练场的红漆木桌旁站着写出了"你忍心将我伤,端阳佳节劝雄黄"的唱词,而王老坐在藤椅上不大时间就随口哼出了至今仍在传唱的[西皮碰板流水]唱腔。这段并不华丽的唱腔准确地表达了剧中人此刻的复杂心情,而且充分体现了王派唱腔抑扬顿挫、起伏跌宕及"猴皮筋儿"式劲头的唱法特色。由于这段唱词、唱腔是两位大师的杰作,可谓"双绝、双美",所以,历经半个多世纪,我在教学时对它是一个音符都没有动过。观众在欣赏这段传世之作时仍是感到悦耳动听,精彩感人!

封杰:《白蛇传》代表了当年中国戏曲学校的风格,以至多家剧团搬演。听说王瑶卿先生曾称您为"鬼妞儿",对您爱护备至。

刘秀荣:当时我们学校排了第一出新戏《红娘子》,在北京大众剧场演出时,王老在史若虚先生的陪同下也来看戏。演出后,王老亲点我和谢锐青、王诗英、许湘生师姐到家中学戏,这次机缘不仅改变了我的人生,也给我带来了一生的好运。

走进大马神庙胡同的王宅后,我们依次站好,我排在最后。王老先教我们念《珍珠烈火旗》中"行围射猎游郊外,弯弓带箭出城来"的唱词,念完后,王老再教唱腔。三位师姐轮流清唱,王老再分别指出他们的

《平贵别窑》刘秀荣饰王宝钏、张春孝饰薛平贵

错误地方，这时，我注意到王老手中的那块红木的小戒方，它随着唱腔上下"舞动"，板眼尺寸全都集中在这块小木头身上。当我唱这段[西皮流水]时，我紧盯着它的"身影"，连同王老对三位师姐的指点，我遵守要求完整地唱了下来。王老听后，满意地说："她唱出我要求的劲头，和对你们纠正的地方，她都注意了。这孩子真机灵，是个'鬼妞儿'。"从此后，老人家再也不称我的名字，而叫"鬼妞儿"了。

封杰：一句"鬼妞儿"既表明了王瑶卿先生对您的喜爱，也奠定你们之间的师生情义。

刘秀荣：我们师生的感情很深厚，他不但在艺术上扶持我，生活上也是关爱有加。而我在继承王派艺术方面更是到了痴迷的地步，认为它实在太美了。

记得，1952年春节，我到王老家去拜年。他穿好大棉袍，戴上水獭帽子，围上大围巾带着我去逛庙会，走到北京厂甸的一个百货摊前，他给我买了红色皮球和捻捻转儿玩具，及一本相册。

多年后，我才领悟了王老为什么给我当时已是十六七岁的大姑娘买玩具的道理。他是教我要脚踏实地、拼搏腾飞、借劲使劲。

那时，我们几个同学到王老家学戏，从下午学到晚上10点钟左右，错过了学校的吃饭时间，所以，学校就给我们提出伙食费，叫我们到外面吃饭。每当这时，王老总是先让他们去吃饭，把我留下"补习功课"，其实是留我吃饭。像北京有名的小吃，我都是在王老家尝到的，还有，王宅最讲究的炸酱面……

不想，在我出国演出期间，王老为了帮助中国京剧院设计《柳荫记》唱腔，劳累过度而突发脑溢血，住进了北京医院。当我走进他的病房时，极力控制自己的情绪，唯恐他过于激动。我向他汇报了在国外的情况，并安慰道："您好好养病，等您好了我还得跟您学戏呢！"临离开病房前，王老再次将我拉到怀里!

王老逝世那天,我正在彩排《霸王别姬》,这出戏是王老重病期间安排他的早期弟子华慧麟老师教我的。

封杰:王瑶卿先生为了京剧艺术永续薪火,不仅调教出了像"四大名旦"这样开宗立派的艺术家,而且培养出了一批各有特色的旦行演员。到了晚年,他又为戏校的建设和新时代演员的成长呕心沥血,如今这批学生早已成为京剧舞台和教育岗位上的中坚力量。

刘秀荣:是的。我们这批学生是学的多,见的也多,演的更多。1956年我们刚毕业,中国戏曲学校就宣布成立实验京剧团,这是一个全新的青年京剧团。之后,我们以崭新的面貌活跃在京剧舞台上,社会上普遍认为我们继承了前辈名家的宝贵艺术,从而引起了大家的广泛关注,并留下深

《春郊试马》刘秀荣饰樊梨花

刻印象。

《四川白毛女》是我创演的第一出现代戏，饰演何长秀。之后，我又创排了另一出戏《春郊试马》，写樊梨花出征前得一宝马，命马夫牵至郊外试马的故事。剧中只有两段昆曲，主要是以表演和技巧来表现樊梨花欣喜的心情。我跟张春孝、刘洵和饰演马夫的万连奎商议将《战金山》《扈家庄》《昭君出塞》中的身段，以及翻身、屁股座子、卧鱼等技巧融入其中，使其成为一出热闹红火、载歌载舞的小戏。我们这出《春郊试马》在奥地利举办的第七届世界青年联欢会上，还荣获了国际金奖。

1960年，由于迫切需要提高戏曲界在职干部和演艺人员的表演素养，中国戏曲研究院和中国戏曲学院开办了全国表演艺术研究班，梅兰芳大师任我们的班主任。

我二十六岁那年，拍摄了京剧艺术片《穆桂英大战洪州》。此剧原是移植川剧《破洪州》，是实验剧团的保留剧目。电影导演崔嵬先生修改了剧本，他认为洪州既不是辽国属地，又不是被辽邦占领，"破"改为"战"更恰当，故易名《穆桂英大战洪州》。

1965年，我和张春孝被调到了北京京剧团工作，才真正离开了从小生活的集体。

封杰： 日前，我听到一份您于1967年演出《沙家浜》全剧的录音，才知道您也演过阿庆嫂。"文革"中，您受到了哪些不公的待遇？

刘秀荣： 当初调我们到北京团工作，是为了演出《红岩》，我饰演江姐，张春孝饰演甫志高。我们剧组还到重庆渣滓洞"坐牢"，戴着手铐脚镣和犯人一样。一天下午"放风"，春孝靠近我小声说："过会儿提审，准备好口供。"我蔑视道："叛徒！"原来，假扮国民党军官的阎肃和杨益言在提审张春孝时，他全盘托出，全部招供。

我还参加了从《芦荡火种》到《沙家浜》的修改创作的过程。第一个

演阿庆嫂的是赵燕侠大姐，她挨批斗的程度实在太可怜了。由于我演出《节振国》中的节振国妻子长达半年多，头发很长，为了便于演阿庆嫂我就把长发剪短了，还烫了发。这一下我是"罪责"难逃，接踵而来的就是大字报。而且，还批判我篡改样板戏，如阿庆嫂唱"风声紧，雨意浓，天低云暗"的"低"字，原来唱成"底"，我就按照字正腔圆的原则改了过来。后来，拍成电影时洪雪飞就是按照我的方法演唱的。

后来我就被囚禁了，再后来去了"红艺五七干校"，接受劳动改造。直到1976年，我才重新迎来了我的第二次艺术青春。

封杰：在这次王派艺术展演中，融聚了旦行中刀马旦、花衫、青衣，集唱念做打于一体，不同的剧目，不同的人物，不同的表演特色，受到观众的赞扬。其中，《平贵别窑》中王宝钏与薛平贵分别的戏，很是感人。观众看到的虽是出老戏，但觉得内中又赋予一定的新意。

刘秀荣：你看得非常仔细。的确，我们在继承这出王派戏精华的同时，又融入了我们生活中的真情实感。

那时，我被"囚禁"在虎坊桥公寓。一日，张春孝给我送来所需的日用品后，我送张春孝回家，来到晋阳饭店前的23路乘车。一路上我们是"默默无语"，双方都不敢相视，唯恐"两眼泪"。连续开来三辆车，张春孝都坚持不上，彼此不愿分离。最后，还是他目送我离开了车站，当我走到虎坊桥的十字路口拐弯处时，泪水夺眶而出，失声痛哭。

以后，我们再演出《平贵别窑》时就把这段色彩浓郁的感情戏融入在内，观众反响极佳。

回到中国京剧院后，我们与那些老同学一起恢复上演了大批剧目，同时，也创演了几出新戏。现在，我们已经退出了京剧舞台，正在重复着老师们当年的工作。

封杰："文革"后，您与张春孝老师合作演出的戏，有几出我也看过，而且，知道你们还导演了几出新戏。那时，大家称呼你们是"夫妻店"。

虽然，现在你们这对同年同月生、同窗学艺、同台演出、共同生活的"五同夫妻"已然退休，但传承王派艺术的重担落在了你们的肩上。为了王派的弘扬和京剧的振兴，希望你们的"夫妻店"越来越红火！

连鉴忠言 平易近人

——京剧名宿刘习中访谈录

> 京剧艺术的传承近年来备受关注，前辈教育家王连平先生可谓满腹经纶，桃李满园。经他点化的弟子后来多有建树，其中包括他的门婿刘习中。2009年9月15日，我采访了刘习中先生。

封杰：刘老师，您好！富连成科班有的弟子是在王连平先生的建议下改攻行当。如，叶盛兰、李盛斌、袁世海等人。

刘习中：你说得很对。改行对学生和科班来讲，是按照个人条件与行当的综合需要决定。王连平先生看到叶盛兰先生演旦行戏后建议他改为小生，并帮助增首填尾和遵从保留"鲤鱼中段"的原则编写了《罗成》。他看到李盛佐先生学习武生，觉得他的个头不高，建议改成武丑。叶盛章先生是由花脸改行武丑。李盛斌先生是先习武丑，再改武生。一次，袁

《三岔口》刘习中饰刘利华

世海先生学老生唱《除三害》的时吉，排戏中他辅导"周处"，恰巧王连平先生路过，便站在一旁观看。他走过来说道："刚才排戏，你走走。"

年少的袁先生说："我不会。"

王连平先生说道："你刚才说得挺好，你再来来！"

完事后，王连平先生找到萧长华先生建议，道："我看行了，别让袁世海学老生了。您看他的大脑绷子、眼睛和神儿，都对。"萧先生说："你来一出吧。"之后，王先生给袁世海排了一出《骆马湖》中的李佩。试验演出效果很好，叶春善先生和萧长华先生看后确定袁世海先生改攻花脸。

我听夏韵龙讲，当年他在科班是"羊群跑骆驼"，连四个龙套都扮不上去，每次上场也只是举大纛旗。后来是王连平先生给他一碗饭，业余时间专教他二路活。他不会的王先生单独教，会的再专门加工。不知道是时机巧遇，还是王先生特意安排，如果哪个师兄弟病了，王先生就让他顶替上场。演出后，萧长华先生非常满意，说："行，个头合适，今后就是他了！"

不仅他们是这样，就是我也是先学了两年花脸，而且已经唱了《探皇陵》《二进宫》等戏后，教武生的王连平老师见我平时好动，就把我划到了武生组。王连平先生教戏是全本，像《三岔口》他是任堂惠和刘利华同时教。可到演出时，王连平先生说："孩子，今天你来演刘利华。"演出后，王先生提议我改攻武丑，说道："孩子呀，你的条件只有学武丑才有饭。"

王连平先生虽然不是名角儿，但他是很优秀的教育家，有许多名人都出自他的门下。

封杰：人们常说，王连平先生是"戏包袱"。

刘习中：早些时候，我对戏包袱、戏篓子、攒总的这些概念不很了解，更不知道它的深度。通过多年的经历之后，我才理解了他是戏包袱的重要性。他没有到剧场看过样板戏《红灯记》，可他却能通过听收音机将每个场次中李玉和、李铁梅、李奶奶、鸠山的唱念和音乐全部背出来。他说："这个戏这么多高腔，演员会受不了的。"

他五岁开始学戏，由于他的父亲王长龄与富连成科班的班主叶春善先生是磕头兄弟，在富社负责盔厢。所以，他很自然地进了富连成科班。这时的王连平先生尚在年幼，每日只在科班里玩，其实是熏。两年后，王连平先生才正式写字成为富社弟子。他原名王喜垠，属于富连成科班头科弟子，不想，入社只一年，他就在一次练功中被伤到眼睛，送回家休养。九岁，他又回到了富社学武生，这时叶春善先生和几位教师也确定了对王连平先生的定向培养，让他学武生、武丑、花脸等行当，就是为了让他达到广而博。十六岁起，王连平先生就已经开始了实习教戏。在他当了两年助教后，开始挣工资了。后来为了培养新招收进来的弟子，准许他以师哥带师弟的身份教授他们，并改为"连"字科大师兄，取名王连平。

王连平先生武生宗尚和玉、张德俊、茹莱卿、丁俊、姚增禄老先生，他是一边学习一边传授给学生。他在聊天中，说道："我教过的戏大约有二百出，实授的戏有一百多出。"李盛斌先生在回忆录中写道："王连平先生教授我的戏就有六十八出。"茹元俊对我亲口讲过："我学过的三十五出正戏，有八出是我父亲茹富兰教的，剩下的全是我大爷（指王连平）教的。"

他教学最辉煌时期，是他教授"富"字和"盛"字的弟子。即使到了晚年，这些当年得到过王连平先生恩泽的弟子们见到他也是毕恭毕敬。有时，他早年教过的学生经过"文革"后，有的从事了教学，有的还活跃在舞台，但有些记不清戏的细节了，他们就来找王连平先生请教，王先生会把唱词和身段说给他们，并叮嘱道："背会了，别对不起学生。"孙盛文先生教《马踏青苗》时来家里问道："先生，学校给我安排的《马踏》词没忘，动作想不起来。"王连平先生说："把苍蝇拍拿来当马鞭。"接着他说道："上膀子，骑马，转身，反打。"张春华到家里请王连平先生帮着修改《五鼠闹东京》剧本，王连平先生说道："这种戏前没有情，后没有理，没有意思。"谷春章排演《徐良出世》特找王连平先生按照当年给叶盛章先生导演此剧来加工、指导。王先生特对他说："你比你师父的嗓子亮，可以加点唱、念。"他还举例说，比如《长坂坡》中念词"四更时分与曹兵劫杀往来"，必须念成杨小楼先生的韵味，又如，《挑滑车》中高宠的起霸。那是故宫的玩意儿，不能动，演员要往故宫靠近。而徐良是百货大楼的玩意儿，它可以改动。这也说明一个道理，演员要扬长避短，作为"短"的一面就要向标准靠拢。

他说出的话有些是需要悟性的。如厉慧良到家向他学戏，王连平先生说道："我给你说的东西，能用就用，没用就忘了。"他接着说："我说的只是路子和意思，因为咱们说的是屋里的玩意儿，你拿走之后要到台上放光，如果没有放光就没用！"听似非常简单的话语，内中蕴涵着高深的道理。

封杰：戏包袱一定保留了许多珍贵的京剧剧本。

刘习中：他早年抄写的剧本的确被他精心留存下来，可在"文革"抄家时用三轮车全部拉走。这些剧本都是他的命根子，"文革"后一本也没有返回来。后来，有的演员在舞台上恢复上演了一些戏，王连平先生看到他们的演出风格和细微之处，已然明白了剧本的去向。但是他终生再没有往回要，只轻轻地说了一句："别要了，只要能演出就行了！"

这些剧本都是从他以师哥身份教师弟做老师开始收集起来的，他说过："大班的戏，小班也得有，只不过大班唱的是角儿，小班唱的是精气神。而小班有的戏，大班演不了，这就是富连成。"我曾听刘连荣先生讲，他小时候在富连成科班演出的《霸王别姬》中的霸王就是王连平先生教授的。但是，有些戏又是其他班社无法演出的，这就需要编写新戏。像叶盛章先生演出的《时迁盗甲》，根源是王连平先生学自杨鸣玉老先生，学成后教会叶盛章，演出轰动后，他又增头添尾形成了一出大戏，改名《雁翎甲》。他还新编写了一出《五老训子》，这"五老"是《连环套》中的五位长者，他们的儿子为了争胜攀比进行了比武，最后打到了爸爸面前,五老分别教训儿子。他说：

"这出戏先武后文,而且非常有哏的是大'盛'字的师兄演儿子,刚入科一年的小'盛'字的师弟演爸爸,反差很大,观众很喜欢。这出戏即使放在现在演出,也具有教育意义。"

封杰:我听说,富连成科班的班主叶春善先生曾有意让王连平先生出任新班主。

刘习中:在富连成科班,总教习是萧长华先生,两位副教习是负责武戏的王连平先生和文戏的蔡荣贵先生。

当时,他作为青年教师,工资并不高,为了增加收入,他就跟几位师兄弟一起到上海演出,用他们的话讲是"拉出去"。由于演出效果很好,几位师兄弟就有些春心浮动了,但王连平先生与叶家的特殊关系不允许他离开富连成这个大本营。这时,叶春善先生找到王连平先生说是要由他来接任富连成科班社长,但王先生考虑到叶家五虎已然成人,是家天下,便婉言谢绝了。后来,他做了总教习之后,又修改了社规,并教学生们唱会。晚年,有些出科富连成科班的人为了写传记,时常到家中请他回忆当年的情况。他都毫无保留地告诉人家,他常说:"戏班这碗饭,你吃一口,他吃一口,也就完了,搁在肚子里,何必让它馊了呢!"

王连平先生这辈子做的只是教、编、写、改的工作,前半生在富连成科班教戏,后半生到中国戏曲学校任教。

王连平与尚和玉合影

封杰：在他心目中将富连成科班看成自己的家，占有重要位置。

刘习中：王连平先生到了中国戏曲学校后，教学任务更重。同时，他从前教过的高盛麟、李盛斌、杨盛春等人都在中国戏曲学校担任兼课教师。像茹富兰先生给学生说完《恶虎村》的主演后，其他配角戏和攒总讲。学校征求茹先生意见由谁来排戏时，他说道："不用别人了，让我师哥来，我在科里就是由他排！"其实，用王连平先生的话说："大家只爱记住名气大的演员，但我给没名的人下的功夫最大了。"他的这种行为是遵循了他的师父对他讲的话："有饭送给饥人！"

对待不同的学生他采取不同的方式，杨盛春先生是他"猴钉"打出来的，高盛麟先生是他教出来的，李盛斌先生是他撅出来的。

封杰：您的岳父建议您改丑行后，在这方面是否也很受益？

刘习中：他说，丑行也有流派，如王长林、傅小山、张黑。但由于他们各自演法不同，有的侧重文，有的侧重武，使他们的表演有的得到了流传，有的就销声匿迹了。像我演出的《连环套》中的朱光祖，在排戏时，我师父叶盛章先生就言道："你去找你岳父学，我就是从那匼来的。"我演出的《三岔口》在表演刘利华推翻桌子、横躺身子的亮相是我设计出来的。后来有人说："你别使这个身段，有点像杂技。"不过，后来我在我岳父处得到证实，张黑先生早年就曾使用过这个亮相，不过早已失传了。像《打瓜园》，通过我师父叶盛章先生表演已经发生了变化。他为了丰富陶洪的艺术形象，对我说："让你岳父给我加段唱。"回到家，我转告了我岳父。他加了一段陶洪唱："在瓜园与黑汉比武较量，这汉子武艺精性情直爽，力大无比武艺高强，莫道他不识礼行事鲁莽，我看他壮志未酬，日后必是国家栋梁，我有意将三春许配与他，老陶洪选女婿理所应当。"夸郑子明的梆子腔。

王连平先生对我讲，这出《打瓜园》至今已有百年，剧情选自《龙凤传》，可书内并没有记载。它只不过是通过书发展成一个人表演的评书，传

到甘肃时，有人感觉实在无法收场才增加了陶洪，形成了二人转，再传到内蒙古后，转入到了山西，最后才演到了河北。而王长林先生就是从河北梆子拿过来的剧本，进行了加工、丰富，形成了大戏。所以说，戏都是编的。

叶盛章先生跟王长林老先生学会此戏后，又找到王连平先生修改。他首先将原先陶洪的慢速动作改成快速行为，强调三个缺陷美——罗锅、瘸子、跛子，而且要明快、美观。

新改编的《打瓜园》经过重新加工，将原先的店家、陶三春、陶洪三个座场，改成陶三春骑驴上场，丑丫头随同，郑子明挑着担子出场。陶洪在与郑子明比武后，念道："哎呀，且住。我将这大汉打倒在地，看他身后一缕青烟直冲云霄，日后必是帝王将相之本，我不如将女儿许配与他，日后我终身有靠。"可见，一个戏曲大家一辈子都在思考如何革新、变化。

封杰：您说过，王连平先生最后到中国戏曲学校做了教授。

刘习中：王连平先生离开富连成科班后，到了张家口，帮着排演了《三打祝家庄》《九件衣》《逼上梁山》等戏。再后来他又到了东北戏曲学校，由于他的关系，孙盛文、孙盛云、赵桐珊、关盛明等人被他"挖"到了沈阳。直到全体师生并入中国戏曲学校，王连平先生担任教导主任和京剧科科长，每天检查教学工作质量。同时，他还有一个重要职责是培养青年教师，为京剧的传承培养师资力量。他第一个提出了减薪，

《打瓜园》刘习中饰陶洪

说道:"我跟富兰一样高或低,就成。"王连平先生在教学过程中,从来不体罚学生,只是说:"你还想成家立业吗?你想吃馒头吗?你笨得像牛,牛还有个傻劲呢,你一点都不使啊!"以此来刺激和激励学生。

封杰:京剧是一棵菜的艺术,演员应该如何奋进?

刘习中:京剧需要角儿,但它是一个整体的艺术。没有流派不成,必须认真继承,可是不能让流派成为印刷品。如果那样,京剧谈何发展?

王连平先生常讲一句话:"要想活得好,就得好好跟着老师学,会趸货,到了兜里别烂了。过些日子拿出来亮一亮,有长虫的扔掉。剩下好的想想配什么料吃掉!"完全是生活的语言,但蕴涵着深刻的道理。

封杰:浅浅的话白却道出了深刻的内涵,京剧要继承,要发展,必须遵守王连平先生讲过的一句话:"京剧是一门'无古不今,无今不古'的艺术。"

宛如秋声 华丽春音
——京剧名宿王婉华访谈录

> 1962年，张君秋先生来武汉演出，与高盛麟进行"走马换将"。青年演员王婉华因为与张先生配演出色，被收为弟子，并得其亲授了《春秋配》《西厢记》《望江亭》《状元媒》《玉堂春》等剧目。近年来，她为培养张派新人而默默奉献。2008年10月8日，我采访了王婉华先生。

封杰：王老师，您好！请您讲讲从艺的道路？

王婉华：我原姓刘，因家境十分艰苦，父母将我送给了王家，故而随养父姓王。养母非常喜爱听京剧，受她的影响我也跟着看戏，不管是京剧

《杨门女将》王婉华饰穆桂英

还是地方戏，我们都去。1950年年初，中国戏曲学校到武汉招生，由于我家是外行人，没有经过正规的学习，只是平时跟随着我养母学唱过《玉堂春》中一段"苏三离了洪洞县"。考试中，我就唱了这段，结果我没有被中国戏曲学校吸收为正式学生，而成了一名备取生。

这时，我家的亲戚说，现在工会成立了一家失业女工训练班，可以学习文化和掌握一门手艺，将来还可以分配工作。我到工厂后，一边工作一边负责业余文娱活动，演出过小歌剧《兄妹开荒》。半年后，恰巧中南戏曲学校开始招收京剧学员，校长是崔嵬先生，教委主任是徐慕云先生，老师有花脸行当的孙盛文，青衣是金碧艳，老生是徐盛昌，武丑是王福山，武生是茹富兰，文丑是赵德普，这些老先生都是从北京特意请来教我们的。学校发来通知书，说明中国戏曲学校的备取生可以直接入学。可训练班的领导见我学习技术认真，又对文艺感兴趣，不同意我走，说是即刻安排我就业。可是我对京剧非常挚爱，偏偏要学习京剧，一心想着学成后好挣钱养家。领导被我的诚恳所感动，最终还是同意我离开了。

中南戏曲学校不但免收我们学费，还每人发一身灰色制服和一身练功服。我们每天练功、学戏、排戏，仅一年时间，我们就在人民剧院首演了《八蜡庙》，由高盛麟的儿子高小麟饰演黄天霸，白玉昆的儿子白云龙饰演褚彪，刘五立的女儿刘丽芳饰演张桂兰。《大保国》是我的李艳妃，陈鸿钧饰演徐彦昭，由于饰演杨波的同学后来改了行，名字我已然忘记了。

封杰：您的青衣戏是跟金碧艳老师学的，她应该是您的启蒙老师。

王婉华：我们几个同学坐成一排听金碧艳老师上课，她是王瑶卿先生的入室弟子，教的戏是正宗的王派。金老师对我非常喜欢。有一天晚上，茹富兰、金碧艳等几位老师在二楼的房间里过戏瘾，我们几个同学在外面偷听。不想被金老师发现，她喊道："丫头，进来！你搭着茹老师唱《贺后骂殿》。"茹富兰先生唱正宫调，我随口就出。茹先生高兴道："嚯，嗓子不

错呀！"

金碧艳老师离开学校后被东北的齐齐哈尔市京剧团请去教戏，时间不长就传来了由于晚上房间停电，金老师去修电源而触电身亡的消息。金老师真可惜，她一身的艺术就这样全带走了。去世那时，金老师年仅四十多岁。五十多年过去了，我至今仍怀念着这位给我艺术生命之源的奶师——金碧艳先生！

戏曲学校的生活紧张充实，但好景不长。后来，各种运动接踵而来，有人提出学校的费用太大，建议取缔。

封杰：那么，后来中南戏曲学校真的解散了吗？

王婉华：1951年年底，中南戏曲学校被迫解散。老先生们回到北京后，有的被中国戏曲学校聘为了教授。

武汉市歌舞剧院和武汉市楚剧团闻知我们学校解散，蜂拥而至全来抢学生，以丰富各自剧种的后备力量。楚剧团的沈云陔先生为了楚剧的发展，后继人员的充沛，将新招来的学员组织起来，精心培养。但苦于没有经费，他就联合几位同仁自掏腰包从每月工资中分出部分钱补贴学员的生活费用。我同时被楚剧老师和歌舞剧院的老师相中，但我不喜欢楚剧执意不肯去。这样，我和高小麟、白云龙、张宗英等同学随着歌舞剧院的老师学起了歌舞。我先跟白俄罗斯的老师学了几个月的芭蕾舞，之后又跟民族舞的老师学了《踩龙船》。即使这样，我心里仍然暗恋着京剧，还是一心想着唱京剧。

半年后，我们找到高百岁先生说明情况，表明我们还想学京剧。高先生听说我们是中南戏校的学生后非常高兴，说："好，好，你们来，我们全要！"当我们跟武汉歌舞剧院的领导和老师说明我们的心迹时，他们说："你们别走，以后京剧会被新文艺所代替。"我们到了武汉京剧团后，开始了练功和学戏。我跟随刘玉琴老师学习《春香闹学》《拾玉镯》《十三妹》《樊江关》《贵妃醉酒》等戏。这位刘玉琴先生在上海时是有名的男旦，我曾看见过刘玉琴先生与绿牡丹、白牡丹"八演"《五花洞》和《嫦娥奔月》的演出海报。他教戏非常认真,像他教授我《春香闹学》,只一个出场的一个眼神不到位,他就让我重来。他说:"动作要与眼神一致,昆曲戏全靠身段。"我在刘老师身边学习了八年时间,直到他于1962年逝世。

封杰:进了剧团与在学校时的情景是截然不同,是否应采取"边学边演"的方式?

王婉华:是的。我一边跟刘老师学戏一边参加剧团演出,来丰富自己的演出经验。像高维廉先生针对我的京白戏进行了精心的指正和教授,把《悦来店》《雁门关》《梅玉配》《穆柯寨》等戏中的人物都细抠了一番,使我的嘴皮子功夫得到了提高。

1954年起,我就随剧团开始了演出。有时,戏中缺个活儿,负责演出的先生就让我临时"钻锅"。像我们剧团自己编写的《赵氏孤儿》,在剧情和唱腔方面不同于北京京剧团马连良、张君秋、裘盛戎演出的《赵氏孤儿》。我们的庄姬公主有大段的[反二黄]唱腔,一直由杨菊萍老师饰演庄姬公主。一天,负责排戏的先生递给我一个本子,说:"抓紧时间背背,找琴师说说唱腔。"当晚,我就上台了。还有一次,郭玉昆先生演出猴戏,戏中有场孙悟空和猪八戒搭救被妖怪掠夺的父女二人的戏,其中需要唱[五音连弹]。演出前日,饰演女儿的云艳霞老师生病了。一个剧本又递到了我的手中,要求我当天晌练,第二天上台演出。

我在前面演完《白蛇传》之后,后面是李蔷华或杨菊萍老师的戏。为了剧团前景,经杨菊萍老师的提议,我被选为剧团重点培养对象。一次,排练《宝莲灯》杨菊萍老师让我在旁边跟着学,过了几天给我进行了彩排。老师们觉得我演得效果不错,从此就安排由我承担演出《宝莲灯》的重任。这年我刚刚十七岁。所以说,杨菊萍老师是我艺术道路上的伯乐。

1959年,我们剧团专门给我写了一出戏《穆桂英大破天门阵》,准备参

加湖北省中青年演员会演。方宝才、李少奎、宦宝庭等老师全梁上坝每天陪着我练习靠旗、打把子、跑圆场等,每个人都是汗流浃背。演出后,我获得了一等奖。

封杰:我听说武汉有"京剧三华"。

王婉华:由于演出场次多,积累了一些演出经验,观众对我们这些青年演员非常喜爱,渐渐地将我、陈瑶华、李蔷华称为"京剧三华"。我们彼此帮衬,相互合作。像我给李蔷华演出的《亡蜀鉴》配演过丫鬟,她的夫人。我和杨菊萍老师、李蔷华、陈瑶华合作过"四演"《五花洞》。

封杰:京剧界的"走马换将"至今被人提起,请您说说当年的情况。

王婉华:1962年,文化部组织了由北京的张君秋先生与武汉的高盛麟先生进行"走马换将"演出活动。张君秋先生带来了琴师何顺信和张似云先生,鼓师金瑞林先生,演员有刘雪涛、李四广、钮荣亮等先生。在最初商议剧目和演员时,我们剧团曾派专人到北京找张君秋先生,他说:"演《西厢记》,红娘可以让你们团那个叫王什么华来就成!"

我们团派去的老师非常吃惊,急忙说:"她叫王婉华!"

张先生随声道:"对!对!对!就是她。后面的《大登殿》《武家坡》也让她跟着。"

说到这里,还有个插曲。张君秋先生之所以对我比较了解,源于他在1959年曾到武汉人民剧场演出。白天,我们剧团的青年演员在民众乐园演出《得意缘》,我饰演二妈。这出戏是我们赴西藏慰问演出,坐在大卡车上由高维廉先生说戏,一路上颠簸跋涉攒出来的。我听高维廉先生讲,演出当天,他到宾馆看望张君秋先生,并请他看戏做指导。当张先生见我的唱、念、做后,高兴地对高先生说:"嗨,这个条件好呀!"第二天,高先生就带着我到人民剧场的后台拜见了张君秋先生。

张先生见到我很高兴,说:"你条件不错,要好好学。"

我连忙回答:"是,我一定好好学。"

张先生接着问:"你会《春秋配》吗?"

我答道:"我会,但是老的。"

张先生笑着说:"你学我的吧,我教你!"这样,张先生坐在化妆台前边化妆边给我说姜秋莲出场的唱念。他告诉我:"字、腔要顺着音走,不要冲。"

这次,张君秋先生再来武汉住在璇宫饭店,剧团领导就分派我专门负责接待张先生,跟随左右,便于照顾和请益。有时张先生跟何顺信、张似云先生说腔,他们就让我唱一段。完了,张先生鼓着掌,笑着说:"嗨,有点意思嗨!"

张先生来武汉演出的三个月,我始终处于兴奋之中。我陪他演红娘,感觉他在台上特别的随和、随意,跟着"崔莺莺"在一起我觉得我就是"红娘",很容易入戏。他演出《大登殿》的王宝钏,我配演代战公主。我们在唱到"十三咳"时,张先生带着我唱,我紧随着他的劲头,台下的掌声和喝彩声响成一片。不但观众是听着过瘾,就是我唱着都过瘾。他演出《四郎探母》又点我饰演萧太后,在台上他背着观众唱"问娘安"的落音时,他表演蹲安时朝着我做了一个怪脸。下得台后,张先生笑着说:"哼,小太后!"

封杰: 那么,您是在怎样的情况下拜师张君秋先生的呢?

王婉华: 也就是这年,我二十四岁。由高维廉先生推荐我和陈瑶华一起在饭店向张君秋先生行了拜师鞠躬礼,正式成为了张派弟子。那天,武汉的各界领导和北京来的演职员们聚在一起其乐融融,大家合影留念。拜师会后,高维廉先生把我叫住:"婉华,跟我到你师父房间去趟。"进了房间,高先生说:"你跪下给你师父、师娘磕头。"

张君秋先生"走马换将"的三个月中,演遍了武汉三镇,戏迷为了买到戏票是带着铺盖卷排了一晚上的队,才称心如意。他们为了一睹张先生的真容,在演出之后,又涌到前台或赶到后台欢呼。大家都是怀着尊崇与

仰慕的心情，欣赏张派艺术，拜见张君秋先生。同时，由于我跟着张先生同出同入，观众对我也熟悉了，他们操着浓浓的武汉话道："王婉华，你跟着这么大名气的人太幸福了！"的确如此，"走马换将"的三个月如同我跟随张君秋先生上了三年"私塾"，真是受益终生。

封杰：您的爱人倪海天老师，为传授高盛麟的艺术倾注了毕生心血。

王婉华：我爱人倪海天的父亲倪金利是河北省沧州人，主攻架子花脸。后来四处搭班唱戏，落在了上海。倪海天就是出生在上海，成长在上海。由于他出生在梨园之家，自然学起了京剧。他六岁时，先进了南京一家私人科班，由于生活太苦，班主太严厉，他父亲见状将他要了回来。否则，小命都有可能断送在"打戏"之中。后来，他父亲又将他送入上海国剧学校学习，取艺名倪松海。他先学老生，倒仓后，他改学了武生。十三岁曾演出过全本《走麦城》，非常受欢迎。之后的《长坂坡》《挑滑车》《拿高登》《铁笼山》是他经常演出的剧目。

出科后，他开始了搭班生涯。为了补上在学校缺的跟头功，他每天带着练功鞋，是走到哪儿就练到哪里。他有个表舅是吕君樵先生，他既是艺术家，又是地下党员，经常带着倪海天白天闭门写传单，夜晚到处张贴传单，宣传革命，属于红色外围。后来为了照顾

《铁笼山》倪海天饰姜维

家庭生活，他来到武汉。当高百岁、武克仁看了他演的戏后，执意挽留他定居在武汉。另外，还有一个关键原因，是他仰慕高盛麟先生的艺术，为了近水楼台，他毅然留在了武汉。从此，他傍着高盛麟先生演出，《艳阳楼》是高盛麟先生饰演高登，倪海天饰演花逢春。高先生演出《长坂坡·汉津口》，是"一赶二"，前面饰演赵云，后面饰演关羽。有时，高先生就将"大战"让倪海天演，自己赶关羽的装。《挑滑车》原定高先生演出，但有时他就让倪海天替演全剧。

"走马换将"那年，高盛麟先生演出《走麦城》，他的关羽穿厚底靴走三个大圆场，倪海天饰演的关平也穿着厚底靴，紧跟着高先生走三个大圆场后一个硬抢背。甚至是高先生跟裘盛戎先生演出《连环套》，都指名让倪海天饰演计全。他们感情非常深厚，艺术上又相通，倪海天曾提出拜高盛麟先生为师，但高先生谦虚地说："别，别，咱们是半师半友！"

现在的青年演员，有名利思想过于严重，领导也过度强调荣誉和奖励。而像张君秋、高盛麟等艺术家终生没有得到过一张奖状，但他们的艺术却是精美绝伦的。

封杰：他们的"奖状"已经深深地印在了观众们的心里。好，谢谢您接受采访。

文武兼备显才华

——京剧名宿吴荣喜访谈录

京剧前辈吴彦衡先生的表演在20世纪三四十年代可谓"一方诸侯",然其后来漂泊不定的人生使他的艺术没有被更多的人知晓。2010年8月26日,我采访了其后人吴荣喜先生。

封杰:吴老师,您好!我知道您是出身梨园世家,请您简单地做个介绍,好吗?

吴荣喜:好的。我家原籍是江苏扬州人,是曾祖父吴巧福随徽班进的北京。当初,他在三庆班先是以唱旦角为业,后年岁增长才改的以吹笛子为主。祖父吴彩霞曾是尚小云、荀慧生的师父,他认为二位弟子是可塑之材,便亲自将他们带到王瑶卿先生处学戏,以求深造。他上了年纪后,主要承应《四郎探母》中的萧太后,尤其是帮衬我舅父谭富英演出这个戏,更是一绝。因为我祖父在年轻时节曾到清宫中为慈禧演出,特意观察过这位老佛

《小商河》吴荣喜饰杨再兴

爷的言谈举止，后来他化用到了萧太后的表演之中。像萧太后穿着旗蟒，挂着朝珠，头上插的两把"垫子花"和拿着手绢的两角出场走动都是从生活中来。这派头简直是"活太后"。我祖父承差宫中演出都是拿死锭子，就是无论到宫中演出与否，都有太监按时将钱送到家中。我父亲吴彦衡幼年间学的是老生，艺名吴少霞，是余叔岩先生"三小四少"弟子之一。十八岁那年，我父亲改行工武生，师从钱富川、茹富兰、李洪春等先生，并改艺名吴燕衡。像李洪春先生演出全部《关公》，我父亲是关平到底。多年后，经人提议才改"燕"为"彦"。

我父亲改成武生后，主要是跟被杨小楼先生赞为"左膀右臂"之一的许德义先生练功，同时更多地观看杨老板的戏。他虽然不是杨老板的入室弟子，但他领悟和掌握了杨派艺术的真谛。论他的嗓子唱文戏有些弱，但演武戏是绰绰有余。尤其是他演出的天霸戏和马超戏，既漂亮又好听。他最早搭高庆奎先生的班社，由于有郝寿臣、钱金福、许德义、曹二庚、贾多才等好角傍着高先生，无形中也使我父亲的艺术水平得到了提高。有一次，我们爷俩聊天，他说道："我演出《恶虎村》之后，是高庆奎先生的大轴儿。可这些好角在高先生的戏中又没事，负责管事的先生就把他们全都安排到我这出戏里面了。郝寿臣、钱金福分别饰演大大个儿、二大个儿，王福山的王良，等等，实实把我吓坏了。"这时，还是我爷爷有经验，他让我父亲赶快找郝寿臣、钱金福先生去说说戏。只见二位先生坐在账桌前，我父亲紧走几步，道："大爷、大叔，您二老给我说说。"

"你是按杨老板的唱吧？"

"是，我是按杨先生的唱。"

"行了，你就放心地唱！"

这一句话我父亲心里像吃了定心丸一样，那个踏实。

封杰：那么，您父亲又是怎么搭入了谭富英和荀慧生先生的班社呢？

吴荣喜：我父亲搭入谭富英先生的班社，主要是源于我母亲谭淑城是谭富英的妹妹，自两家结亲后，我父亲更加重视文武兼备。我从艺后，我舅父谭富英先生曾对我讲："文会武，武有文，这样你心里就有底了！"我舅父二十九岁开始挑班之前，分别给梅兰芳、程砚秋、尚小云、荀慧生先生唱二牌。这些都是我姥爷谭小培先生的高见，他说："你刚出科，谁都不认识你，你挑什么班！"所以，只要观众看"四大名旦"哪一位演出必有谭富英，日久天长了大家就会了解谭鑫培老先生的这位孙子，记住谭富英的名字了。我小时候，每次到姥爷家串门，总是先到姥爷屋问候，再到院子里和谭韵寿、谭喜寿、叶红珠、杨少春玩"逮苔"游戏。我父亲常傍着我舅父演出《定军山》中的赵云、《摘缨会》中的唐狡。或者是在我舅父演出之前垫一些戏，如《恶虎村》《赵家楼》《英雄义》《冀州城》等。

《恶虎村》吴彦衡饰黄天霸

后来，我父亲到荀慧生先生的班社，两人曾合演过《打渔杀家》。我看过这位姑爷爷演出的《玉堂春》《勘玉钏》《红娘》《红楼二尤》等戏。首先我感觉他不是在演戏，根本就是剧中人，根本没有扭扭捏捏地作态。像他饰演的红娘在后台搭架子"小姐，随我来"的第一次出场，他是大步量，再转身向小姐招手，让观众感觉他们就在花园里一般，甚至有种身临其境的幻觉。我姑爷爷的演出既漂亮又生活，论嗓音条件，我姑爷爷没有梅兰芳、尚小云、程砚秋先生的好，但在委婉、缠绵方面荀慧生先生又略胜一筹，听他的唱腔细微之处犹如印度歌曲那样甜媚。看他的《红楼二尤》根本分不出这是荀慧生先生一个人饰演的，就是两个截然不同的人物。他的服装设计也很新颖，使人物显得神气。

我们家和荀慧生先生结亲时，荀慧生先生还是梆子演员，是我的四爷爷吴堃芳给他当管事。荀慧生先生刚改唱京剧时是随我爷爷学习，经过一段时间后，我爷爷对荀先生说："你应该跟王瑶卿先生学，他教得比我好！"并亲自带着我姑爷爷找到王瑶卿先生，托付栽培。后来，我爷爷和四爷爷又带着改唱京剧的荀慧生去上海演出，尤其是他绑着跷演出《战宛城》的邹氏，剧场非常火爆。

封杰：吴彦衡先生在京剧界享有盛名，演出了许多武生戏。

吴荣喜：我父亲艺术上遵法杨派，他通过几十年的学习和演出，掌握和领悟出了杨派艺术的神髓。他讲，《恶虎村》和《连环套》是武生念白最多的戏，必须要念出武生的韵味才好听。像这两出戏中都有"兄"字，在念的时候必须要归入鼻音方能显出人物的气魄。武生的念白占百分之七十，要念出骨头。《挑滑车》高宠的下场，我父亲讲："大枪下场，串腕亮相，演员的眼睛不能看过第五排。"那时没有乐池，演员看到这个距离，人物的神态就出来了。而且，高宠要先慢后快下场，如果一味地快步下场，高宠就变成偷鸡贼了。

那时，我父亲演出武戏除自己的包银之外，还要将傍着他唱戏的演员"脑门钱"挣出来分发给大家。这些人有刘永利、马德江、郭庆永、吴世衡、邱富棠等先生。除此之外，他不仅要自己制作把子，还要给配演制作。像我父亲演出《战马超》制造一根白枪，还要把张飞用的丈八矛做一把，这样舞台才用着适手，观众才看着美。演出《战宛城》要给典韦制造一对双戟，因为官中没有。

封杰：您作为第四代传人，是怎么继承了京剧艺术的？

吴荣喜：我听老辈人讲，当我出生时正巧有只喜鹊落在我家院内的树上，叫个不停。我爷爷很是高兴，就说："这三小子就叫三喜吧！"

等到我长大了，家长给我重新起名叫荣喜。1947年，家里人先将我送进了富连成科班学戏，排名"庆"字。我们几个年龄小的孩子每天由段富环先生给我们抄功。这期间，我曾看见已经出了科的谭元寿回到科班排演《连环套》《骆马湖》。每天下午叶盛章先生给张春华练功、说戏。遗憾的是，我们没等到排名，科班就宣布解散了。

我只好回到家中跟随家长学起戏来。我父亲先给我请来了孙启生先生帮助我练功。之后，我父亲为了在各方面培养我，他是亲自制定剧目，正式给我开蒙《武文华》《神亭岭》《花蝴蝶》《白水滩》等戏。这时我改艺名为少衡。

1948年，我父亲带着我到张家口参加了国民党二一〇师京剧团。团长李能宏是外行人，他找到我姑爷爷荀慧生先生帮忙。荀先生就介绍我父亲加入剧团并帮助找演员和做服装、道具等事务。当时比较小、刚出科的翟韵奎、赵韵莲、冀韵兰、钮荣亮等人都加入了这个剧团，我们主要是为军队的官兵们演出。不久，解放军解放了张家口，并接管了这个剧团，改名移风剧团。这时的北京也被解放军包围了，大家是归心似箭。回到北京后，我们父子就参加了铁道部京剧团，后来下放到了山西省太原市。1952年，因为铁道部改制，我们又到了天津管理局。半年后，我们参加了抗美援朝战争，成立铁道兵京剧团，属于军队编制，代号7210。我们每天在山洞里慰问志愿军演出，当时我父亲已经四十九岁，我只有十五岁。起初我们这个剧团有庄少竹、李荣刚、王韵秋、贺玉炎和一些下海的票友，大约五十名演员。后来为了增强演出实力，中国京剧团派出了林盛竹、鲍盛启、刘鸣孝、高韵芬、施玉新等二十多人来支援我们。1953年年底，朝鲜战争结束，我们在山洞里举办了庆祝演出。我开场的《白水滩》中"打滩"一折，之后是《四杰村》，大轴是我父亲的《挑滑车》。经过几年的奋斗，战争终于结束了，大家心情异常激动，军队司令员和政委也前来观看我们的演出。

当我们回到祖国后，被告知铁路局重新分配我们回太原。1958年，包头建立起钢厂，为丰富工人的文化生活，我们又到了包头，成立包头市京剧团。1960年，呼和浩特成立京剧团，但都是些青年演员，无法演出大戏。1963年，包头市京剧团全体演职员奉命调入内蒙古京剧团。

封杰：您父亲在艺术上对您的要求一定非常严格。

吴荣喜：1958年，我带着一封京剧团开出的介绍信，一封是我父亲写给李少春先生的信，来到中国京剧院。当我见到李少春先生呈上信时，他只看了我父亲的信，说道："师哥太客气了！"李少春先生教我孙悟空不能坐腰，而是坐身。这需要长时间的训练，无论是猴学人，还是人学猴，都不要忘了猴子的本性。尤其是耍棍时，心里千万不要忘记孙悟空的神，否则就成了演员练功。

我父亲是第一个在北京演出《小商河》的。这出戏和《战濮阳》《八大锤》都属于小生与武小生同一个范儿，有别于《长坂坡》《挑滑车》的表演，是出紧内的戏。其中的三段昆曲和三场边是《小商河》的精彩之处。第一段[醉花阴]："杀气漫漫英名标，扑咚咚，画鼓笛声喧闹。军中威远震音高，俺今日自逞英豪，要把那番营踏扫。"第二段[喜迁莺]："听号音吟吟音声高，大英雄气满前胸，俺抖威风，都只为功勋名标，凭枪法盖世奇长似龙蛟。"第三段[刮地风]："哎呀，哎呀，匹马单枪似霜雪，这番奴狐群凶烈，恰好似九里山项羽兵对垒，又好似将班超征西域。"随之配有三场边。我父亲在教授我时特意强调，这里的唱要唱出带有京剧味的昆曲，身上要边式。尤其是杨再兴的出场亮相，枪必须举得高且直，身体略往前倾。再往前进，跐步后撤沉一下，这里是杨小楼的表演方式，非常讲究腰劲。这出戏里有许多小节骨

《古城会》吴荣喜饰关羽

眼儿很细致,如果演员没有一颗钻进去的恒心是很难学到真经的。

演武生的演员最后的归宿是唱关羽戏,这就需要演员具备身上、嗓子、火候等条件。关羽手中的青龙偃月刀不能随意舞动,既不能大耍又不能不耍,这时就看出了演员的悟性和火候。还有讲究关羽是神动,刀未动。像演出《古城会》关羽与蔡阳见面,关羽压着蔡阳的刀念道:"你再三逼迫,恕关羽无礼了。"关羽转身,蔡阳随即倒地。而演出《斩颜良》时,关羽耍大刀花,颜良随即倒地,这里讲究的是刀到,头落。

封杰: 武生演员的武其实就是"舞蹈",讲究干脆利落。

吴荣喜: 我们时刻记住,百学不如一看。前辈武生大家演出中,由于他们的激情表演,使观众有时感觉他们仿佛就是剧中的人物。靠旗扎在他们身上如同没有,甚至觉得不扎靠旗子都不成,就是舒服。所以,我们必须把髯口、大带、靠旗、甩发"四大碍事"的东西练得非常精到,表演中要让观众觉得它们是你身上必不可少的道具。

京剧之所以能够吸引人，就在于京剧的魅力和演员的魔力。其中有许多宝贵经验值得我们学习、深思。比如，前辈艺术家们常讲，不要给观众吃得太饱了，否则第二天再演出他们就不会来了。

封杰：的确值得深思，更值得回味。好，谢谢您接受采访。

津门猴王

——京剧名宿董文华访谈录

2008年8月16日,天津中国大戏院举办了一场祝贺京剧名家董文华先生七十岁寿辰的演出。董先生在秉承自家风格的同时又继承了李少春、李万春表演艺术风韵。他专攻武生兼学红生,在京剧界成名甚早。为了解董老师更多的艺术人生和"二李"的表演特色,我采访了董文华先生。

封杰:董老师,您好!提起"董家班",在京剧界是早享盛名,许多六七十岁的内外行无人不知。

董文华:我们家从事戏曲艺术到我的女儿董圆圆,已经是四代。第一代是我的祖父董玉山,他是河北梆子文武老生演员,擅演剧目《杀父逃国五雷震》等。我父亲董志斌改唱京剧,与张翼鹏是磕头兄弟。我受家庭影响,自幼学习京剧基本功。用老辈的话讲,我是听着锣声出生的。八岁起跟随唱武生的姑父崔盛斌搭班唱戏,他也是我爷爷的徒弟。五年后,我开始挑班唱戏,成立了董文华京剧团,主要活跃在河北、东北、山东一带,很少去南

《闹天宫》董文华饰孙悟空

方演出。爱人尚明珠是旦行演员，先是家学，后拜荀慧生先生为师。至于女儿董圆圆，戏迷朋友们都很熟悉了，她是北京京剧院梅兰芳剧团的演员，师从梅葆玖先生。

封杰：您是老生、武生、红生"多门抱"的演员，这些行当和剧目您是怎么积累的？

董文华：这要感谢我父亲，他对待艺术相当严格，遇事绝对不服软，是他把我"逼上梁山"的。有一次，剧场戳水牌子写《法门寺》，我对经理说："这出戏我不会。"没想到，回到后台我父亲抡圆了胳膊打我一个嘴巴，说道："你不会不能代表我们不会，去跟经理说你会。"他连夜就和杜富隆先生给我说戏，我不但要学赵廉，还要学刘媒婆的一百多句唱和耍烟袋的技巧。

封杰：1956年，您进中南海怀仁堂为中央领导演出还发生了一桩趣事，您给我们讲讲？

董文华：那年我落户河北省京剧团，月工资九百五十元。封箱戏已经唱过了，大家正准备好好过个年，不想一天傍晚来了两个警察，进门就找董文华，家里人顿时毛了爪。我父亲急忙问警察有什么事？警察只简单地回答："叫他穿身好衣服，我们是执行公务。"

父亲转过身问我："孩子，你在外面惹了事啦？"

我答道："我没有！"

父亲让家人找出已经封了箱的呢制中山服装和锃亮的皮鞋帮我换上。我父亲对警察说："不行，我得跟着去。"

我母亲也说道："您要带就带上我们全家。"警察没有办法只好带上我们全家上路了。

车开到顺义后，由李殿华接待我们换车直奔北京饭店，进门看见"华东戏曲研究院"几个字，我们一家人心里才算踏实下来了。吃饭时，周信芳、俞振飞、李玉茹、张美娟、孙正阳、齐英才都在，孙正阳见到我问："小兄弟，

你演什么？"

我回答："《水帘洞》！"

那天晚上演的第一出戏是张美娟和孙正阳的《挡马》，刚从昆曲改编成京剧；第二出是我的《水帘洞》；第三出是俞振飞和李玉茹的《写状》；第四出是周信芳的《追韩信》。

记得演出时场面非常隆重，毛主席、周总理和陈毅、贺龙等几位老总都到了。轮到我演出时，我是超长发挥，比平日多翻了两个虎跳和前扑，等到毛主席接见时我激动得热泪盈眶，手捧着日记本也忘了请他老人家签字。

回到天津不久，我又接到北京春秋京剧团的"请柬"去救场。由于大家都爱看猴戏，所以《水帘洞》《闹地狱》《弼马温》《闹天宫》《十八罗汉斗悟空》等，在北展剧场白天晚上轮流演出，场场客满，长达一年半。

封杰：您的武生戏很有特色，尤其是猴戏，既有"二李"派的风格，又有您的鲜明特征。

董文华：当时我看了很多武生名家的戏，像李少春、李万春、傅德威、高盛麟他们身上都有好功夫。

说到演猴戏，最早我和小盛春师叔在一起待了六年，我们这一老猴、一小猴表演风趣，观众非常喜爱看。我们有出《双心斗》，以造型为主，很精彩。当时计划摄制成电影，后因故泡汤了。

我爷爷和李桂春先生是师兄弟，我又崇拜李少春先生的艺术，就于1957年在李少春先生高碑胡同的家举行了简单的拜师仪式。

师父常常指点我，提高我的表演水平。他在看完我的《水帘洞》后，说了一句话："你演猴戏只知道耍出手，那你就去杂技团好了。"一语道破，使我茅塞顿开，这就是让我注意演戏情和戏理呀！之后，师父时常给我"点穴"，这比学一出大戏还有价值。

另外，他给谭元寿、李小春和我说《打渔杀家》萧恩的出场，几次我

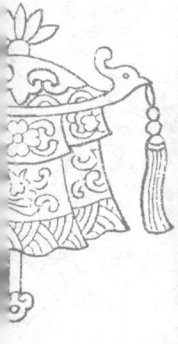

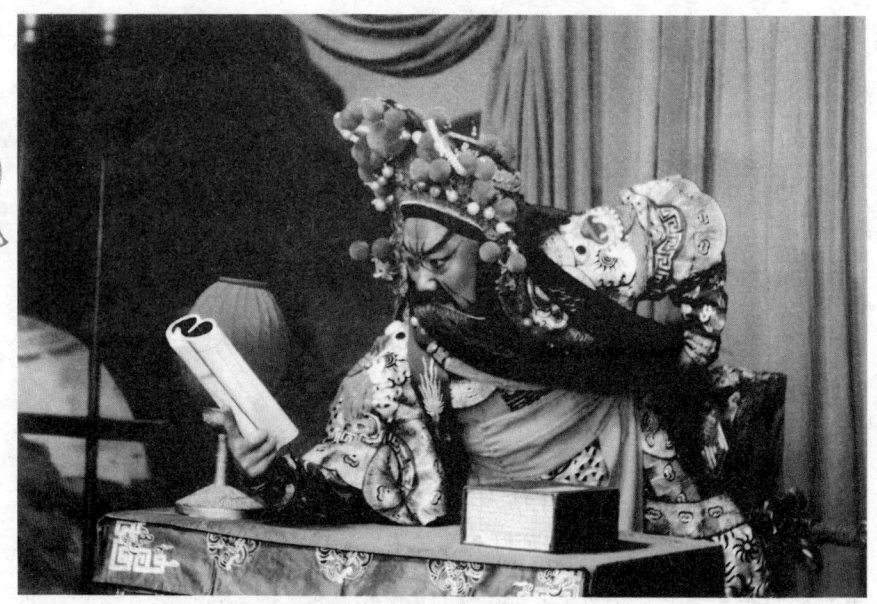

京剧名宿访谈续编

们都没能做出来,为什么？关键是没在生活中,没演出人物来。"开船呢——"李少春先生示范时一个踮步,只微微地颤了一下,感觉就全有了,因为萧恩是吃"水饭"的。

1981年,我又拜在了李万春先生门下。一次,他"憋"我:"《闹天宫》你闹什么？"

我答道:"全闹遍了。"

他说:"你要突出'闹'字,才对。"

所以别人在演至孙悟空下场时的台词都说:"我溜了吧。"我不是,我至今保留着老词:"王母老君,老孙先偏你们了！"这才会有孙悟空大闹蟠桃会。

李万春先生见我的演出有特色,还把他保留多年的行头拿出来叫我扮上,有杨小楼的棕色尾和我师父的丝绒蟒,穿在身上那叫一个舒服。

通过跟这两位师父学戏,我感到他们都没有门户之见,绝不守旧。他们要求我演猴戏,不要演成武生。他们俩人的猴子亮势各有不同,李少春先生是美、帅、稳,李万春先生是刚、健、劲。虽然二老已经过世多年,但他们的艺术之魂依然传给了后人。

我掌握了老师的艺术同时,又融入了生旦净丑的表演:老生的做派,花旦的柔媚,开口跳的脆溜,花脸的粗犷,再将它们化成猴的范儿。这些能耐都是恩师和父亲给我的。

封杰:戏曲界讲究"救场如救火",听说您就有过一段"救场"的故事。

董文华:那是十多年前的事,全国政协礼堂演出《五百年后孙悟空》,演员排练时受伤了,万春师父命人急电催我到京。演出前,我赶到礼堂边化装、边对词。一会儿,见师父走过来,我说:"师父,我这三个字可就交给您了！"当时,这出戏我有三分之二没有演过,心里没底。那天,北京的"猴"全到场了。我一看这场景,心想:"豁出去,如果演砸了我就一抹脸回天津了。"没承想，还挺露脸。

演出结束后，师父送我三个字"董大胆"。这里还有一个"戏中戏"。起初，他对我在戏中走矮子提出了疑义，说道："猴子哪有走矮子的？那成耗子了，哪还像神猴呀！"但当他看完我的猴矮子时连着三声："哎哟！"接着说："行，这就是你董文华的特征。"得到李万春先生的首肯后，我在以后的演出中继续使用，像《水帘洞》孙悟空的下场，《五百年后孙悟空》给唐僧牵马都有这个身段。

李万春先生对我演出的《五百年后孙悟空》还提出了高明的建议，说："你是文武老生的底子，我把早年演出时'一赶二'的演法传授给你。"他让我前面演《沙桥饯别》的唐王，唱"提龙笔写牒文大唐国号"大段[二黄三眼]。其中有句唱词"金銮殿我与你改换法袍"，我师父将其改为"明日里我送你长安城道"。下来"赶场"十分钟后，再出场就是孙猴子。

封杰：您的"猴步"成了专利，还有一个"啃苹果"同样是您的专长。那么，演猴戏应当怎样刻画"他"的天性？

董文华：孙悟空是只神猴，表演上要遵循"人学猴，猴学人"的原则，又要流露出猴子的机灵、活泼和顽皮的天性。首先是一出场就叫观众看到是个讨人喜欢的猴子，其次是刻画他的顽皮。像最早的《水帘洞》扮相是箭衣、罗帽、大带、牵巾，显得比较温，后来我父亲琢磨改成小扮，显示出孙猴的野性。《闹龙宫》初见龙王的手足并用地蹿椅子、上桌子，从龙王头上越过，以及一些跳跃、飞脚、跟头等，都突出了他的野性。

《闹天宫》董文华饰孙悟空

当然，另一方面也要表露出"猴学人"，像《弼马温》一场，孙悟空就要有所变化，出场唱[吹腔]："头戴着帽，身穿着袍，肩挎玉带，足蹬靴皂朝，天空之上我摆摆摇摇，摇啊摇，我摇了一个摇。"观众立马就会看出孙悟空一副任性调皮不受管束的神态。

再者，这个"猴步"有别于武丑的矮子功，人蹲下屁股使劲，两腿往前一步一步拉着迈，这是我青年时期每天练习两个小时的结果。

还有《闹天宫》的孙悟空偷吃仙桃，要演出他的胆识，为后面的闹做好铺垫。这个"桃"我是用苹果代替的。当初为了练啃苹果技巧，父亲买来一筐苹果让我练，不是长，就是短，要不就是断，总是不能达到要求，挨了父亲不少打，最后练得我是见到苹果就哭。看似简单的活儿实则很难，它要求牙啃苹果时舌头要辅助往里卷。

我虽然退出了舞台，但还在不断琢磨。作为演员要成为多面手，观众要什么咱们有什么。无论表演还是服饰，只有自己感觉舒服了，观众才能舒服。现在观众的欣赏水平是节节高，演员的表演水平更要节节高。这就需要演员多磨炼、多创作，学会自己叠折。一个演员到了剧团就成"人"了，不要成为"填鸭"。

封杰：我们希望"二李"派的猴戏能够得到重视，使他们的艺术得以全面流传。同时，也希望您的"绝活"得到发扬。谢谢您接受采访。

"活子都"李盛斌

——京剧名宿李幼斌访谈录

> 2009年是京剧艺术家李盛斌先生百年诞辰，其艺术生涯和演剧风格被后人尊仰，尤其是他将《伐子都》中的公孙子都刻画得淋漓尽致而赢得"活子都"美誉。同年，2月26日我就《伐子都》的表演请教了其子李幼斌先生。

封杰： 李老师，您好！您的父亲李盛斌先生被观众称赞为"活子都"，请您谈谈《伐子都》的创作过程。

李盛斌为李幼斌传授《伐子都》

李幼斌：我父亲的这出《伐子都》（头本）是由王连平先生传授的。从前的"老十三旦"侯俊山老先生演过，后来富连成科班的茹富兰、赵盛璧演过，父亲只是在戏中饰演马童，不过那时是以梆子形式演出。等他出科后，在大家的帮衬下将这出戏做了适当的调整，并改为皮黄。最初，这出戏应该是小生戏，但经过我父亲多年的推敲逐渐完善推开，成为他的拿手剧目，后来也就成了武生应工戏。

我父亲常讲演戏要演人物，翻跟头也要演人物，演思想。老本有一场《收子都》，演寤生（即后来的郑庄公）收子都，寤生与子都交战被打倒在地，正欲斩杀，忽然有一龙形显现，寓意寤生日后为王，子都见状，遂下马跪拜，表示愿辅佐寤生。还有的吊场戏很有学问，现在也不大演出了。子都[四击头]出场，撇嘴，盔头微微颤动，盔上珠子簌簌作响，"拿神"，抖袖、整冠，眼睛眯着，亮份。接唱[点绛唇]："执掌兵权，威风八面；雄兵万，扫灭狼烟，与主定江山。"显然他还是具有爱国心的。子都归座后接念定场诗："少年英雄挂吴钩，白马银枪射花鹫。袖内暗藏七寸箭，男儿笑谈觅封侯。"念时要突出"袖内暗藏七寸箭"的语气，为后面的戏做好铺垫，也是对子都人性的真实写照。

记得我曾为一句"奉主之命下乡察看，且喜干戈宁静、海晏河清"问过父亲，子都是员武将为何要替文官察看民情？我父亲回答："春秋战国兵荒马乱，文官不敢出行，只好由武将代理查办。"

子都回旨复命时，见帅印被考叔抱走，心中不忿，但又很温和地对郑庄公言道："想那颗印信乃是臣先人在世，东挡西杀，南征北剿才得挣下，如今被考叔大人挂去，子都心中有些不悦。被考叔大人拿去，将臣置于何地？"语言的层次非常清晰，暗示子都与郑庄公之间的亲密关系。郑庄公为了避免矛盾，二次召回考叔，命二人商议帅印的归属。这时憨厚、彪悍的考叔上前问道："子都大人，大王命我为帅，你心中不悦是何道理？"而公卿子弟出身的子都非常谦逊地说道:"考叔大人,……如今……",斜眼瞟视考叔,"有些不悦"抖水袖,变脸。之后,双方发生"口战",直到子都被考叔问道:"你杀的是哪个?"时,子都语塞。这时候,子都才第一次说出了粗话:"老匹夫!"考叔先是一愣答道:"小孺子!"两人穿着大靠,手抓朝带互相招架"找打",这些"比粗"的动作都是写意式的表演。

封杰:可以看出情景的描述和人物思维捋得很顺,台词中蕴涵了很丰富的思想性。

李幼斌:是的。这时的郑庄公言道:"谁能举起铜旗,拉动铁车,谁就为元帅。"并问哪家先举?这时子都和考叔争持不下,又是郑庄公道:"我朝有大小。"这样,考叔上前,子都面朝里。此刻,我父亲对我讲,这里的"背功戏"千万不要轻视,要演出人物此时的内心活动,让观众明白子都的思想。

接下来的戏我父亲设计了丰富的舞蹈动作,充满了情绪和交流,而且处处显示出矛盾与冲突。因为论实力双方都不相伯仲,现在比试的就是内心世界。子都唱:"各显奇能抖威严",考叔唱:"提防子都心暗算,举旗拉车要占先。"子都的抢旗、踹腿等身段都是舞蹈性的。在双方矛盾处于激烈化时,节奏反而降下来了。子都白:"且住,看考叔举起铜旗拉动铁车,这帅印一定被这匹夫占去,俺不免赶上前去(看宝剑)一剑成功!"中的"占"字很重要,要加重语气,突出子都的阴险,两番看宝剑要暗含恶毒。他在后面紧跟考叔,当举起宝剑时,太监以尚方宝剑架住说道:"难道你不要脑袋了吗?"子都看看尚方宝剑,再瞧瞧自己手中的宝剑,一个[脆头]子都愣神盯住尚方宝剑,忙将自己的宝剑藏于靠内。这里有个内心活动,意思是"我怎么这么愚蠢"。在表演身段的同时,不要忘记人物的身份。子都开始"揉肚子"来表现情绪,背对观众叹气道:"哎!"加重内心的怨愤,旋即掏翎子咬住、跨腿、云剑穗子、吐翎子亮相,看尚方宝剑的同时,抖自己的宝剑,背身下场。这一组连贯的表演动作,都是为了表现子都内心的矛盾。

封杰:这时的子都表演是否要结合情节、情绪来突出"武戏文唱"。

李幼斌:你说得很对。这时无奈的子都只好接受郑庄公的任命,我父亲在念"臣,臣领旨"的语气时是带有情绪的一种表露。我父亲在整理剧本、修改子都的同时,对考叔也做了相应的调整。考叔这时有段唱,以显示他的憨厚耿直,而此刻的子都呢?我父亲讲他内心应是暗藏杀机,可面目嬉笑相迎,行为真诚相待。子都唱完"山野村夫把帅印掌,羞得子都脸无光"后,凶狠地念出:"量小非君子,无毒不丈夫!"

"交战"一场,我父亲在设计时完全用的是写意的表演形式,用武打来阐述一个故事情节,他此时已经抛弃了技巧,而把内心世界体现出来了。当第一次交战时,惠南王将子都挑于马下,考叔赶来搭救,并令马童:"与你家元帅换马。"这时的子都将怨气全部撒在了马的身上,在锣鼓的伴奏下,子都连续表演,最后将马刺死。可在第二次交锋中,考叔战败,子都暗喜此时正是下手的好机会。子都在锣鼓声中左右来回观望无人正待下手时,突然考叔的马童站在眼前。这两处的表演我父亲将传统背功戏的演法处理成面对观众,使戏的温度能够持续。之后的"双进门"寒暄时,我父亲为了加深子都外露

《伐子都》李盛斌饰子都

的情绪,先让考叔发话:"多蒙副元帅搭救!"而子都却答:"军家胜败古之常理。"把自己的事情淡化了。这时的考叔又命兵将严防把手,防备敌军夜间偷袭。子都先是微微的一愣,继之"嗯"以示心中佩服。

当考叔刀劈惠南王准备进城时,被子都拦住。考叔忙说道:"副元帅,请来进城。"子都乘机用袖箭射死考叔,然后若无其事地,非常得意地发笑:"众将官,人马进城。"这段戏情节清晰,表演干净。不过,我在1943年看我父亲演出这段戏时还是比较烦琐的。

"班师还朝"一场,我父亲利用马童在表演刷马时,在后台改换旧靠。一来是当时的服装都是私人的,后面的摔、翻等表演对服装有磨损。二来旧靠表演起来随身。他演出的"拜印"是以文戏武唱的形式来表演出人物的潇洒飘逸,在梆子曲牌声中子都轻盈地上场,靠牌子微微颤动,掏翎子,并在梆子[堵头]的帮衬下连声"哈,哈,哈哈哈……"发笑,以显示他内心的洋洋得意。

"拜印"之后的三个马趟子,各有不同。他是由三个情绪、三种表演,把不同的情景融入到戏中,它是刻画子都内心世界的主要环节。同时,也形成了我父亲的又一个风格。第一个是上马先慢后快,以勒缰绳、耍靠旗等动作来显露人物的得意和欢喜。掏翎子,冷笑,拜印。喊马童带马时,由于马声嘶鸣,重

《伐子都》李幼斌饰子都

要的是他并不光彩的战绩,一下子唤起了他内心的恐惧。他感到战马不服他的驾驭了,这里我父亲有一个推马走圆场的动作。表面看来,他是在安抚战马,实际上他是在极力控制内心的不安,故作镇定,拿马鞭打飞脚,鹞子翻身上马,这个上马要竭力表现出人物的一反常态。第二个是他见到考叔的"魂子"后的惊慌,我父亲是扎硬靠、穿厚底、紫金冠、插翎子来了个一米六高的跺子漫子。我父亲翻得不是最好的,但他翻得尺寸、节奏、感情是恰到好处。他要求翻高时,离观众越近越好,这样显得高。这时的子都犹如"撞客",精神恍惚。念白上处理成生活中的语气:"带,带,带带……马。"这个"马"字才回到戏曲韵味中来。他的趋步扯圆场、云手、偷抬腿、转马鞭、摔叉等一系列的戏曲舞蹈动作都仿佛是处处见到屈死的冤魂,但又是很生活的表演。第三个是大臣们迎接还朝,子都再次见到"魂子"的惊惧,掏翎子,旋子单腿落地,"魂子"走矮子来配合子都的表演技巧。

"金殿"一场,我父亲的表演更加舞蹈化,表现人物内心多样化,时而精神清晰,时而恍惚。子都刚要进殿又看见了考叔的"魂子",更是惊怕,低着头进殿,可心中又想看"魂子"是否还在?当见到时,他心中又是一惊。郑庄公命子都卸甲,我父亲是场上卸靠换蟒。落座后,郑庄公问道:"为何不见考叔还朝?"这时的子都已然灵魂出窍,被大王一问又恍惚答道:"正元帅,他,他,他他……阵亡了!"此刻的子都眼睛不离考叔的"魂子"。在锣鼓[披]的伴奏声中,子都蹦到凳子上,斜身,以一个呆相来表示子都内心的惊恐慌乱。之后的设宴表演,"魂子"始终围绕着子都,同时文武场配合节奏。子都惊见,发呆,挡脸,双手翻水袖搭在盔头上,趴在桌子上,一派惊慌失措的神态,起唱[垛板]"大人敬酒怎敢当,我今领了皇封宴"的同时吹锅烟子。这个锅烟子的吹法有诀窍,黑烟末掺入白粉调成灰色,吹的时候要咬在小嘴唇上,只要一口气"扑",气不能吹得太大,否则面部和护领就会全黑了。扔酒杯,我父亲是蹲趴虎过桌子,起来,云水袖,起[脆头]唱[散板]:"三魂渺渺又回还,猛然睁开昏花眼。"他表现子都的昏厥。"我不带一只紫金冠",转身加水袖的同时,甩出盔头。"我不穿一件蟒龙衫",抬腿、拎蟒、撕蟒、扔蟒,上水袖打蟒的连贯动作非常潇洒漂亮,以外在的表演来突出人物的内心世界。旋即又成了"撞客",唱到"恩爱的夫妻",一个折腰、甩发、蹦子动作。唱到"翻身上了龙书案",子都眼睛瞪着郑庄公,站在案子上唱"满朝文武听我言",这时又以"撞客"的身份阐述被害经过。我父亲穿着箭衣、蟒,从四张桌上漫子翻下。过去有检场的上来递给我父亲一张白纸斜插好,和一小卷蘸有朱红的棉花团。我父亲将棉花团叼在嘴里,轻轻一咬,"血"流出了,表示子都是呕血而亡。

封杰:"魂子"在新中国成立后提倡的净化舞台运动中已经删除了,但表演的精彩和戏的完整性并没有消失。

李幼斌:1959年,我父亲应中国戏曲学校之邀赴北京给钱浩梁等人传授了他的拿手戏《伐子都》和《界牌关》等。周恩来总理看到钱浩梁演出《伐子都》后,拉着我父亲的手,说道:"这出戏好,谢谢你教了一出好戏!"

不想,二十世纪六十年代,这出戏却被扣上宣传因果报应的帽子而遭禁演。其实它是宣扬伦理道德,鞭挞丑恶行为,不是宿命论,而是出真正震撼人们心灵的好戏。

我希望,这出凝聚了我父亲毕生心血的《伐子都》能够完整地演出,演出它的本来面目。我父亲的许多弟子学演了这出戏,他们又传授给了学生。可有个现状使我辈师兄弟非常着急,就是现在的武生演员只重视翻打,而忽略唱念,他们是在演技而不是在演戏。像我过去的学生,只要我说个"口诀",他们就能将动作表达出来,可现在的年轻演员却对"口诀"一窍不通。

"口诀"是我们前辈艺术家们的艺术结晶,它可以节省许多不必要的排练时间。为什么他们可以"台上见",今人却不敢?这其中有许多的诀窍。我盼望京剧舞台上能够涌现出真正的武生,而不是遍地"武行"。

封杰：谢谢您的传授,我也希望您带出更多真正的武生学生。

华韵长存 天鉴珍宝
——京剧名宿郑岩访谈录

2008年12月是著名京剧教育家、萧派艺术创始人萧长华先生诞辰一百三十周年。为了解萧派艺术特色和使多年来一直势衰的丑行艺术后继有人，我采访了郑岩先生。

封杰：郑老师，您好！萧长华先生创立的萧派艺术提升了丑行在界内的地位，对丑行艺术贡献极大。虽说是只在面部画个小小的"豆腐块"，塑造的人物却是包罗万象。

郑岩：萧老塑造的丑行人物众多，而每一个人物都是恰到好处，栩栩如生。但他在世时并不强调自己的表演是一个流派。"萧派"的称谓是人们对他独特艺术风格的敬重和尊崇。

广大戏迷印象最深的当是萧老塑造的蒋干形象。蒋干这个形象，从造型到步法，从内心到外形，从语言到节奏，从神态到表演细节，都渗透了萧老极大的心血。而在萧老之前，这个人物只有

《群英会》郑岩饰蒋干

比较简单的表演方式，没有多么高深的艺术性，是萧老赋予"蒋干"新的生命才使其鲜活起来，并得到当时的小生前辈、素有"活周瑜"美誉的王楞仙先生的首肯。

封杰：我发现您在谈萧老时，眼中充满了对往事的沉思，是否回想起了当年他老人家对您的教导？

郑岩：是的。我认识萧老时，他已年过花甲。那时他是中国戏曲学校的教授。在我的印象中，他老人家总是一身毛蓝布裤褂，一双布鞋，手持一把布伞。萧老日常授课、演出、开会，无论路途多远永远是步行，他说这样既可锻炼身体，又可节约花销。

1951年，我考入中国戏曲学校，有幸在萧老的课堂上学习了《群英会》《女起解》《法门寺》《审头刺汤》等戏。因那时年少贪玩，不专心上课，学得并不深入，现在回忆起来真是追悔莫及啊！

我直到快毕业了才懂得认真学戏的重要性，赶紧抓时间补课。1960年前后，我几乎是天天长在萧宅。每次走进萧老房间问声："爷爷，您休息好了？"老人家只答应一声，便说："念词吧。"就开始了学习。那段时间我重新学习了《法门寺》《审头刺汤》《女起解》等戏。经过这段时间的重新学习，我才真正领悟到萧派艺术内涵之深邃，境界之高雅，只恨自己记得太少，学得太慢！

封杰：在您入校的时候萧先生年事已高，为了深入学习萧派艺术，您于1962年拜入萧门，成为萧盛萱先生的弟子。那么您看过萧老或他们父子合演的戏吗？

郑岩：看过。20世纪50年代初他曾与众多名家合作演出过义务戏。记得萧老和郝寿臣、谭小培先生合演的《黄金台》中，他前饰演齐泯王唱大段[二黄三眼]，后饰演《盘关》的皂隶，萧盛萱老师饰门官，父子同台，幽默风趣。我还看过萧老与梅兰芳先生合作，演《金山寺》中的小沙弥和《霸王别姬》中的子弟兵等。当时，我们这些同学无论是哪个行当的学生都异口同声地说，爱看萧老的戏，尤其爱听他那柔美、清脆、动听的念白。

封杰： 那就请您谈谈萧老是怎样在《审头刺汤》中塑造汤勤的，好吗？

郑岩： 我水平有限，仅就所知举几个实例吧。汤勤、蒋干是萧老几十年艺术生涯中的巅峰之作。两个人物个性截然不同，是两种类型的人。迂腐、自作聪明的蒋干是愚人，并非坏人。而表面文雅的汤勤则是忘恩负义、坏在骨子里的反面人物，他为了谋娶恩人莫怀古的美妾雪艳不惜卖主求荣，阿谀严世藩，甚至陷害恩人一家于死地，十足是个见色起意、恩将仇报的坏人。因此，汤勤在表演上有许多侧面可塑，是个非常可做，又难度很大的角色。

文丑的表演技巧首先是念，然后是做、唱、舞。萧老塑造的汤勤首先创造性地解决了方巾丑和袍带丑的念白艺术，他特别把京剧韵白、苏州白、南昆小生韵白和京剧小生韵白的精华融于一体，用了软、粘、连的艺术手段成功地创造出了近似"吴侬软语"，柔美动听、独具特色的"方巾、袍带"丑角的韵白艺术。这种韵白不仅为塑造汤勤、蒋干创造了先决条件，也是萧派艺术的最大特点。

汤勤上场念四句诗："只为雪艳美佳人，费尽三毛七孔心，若得她心合我意，人头是假也是真。"揭示了人物内心的迫切追求和卑鄙目的，但是这丑恶的灵魂却要配与文质彬彬的外表，要演出身份和风度。萧老的出场正符合这一要求：汤勤白扇红袍，方步亮靴，身份儒雅，语言动听。四句诗后，再很有礼节地念："报，汤勤告进！"然后，小步提袍，低头而进，见了陆炳是礼貌有加："小官汤勤参见老大人。"大施一礼依规站立，礼仪周全。陆炳问道："汤老爷到此必有所为？"萧老的汤勤是以居高临下的势态回答："奉严爷之命前来会审人头！"萧老念法强调"奉"字，以显其大有来头，以势压人。陆炳却以软碰硬道："汤老爷是会审人头的……好……请来上座！"汤勤吓了一跳，架子马上卸了下来，慌忙答道："慢来，慢来。此乃朝廷法堂，小官不敢坐……"陆炳冷笑道："你也晓得是朝廷的法堂？"话语尖锐庄重。汤勤头一个回合就败下阵来。

封杰：看来，这段戏萧老表演得细腻传神，层次鲜明，很耐人寻味。那么，接下来的戏又当怎样呢？

郑岩：下面的表演更能显现萧老处理汤勤内心之深刻，内涵之丰富，手法之高明。

当陆炳与汤勤为了人头真假争论不休后，陆炳问道："汤老爷一口咬定人头是假，难道有什么质对不成么？"汤勤则以稳操胜券的态度说道："呦，大有质对呀！"萧老强调"呦"字要拖长，其潜台词是："你知道什么呀，我说出来就叫你服软。"然后是"呀"字要咬着后槽牙，拖长音念出来，说得要有分量，要狠，再次彰显汤勤掌握了铁证。

陆炳问道："有什么质对？"汤勤答道莫怀古头上有两样贵处："前有梅花额，后有三台骨，那才是真的呢。"萧老讲，"那"字拖长音才有意义。陆炳立刻追问"三台骨"长在脑后，有发髻遮盖，"你是怎样得见"。萧老解释

《审头刺汤》郑岩饰汤勤

说，这句话卡住了汤勤，这就逼得他不得不实话实说道出了莫怀古曾经待自己恩重如山的过程。这段台词的最后几句是："后来，莫大老爷进京补官，又将我带进京来荐与严府。我们一路之上是同宿旅店、同盆净脸、同架穿衣、同桌用饭，所以么，莫大老爷的梅花额与三台骨，我看的是清清楚楚、明明白白的！"萧老把几句排比念得十分兴奋，有力地表现了汤勤恬不知耻的丑态。在念到"我看的是清清楚楚、明明白白的"时，要跷起二郎腿，以扇指地，眼光斜瞟陆炳以显示汤勤自鸣得意、必胜无疑的丑态。陆炳追问："那莫大老爷他待你如何？"兴奋中的汤勤脱口而出："待小官恩重如山！"陆炳脸色一变击案道："哼，叫老夫好恨！"萧老表演的汤勤一下子傻了，因心中有愧，发慌地放下二郎腿，双手相拱，挤出一点笑容，虚声道："老大人敢么恨着小官不成么？"此时的汤勤从趾高气扬的自我感觉上跌了下来，露出一副恐慌的小人相。

　　这时的陆炳不再与汤勤争论人头的真假，话锋一转，埋怨莫怀古看人失了眼力，不该救助汤勤，更不该将他荐与严世蕃给自身埋下了祸根。此刻，他断然说道："人头是真不假，老夫就是这样的落案了！"萧老表演时，就像坐在了弹簧上立即蹦了起来："啊！你就是这样的落案呐？好，好，好，告辞！"这里萧老有两种处理方法，一种是生硬快速地念出"告辞"，以显出严厉；一种是以软的念法回应，以显示阴险。两种形式只要用得恰当，都会收到精彩的效果。

　　下面的戏，陆炳急问："哪里去？"汤勤答："回复严爷！"陆炳又问："怎样回复？"汤勤厉声："我就说，老大人审得不清不明，糊里糊涂地就落了案了！"萧老要求要表现出汤勤忘乎所以的神态。陆炳再问："你那严爷是狼是虎？"汤勤冷笑："他虽非狼虎，倒有些虎狼之威！"陆炳追问："怎么讲？"汤勤重复："虎狼之威！"萧老使出最厚重的音色，像是花脸的虎音似的厉声念出这四个字。萧老在示范时，强调这样念可以显示出严府的不可一世，厉害无比，更揭示出汤勤狐假虎威、狗仗人势的嘴脸，同时也把戏的矛盾推向了高潮。

封杰：您绘声绘色的"演讲"十分精彩，戏已经推向了高潮就看下面如何发展了。

郑岩：是的。汤勤认为一吼叫就能震慑住陆炳。不料，陆炳哈哈大笑，怒喝："撤座！"这时的汤勤无地自容，就像泄了气的皮球，完全被击垮了。但他要挽回局面，这里不仅剧本提供了好内容，更重要的是萧老表演的创造性很高超。只见汤勤躲到角落里嗫嚅道："哎呀，这个老头好大的火性哪，我倒弄了个无趣呀，哎呀，这……"眼珠一转诡计来了："有了，老头好奉承，待我进去奉承几句也就算了，哇……"这时，萧老让汤勤变"小"了，从趾高气扬转变成唯唯诺诺，换了一套阿谀奉承的嘴脸。萧老以柔软的献媚声调嘻嘻地说："哎呀，老大人呐，小官不会吃酒，清早起来吃了几杯水酒，言语冒犯，得罪了老大人，哎呀，老大人哪！千万不要动气，小官这里与你老人家叩头赔礼了，叩头赔礼了！我是酒后失言了，老大人千万不要动气呀……"他边说边跪地叩头，又用扇子为陆炳煽风媚笑。这段油滑的溜须拍马，萧老演来自如风趣，充满了丑行艺术特色，让人看到这个人物的又一个侧面，而这种侧面却是这个人物的本质所在。

封杰：萧老塑造的汤勤的确立体化了，让人全方位地看到了这个人物的几个侧面。那么，汤勤见到内心企盼已久的雪艳后，又是如何表演的呢？

郑岩：你问得很好。这又是汤勤在全剧中一个重点的侧面。他在公堂上看到雪艳，立刻魂不守舍，两眼直勾勾地望着对方。萧老设计了几种神态来描绘汤勤被吸引住的神情，时而近觑，时而远望，时而失态，是笑料百出。当雪艳下场时，汤勤两目紧追，站起来追望着雪艳远去的背影是情难自禁。当陆炳叫他三声，他才醒悟过来，紧忙拱手答话，却转错了方向朝衙役叫"老大人"。这一系列的失态，恰恰令陆炳看出了破绽，为后面陆炳与雪艳定计刺杀汤勤埋下了伏笔。

　　陆炳为了试探汤勤,命他单独"背审"雪艳。此时,这个色令智昏的汤勤掉进了圈套。萧老处理成异常兴奋的汤勤嘻嘻媚笑后急忙向被捆就在廊下的雪艳道出了隐秘的心事。他说:"你若猜着我的心事,我说人头是真就是真的,你若猜不着我的心事,我说人头是假的他一辈子也不能落案。你那心中要放明白些,才好!"这段念白是全剧的核心点,人头真假全在汤勤的一句话,而汤勤又要雪艳的一句话。所以,萧老在这段念白时用了柔声细语,态度坚决又温和,凸显汤勤为得到雪艳用尽了伎俩。萧老的这段表演,把人物的心态表现得细腻传神。

　　当雪艳决定将计就计哄骗汤勤时,她柔情地提到在钱塘江上船时险些失足落水的情景,这决定了汤勤对"审头"的态度,他的单相思变成两人的"相思"。此刻,萧老为了突出汤勤疯狂的心境用了快速的语言节奏道:"怎么,那年在钱塘江上船的时节……你那心中就有了我了,如此说来,我那亲……"他双袖上翻,急切上步,高抬左腿要去拥抱雪艳,突然一声"喝道",陆炳回来了,吓坏了汤勤。萧老的身段是双袖下落,左腿撤回,浑身颤抖,面部抽搐,紧张万分,慢慢向远处望去,还好没有被人看见丑态。他恐慌地说:"不要这乱七八糟地,嗯,哼!"伪

《醉皂》郑岩饰陆凤萱

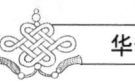

装正经，一步一步"下场"。

萧老在"背审"雪艳时表演得深刻、简约、精彩，充分展现了老先生高深的艺术造诣。

《审头刺汤》虽然是以念、做为主的剧目，但"刺汤"一场，萧老以广博的学识，丰富的经验和造诣，吸纳当时老生艺术家汪桂芬、孙菊仙的演唱特色，结合自身特点设计了一段古色古香、迂回婉转，独具特色的[二黄原板]唱腔，后来成了丑行后辈必学的一段经典。

封杰：您把萧老刻画汤勤从内到外的几个侧面讲解得非常透彻，对汤勤的分析深刻细致。

郑岩：不敢说学得多好，几十年的学、看、练，只算是掌握了一些萧派的要领吧。

当然，萧老的贡献远不止汤勤、蒋干，他所扮演的所有角色都深含着他的创造力和独特风格，高雅而脱俗。他的表演美不胜收，他是一位真正的艺术大师。他的《法门寺》之贾桂、《女起解》之崇公道、《选元戎》之程咬金、《连升店》之店家、《老黄请医》之刘高手、《普球山》之窦氏等，这其中有太监、公侯、解差、百姓等各种类型的人物，萧老演起来绝不雷同。

封杰：京剧丑行艺术中，据说最考验一个演员水平的是蒋干、汤勤、张文远，而《乌龙院》的张文远同样需要高素质的演员才能演得出色。张文远的身份虽与蒋干、汤勤相比是低的，但在表演上又有着不同的特色。

郑岩：我们的前辈艺术家周信芳、马连良、荀慧生、小翠花、萧长华、刘斌昆、马富禄等先生皆演过此剧。

身为书吏的张文远出场念[字字双]："娇滴滴，翠滴滴，心中只想阎婆惜，二人同心意，鸳鸯枕上会佳期。"既要念出内心思想来又要显示出此

人的酸文雅味。

20世纪60年代初，我曾求艺武丑前辈叶盛章先生，他的文丑戏造诣也极深，我叫他"三大爷"。一次，我到他家学戏，他问我想学哪出戏。"《乌龙院》！"我脱口而出。叶先生道："《乌龙院》可是一出好戏，很讲究。张文远见阎婆惜眉目传情，蹿入门内尤其要具功力，身段神气要恰到好处，要恰当地表现他们偷情的关系。"叶先生很细致地传授给了我。

封杰：听说，当年演出《乌龙院》时，阎、张的下场有别于当今的演法，是吗？

郑岩：这是萧派表演的特殊处理。当阎婆惜念到"东边日出西边雨"，张文远念"莫道无晴（情）却有晴（情）"，在"却有晴（情）"三个字时，张文远左手扶着阎婆惜的腰，阎婆惜此时抬起左脚，张文远半蹲下身，右手托住阎的寸子（鞋），彼此四目相对，然后阎婆惜说道："三郎，你来呀！"并抛出手绢一角，张文远左手接绢角，右手叼水袖，食指上下画圈，双目前看后顾，两人一步一步走下。

这一系列连贯性动作，身段优美，有味有趣。张文远虽是一介书吏，可骨子里透出好色，表演上既要表现他的潇洒飘逸的一面，又要体现其猥亵贪欲的内心。萧老设计的表演恰如其分地刻画出了阎、张行为出轨的轻浮状态。

萧老更是一位戏曲教育家，在他的众多弟子中，许多人成了一个时代京剧艺术的中流砥柱。就是我们新中国成立后培养起来的学生照样受过他老人家的恩惠。记得每年中秋节临近，萧老总不忘拿出自己当月的全部工资让校方购买月饼、水果送与学生，欢度节日，以消除学生的思家之情。他还赠与学校果树、花卉，美化校园。

萧老的贡献是把丑行艺术提高到了新的档次，成为一门学问。他崇高的美德和高深的艺术造诣是我们后继者崇敬和学习的典范。

封杰：非常感谢您，让我懂得了萧派艺术的真谛。同时，我们也祝愿这个行当能够得到各界的重视，不致失传。

附：

《京剧名宿访谈》一句评

> 2010年，我首部《京剧名宿访谈》出版后，得到各界人士的关注和认可，现以"一句评"的形式馈与读者。同时，以激励自己继续努力奋斗！

吴素秋：我代表京剧界人士向您鞠上一躬，你使他们的艺术得到了流传。

赵燕侠：你的书中记载了许多不被观众熟知的演员的艺术经历和见地，时间将证明它的价值。

小王桂卿：这本书实在具有价值，你要把"肚子"里的东西都掏出来。

李荣威：你这本书又是一部晚霞工程，我们都是近九十岁左右的人，愿意将艺术传下去，而你使我对花脸的感悟得到了保留。

汪正华：我已多年不在京剧界活动，你却能够找到我并记载了我的艺术经历，你的工作和用心真不容易。

李慧芳：我很高兴，即为我能够将自己一生的艺术生涯记录下来，也为你这么年轻就做出这么大贡献而高兴。

宋宝罗：你确实不容易，我建议青年演员好好读读这本书，能够从中受到教益。现在他们连台上人物的穿戴都不明白了，别忘了戏谚："宁穿破，不穿错。"

江新蓉：这本书记录的都是当年程砚秋老师给我教授的宝贵艺术，货真价实。

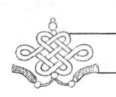

筱高雪樵：好！好！我们高家的表演早已被大家忘怀，而你却将它记录了下来。

张春秋：我的经历比较简单，你却能够写得如此精彩，的确不简单。

张正芳：访谈写得很好，能看出你的水平，感谢你的辛勤劳动，为我留下了永久的资料。

曹韵清：我在晚年做了两件事情，一是为京剧"音配像"工程献出了我的艺术经验，二是使我的艺术经历得到了记录，我心足矣！

赵炳啸：我离开京剧已经三十多年，可你却能找到我，并记录下我的艺术经历和感悟，感谢你！

刘雪涛：咱们非常有缘，书中记录的这些事情都是很真实的，都是当年我随这些老先生演出、生活中发生的事情。

王金璐：翁偶虹先生写出的一百多出戏应该抢救复排，失传非常可惜。书中记载的戏名我还记得，其中的表演我已然忘记，加之我当年合作过的同学相继辞世，更无法恢复，可惜！可惜！

赵云鹤：这么多当年合作共事的老朋友在这本书中，我们又"见面"了，我父亲的艺术和轶事也得到了记录。

王鸣仲：李少春先生与李万春师父的艺术造诣不尽相同，文武各有侧重，你在书中都有所表露。

李蔷华：书中记录我的艺术生涯的同时，更将我的老师周长华先生的宝贵资料记录下来，弥补了京剧史中的空白。

马崇仁：谢谢你！前辈艺术家对京剧的功绩我们不能忘记，应好好地继承他们的艺术。

王则昭：你很聪明和好学，这么年轻就做出这么大贡献。

赵慧秋：我啰里啰唆地讲了这些话，你却写出这么精彩的文章，足见你的文采，你是个才子。

张金梁：你做的这件事太不容易了，你为我们这代老人做了一件好事，记录下许多宝贵的京剧表演经验和演出轶事，非常有价值。

朱云鹏：在访谈中，你也掌握了许多前辈艺术家的宝贵资料。例如，余叔岩先生演出《乌盆记》中刘世昌下场时的绝版表演。

周云霞：非常感谢，你弥补了我们这代人文字基础差，无法记录前辈艺术风格和本人演出经验的遗憾！

刘曾复：通过这本书，封杰在业务上有了提高，对京剧也有了深刻的认识。

杜近芳：不错，不错！这本书对老艺术家的艺术生活做了及时的记录、整理，非常珍贵。你做了一件十分有益的工作。

谭元寿：好，确实真好！我觉得这本书价值已经无法估量，因为它记录的都是非常准确的内容。

梅葆玖：你做了件好事，写得全是咱们京剧圈里的事。

李世济：我首先感谢你当年为了记录唐在炘的艺术，四处采访我们的合作者。今天，你又专门出版了记录老艺术家的访谈文章，的确值得祝贺。

薛亚萍：你下得功力太大了，书中收录记载的老辈艺术家的艺事真是弥足珍贵。

欧阳中石：确实应该让这些人说一说了。因为他们都亲眼见过和直接学过前人的艺术，只有通过这代人来让当代的演员感悟前辈的艺术风貌。

王世霞：你做这件事情说明你对京剧非常喜爱，人都是学而知之，你的采访也说明你非常好学！

张春孝：这本书很不错，看后觉得抢救及时，内容丰富，价值很高。

李长春：棒！高！这本书使我知道了一些不太了解的老先生艺事，希望你能够继续做下去，非常有价值。

张学津：实在是太珍贵，太了不起了，你这也是做了一件功在当代、利在千秋的事业！

朱世慧：珍贵！难得！老先生们的话非常口语、亲切，希望你能够做成系列，把京剧宝贵的东西记录下来。

叶少兰：内容丰富，主题突出，记录了京剧真实的表演和轶事，难能可贵，这种抢救也是为了发展作继承工作。

吴钰璋：书中的内容弥足珍贵，如果你不采访，就会失之交臂，永远不能再得。

孙毓敏：这本书最大的特点是它的真实性、稀有性和专业性。而且，今年四十二岁的封杰利用四年的时间采访到四十二位老艺术家，史料珍贵，行为可嘉。

李光：功德无量，里面不仅记载了知名的艺术家，更有名不见经传的老演员。

康秉钧：你这本书虽然出来才几个月，但现在已然开始显示出它的艺术价值和历史厚重感。而且值得期待你的第二本，第三本的出版。

安云武：你这本书做得不容易，抢救的很及时，书中有许多绵里藏针之事，更耐读！

于魁智：好，好，好！你抢救得很及时。每天晚上我休息时必读你这本《京剧名宿访谈》。希望你继续做下去！

孟广禄：这本书太有价值了，看你文质彬彬的样子却做了这么件有意义的事情，如果你能继续写下去的话，就太伟大了！

张艳玲：你做了一件很了不起的事情，我们从中知道了许多从未听说的梨园掌故和艺术经验。

王文章：这本书很好，非常难得，非常及时，你抢救下来了一批老艺术家的艺事和宝贵经验，还需做下去。

董伟：封杰是位非常有责任心的记者，他出版的《京剧名宿访谈》很

有史料价值。

赵景勃：他抓住了一个最根本的东西，就是进行这种口述史的访谈。这种"本色"书读起来令人可亲、可信，通俗易通。里面的细节可以引申更多的理论知识，耐人寻味！

宋官林：他在繁忙的工作之暇，走访了几十位老艺术家，收集到了许多具有保留价值和收藏价值，同时对我们从业者具有启迪价值的资料。

崔伟：以口述的形式记录历史，记录老艺术家的表演经验，是各个门类艺术研究中的一种重要方式。

王正尧：封杰以一人之力凭借老艺术家的鼎力合作出版的这本书，填补了近一个时期对于这方面的空白，是一个抢救式的工程。

王晓峰：今天看到你写的书，我很高兴。它证明了多年来你在京剧方面的进步，望你再接再厉。

刘连伦：这本书用老艺术家讲述、回忆的形式，用文字把当年最精彩的表演和经典的剧目全记录下来。

翁思再：京剧的研究和保护工作应该提上日程，越来越重视。所以，我觉得这种口述史能够深入、长久地进行下去。

菊坛耆宿话人生

——四十二京剧名家燕兰谱

张永和

  《中国京剧》杂志资深编辑封杰自幼热爱京剧艺术，三十余年徜徉于剧场之中，沉醉于皮黄之乡，睹如云菊坛名伶，聆燕兰悠扬金曲，视国粹为生命，享中华传统文化之魂魄。数年来，不避寒暑，不辞辛劳，每于工作余暇，无心独享家庭温馨，或穿梭于燕京大街小巷，或奔走于山川湖海，采访京剧耆老名宿，记录徽汉前辈绝音，得四十二名家箴言绝唱，集为一册，共二十余万字，洋洋洒洒，蔚为大观。吾辈京剧同好，争相传阅，每于茶余饭后，三五友人，捧该书畅谈良久，明月东挂，微风袭来，实人生一大佳话。感封杰佳作传世，与京剧之传播功勋卓著，受益良多。

  四十二篇佳作，写四十二京剧表演艺术家一生、一世、所演、所唱、所表、所创、所授、所流、所思、所忆……既钩沉出这些老艺术家一生绝技，半世辛劳，盖棺论定，锦绣人生，呼之欲出，拊掌而叹。该四十二人中，有赵炳啸、李砚秀、王金璐、李金泉、刘雪涛、吴素秋、马崇仁、李金鸿、李慧芳、李金声、王鸣仲、景荣庆、曹韵清、江新蓉、赵燕侠等十五位名噪京华的京剧表演艺术家；天津市京剧艺术家则有王则昭、李荣威、赵慧秋；上海市京剧艺术家则有筱高雪樵、小王桂卿、汪正华、李蔷华、李松年；武汉的有郭玉昆、关正明；山东省的有张春秋、殷宝忠、张金梁、钳韵宏；关外三省的有黄云鹏、云燕铭、刘鸣才、周仲博；江苏省的有周云霞、赵云鹤；宁夏境内有班世超；河北境内有张荣培；还有海峡彼岸、年逾九旬的京剧花旦名家戴绮霞等共四十二位京剧表演艺术家。其中已逾米寿的不乏其人，如宋宝罗、王金璐、张金梁、李金泉、班世超、刘雪涛、吴素秋等，其他数十位也大多年届耄耋。他们大多身怀绝技，艺压群芳，在京剧舞台上奋斗了近一个世纪，或历经坎坷，或饱受风雨，有些甚至赴汤蹈火，死里逃生，但他们都对京剧艺术矢志不渝，学戏、唱戏、传戏、授戏，虽九死而不悔，使京剧艺术绵延不断，如长江大河流淌千古，奔腾不息。

从历史上看，除舞台上唱曲坐科者外，还有一些志士仁人，曾经将这些演艺伶人的氍毹做场、逸闻轶事记录于书，传之以文。上溯至《史记》，则有见之于《史记·滑稽列传》名垂千古的"优孟""优旃""淳于髡"；而见于《五代史》的《伶官传》，更由于有了欧阳修的一篇《伶官传序》而令后者传诵吟咏……这些古代文字记载，辅助了在舞台上披弦索、塑人物的优伶演出，使得这些演出不因时光的流逝、舞台的变迁而隐没无闻，从而流传千载，使这些弥足珍贵的传统文化遗产得以存世。这些通过文字的如实记录、形象传播，从另一个侧面展示出历朝历代的演出风貌、优伶活动，这极大地增加了那些未曾观看演出，但通过读此书此页而激发出对传统戏曲的了解和热爱。忆及笔者幼年时之所以热爱京剧、痴迷京剧，视京剧如生命，原因有二：一是仰仗先人福荫，孩提年代得入茶园戏楼，耳聆目睹皮黄之精粹，深深印入幼儿的脑海之中；二是当时又能够有幸得睹一些戏剧杂志，如风靡一时的《三六九画刊》《立言画刊》《游艺画刊》和当时诸报纸的戏剧版，每每见这些刊物，记录诸京剧演员的身世历史、师承谱系、流派脉络、演艺活动，甚至生活琐事、八卦内幕，一时遽引起少年好奇之心性，思戏之良苦，虽不能日日步入剧场，却能朝夕得睹这些文字记录，其知识之杂、诀窍之丰、描述之生动、形象之逼真，对于余了解京剧之真谛益莫大焉。

余步入菊坛之后，近二十年来，由于工作上的要求及兴趣之所好，每每读到一些有关京剧的词典，均有记载京剧艺术家或名演员生平事迹的条目，往往不过二三百字，虽可说提纲挈领，但却语焉不详。回忆少儿时所读刊物，中学时因地理之便（余中学就读于北京南长街第六中学，其为旧清昇平署，恐气脉所致，同学们中喜京剧者颇多，每每三二成群，步入一站之邻的北京图书馆，所借图书，非理非工，大多为戏剧理论刊物，如《剧学月刊》《戏剧月刊》《十日戏剧》等，常有较大篇幅的艺人访谈录，倍增对舞台之兴趣）入图书馆，今已数十年过去了，虽然前数年得睹王芷章的《中国京剧编年史》中的《中国名艺人传略集》，其中为清末民初的生、旦、净、丑共计一百八十五位名伶立传，涉及他们的谱系源流、技艺特点，本是对舞台名伶一大功德，只惜限于篇幅，偏于简略，不免令人有管中窥豹之憾。近又读大戏剧家齐如山去台湾之后所作、近日在大陆出版之《京剧之变迁》中有《清代皮簧名脚简述》，涉及清末京剧名伶共二百一十人，搜罗之丰，盖前人所未及，只惜真是简述，全篇共七万多字，平均至这二百多位演员之中，只有条目之规模，令人难以大快朵颐，愈增遗憾之感。陈彦衡先生所著《说谭》、鸣晦庐主人王孝慈所著《闻歌述忆》，这两部书虽篇幅浩瀚，搜罗翔实，然均为记录谭派鼻祖谭鑫培之专辑，其他名伶则缺之余如。

今日得睹封杰所著《京剧名宿访谈》，全书记四十二人，二十余万字，首先在文字上能够得到保证，也就是俗话说的"能伸开了腰儿"，另外诸君读这本书，会发现一个很大的特点，便是作者封杰对于每一位采访者均根据他们自身的特点、成就、经历和不同的艺术风格有所侧重、有所不同，如同样是武技盖天下、美誉响南北的两大武生——王金璐与郭玉昆，所采访的特点迥然不同。王金璐自幼入中华戏曲专科学校学艺，有幸与该校名师翁偶虹先生结缘，师徒情深，胜于骨肉，相聚数十春秋，虽师徒二人因工作关系飘忽南北，但情系一处，从未分离。该文采访王金璐先生，主要讲述了翁先生如何为中华戏曲学校学生量身定做的优秀剧目《平阳公主》《宏碧

缘》《鸳鸯泪》《蝶恋花》《百鸟朝凤》《白虹贯日》等戏（惜今日已绝响于舞台）的编剧和演出情况，只可惜翁偶虹先生为中华戏校编的第一出、也是最卖座的、解决了办校经费问题而使戏校延续下去的"红"剧目——《火烧红莲寺》，尽管时由王金璐任主演，但由于年深日久，王先生也说不出所以然了。再看郭玉昆，主要讲的是他所创造的兵器出手、宝剑入鞘等技巧，和他在南方跑码头、演连台本戏的种种经历，完全是一种南派风格。再看封杰所采访的同是荀派名宿、花旦翘楚的吴素秋和赵燕侠，又是特点分明，风格各异。吴素秋所谈所记则是《红娘》《武松杀嫂》《苏小妹》几出拿手剧目的创作经历，同时又颇风趣地记录下她在几十年演出历程中的逸闻轶事。而赵燕侠的采访，大家可以想到，主要是记录下赵燕侠演出现代戏《芦荡火种》和粉碎"四人帮"后演出传统老戏《玉堂春》《白蛇传》中的轰动盛况，同时也把赵派中演唱吐字清晰、明白如话、朗朗上口的诀窍介绍给了读者，珍贵而翔实。

封杰不仅记录了北京的诸多艺术家的风采，同时也迈开双足，不畏奔波艰辛，去上海滩采访了申江的"二筱（小）"——筱高雪樵、小王桂卿，泉城的"双张"——张金梁、张春秋，关外辽、吉、黑三省的黄云鹏、云燕铭、刘鸣才，边陲之地宁夏的班世超、云南的高一帆，真是不远万里，仆仆风尘。特别是抓住时机，利用北京举办"重阳节京剧演唱会"之际，采访了久在台湾、名噪海峡两岸的花旦耆宿戴绮霞，记录下她八十余载舞台春秋、绮丽人生。

此外，封杰的另一大贡献就是记录下一些曾经风云一时、终因种种原因名不见于经传或久已绝响于舞台的京剧表演艺术家，如杭州的杨派老生朱云鹏、沈阳的唐派老生周仲博、上海的小生名家俞振飞早期弟子李松年等，使他们的点滴经验、人生阅历、舞台风貌得以重现人间，最后不得不说，这些老艺术家大多已至垂暮之年，各个身怀绝技，人人有自己的享名剧目、特有剧目，甚至其中不乏绝戏、冷戏、几十年锤炼出的个人独家秘戏，他们是多想把这些珍奇秘宝传授给后人，不因其驾鹤西去而艺绝人亡！然而，偏偏由于种种原因，其中也不得不说，对这些老艺术家重视不够，措施不力，而就在封杰所著的《京剧名宿访谈》付梓发行之前后，已经有十四位被记录在册、却未来得及目睹这部记录下他们心血书稿的老艺术家，撒手道山，化一缕青烟飘然而去。他们是李砚秀、郭玉昆、关正明、黄云鹏、李金鸿、李慧芳、李金声、景荣庆、筱高雪樵、云燕铭、小王桂卿、高一帆、刘鸣才、李荣威先生。幸而，封杰恰恰在他们病榻前完成了对他们最后诉说的记录，成绝版资料，也聊补千万读者遗憾之万一。封杰也在其书中的最后《感言》中写道："莫再留遗憾！"是的，我想这是他对自己的警言，更是对我们京剧界提出的警言。

欣闻封杰近期又一如既往、不辞辛劳，再一次采访了四十余位双鬓尽染、须发皓然的老艺术家，其举无名无利，其书淡雅无奇，然在京剧史上犹如一泓湖水，投入一巨石，必然激起阵阵涟漪，令人驻足俯观，而为至今尚挚爱京剧的千万戏友叹而赞之、珍而藏之。

祝愿封杰《京剧名宿访谈续编》早日面世！

［注：此文系张永和先生特为《京剧名宿访谈》（北京出版社 2010 年版）撰写书评］